Iolith - Verlag

Dieses Buch soll höheres Bewusstsein bringen

Vertrauen Sie Ihrer inneren Führung

Hinweis

Das Buch soll Sie auf der Suche nach dem Sinn des Lebens unterstützen. Die Absicht der Autorin ist, die geistigen Wahrheiten mitzuteilen, sodass Sie auf der Suche nach Ihrer inneren Balance neben Ihrem Arzt oder Therapeuten noch zusätzlich eine Unterstützung finden können. Verlag und Autorin können keinerlei Gewähr und Haftung dafür übernehmen, dass Sie die in diesem Buch vorgestellten Befreiungsmethoden richtig anwenden. Zu jeder Zeit können Sie Ihren Arzt oder Therapeuten miteinbeziehen, es liegt in Ihrer eigenen Verantwortung. Alle Angaben in diesem Buch beruhen auf Durchsagen aus der geistigen Welt von Geyt, der in seiner letzten Inkarnation auf der Erde 1395 in Schottland *John Barbour* war und von Meister *Maha Chohan*, der im dritten Kapitel die tieferen Wahrheiten von Geschehnissen aus der Sicht der geistigen Welt mitteilt.

Beate Simmerock

Freiheit ist das Ziel

**Erfahren Sie die Wahrheit
über sich selbst
und über den tieferen Sinn von Geschehnissen**

Iolith - Verlag

Iolith - Verlag

Originalausgabe Juni 2008
Iolith - Verlag, Reutlingen
Sprint-Digital Druck: DCC Siegmar Kästl e.K., Stuttgart
Buchbinderei: Riethmüller & Co., Tübingen
Lektorat: Helga Aberle, Tübingen
Digitale Druckvorlage: Baumgardt GmbH
Das Bilderzentrum, Stuttgart
Printed in Germany
ISBN 978-3-9812231-0-1
ILN 4280000061 00 3

1. Auflage

Dieses Buch widme ich in Liebe meinen Kindern
und allen Kindern dieser Welt, ob alt oder jung,
die auf der Suche nach der Wahrheit sind.

Sie sind geboren,
um die Freiheit der Seele wiederzuerlangen.

INHALT

Danksagung 10
Vorwort 11
Kurze biographische Einleitung 15
Warum kosmische Gesetze das Leben des Menschen bestimmen 20
- Das Leben ist eine stete Überprüfung zur Reifung der Seele
- Die Erfahrungen im Leben sind die Ernte aus früheren Inkarnationen 23
- Die Verstrickungen allen Seins miteinander 27
- Die Überwindung des niederen Selbst 28

KAPITEL I

Der Spiegel des inneren Selbst – die wiederholte Reflexion für das Leben 34
- Erkennen Sie die Wahrheit über sich selbst – die Wahrheit, die Ihre Schwachpunkte und den Stand der Seele für dieses Leben aufzeigt.
- Die Errechnung der Inkarnationszahl 34
- Die 23er- bis 28er-Inkarnationsbeschreibungen 36

Die eingegrenzte Wahrnehmung – erkennen Sie den Verlust der eigenen Identität 49
- Die 29er- bis 38er-Inkarnationsbeschreibungen 54

Wissenswertes über das Ablegen von Gelübde, Schwur oder Eid, Verfluchungen und Verwünschungen 75
Befreien Sie sich aus unsagbarem Leid, dessen Ursache ein abgelegter Schwur, Eid, Gelübde oder Verfluchungen und Verwünschungen sind 77
- Die 39er- bis 42er-Inkarnationsbeschreibungen 79

Die Überwindung der Schwierigkeiten
Wie Sie Ihr eigenes Leben wieder finden 88
- Der Sinn und das Verstehen der Erfahrungen im Leben 91

Der göttliche Plan zur Höherentwicklung der Seele 94
- Die wahre Kraft kommt durch die Verbindung mit der geistigen Welt 96
- Die Hilfe aus der geistigen Welt - Die Meister und ihr Aufgabenbereich 99

KAPITEL II

Die Chakras sind die Fenster für Energien aus dem Kosmos 104
- Die sieben Hauptchakras, die Emotionen und die Funktion der dazugehörigen endokrinen Drüsen 106

Ursache und Wirkung - Der natürliche Verlauf eines göttlichen Gesetzes 111

Sieben Chakraübungen, um das Gleichgewicht der Chakras wiederherzustellen
- Das Wurzelchakra 114

1. Energieverbindungen 115
- *Vorbereitung zur Lösung von Energieverbindungen* 118
- *Sofortige Hilfe, um unsichtbare Energieverbindungen zu lösen* 119

2. Richtiges Atmen ist die Voraussetzung zur Erhaltung der Gesundheit 122
3. Affirmationen 124
4. Farben 125
5. Ernährung 128
6. Heilsteine 129
7. Aura-Soma-Balanceöl 130

Die Unterstützung für die anderen Chakras

Milzchakra bis Wurzelchakra 131

Die Namen und Aufgaben der Erzengel 138

Durch Selbsterkenntnis zur Selbstverwirklichung 140

Meditation – die Wahrheit liegt im eigenen Herzen 147

Die Stille im Innersten des eigenen Selbst
- Vorschlag für eine einfache und wirkungsvolle Meditation 148

Meditation 149

Durch die eigene Intuition die höheren Wahrheiten verstehen 152
- Das Leben geht immer weiter 153
- Aus der Opferrolle aussteigen 154

Wagen Sie einen Neuanfang – finden Sie das innere Gleichgewicht wieder 156

Lösen Sie den Verlust- und Verlassensschmerz ab, der durch den Tod eines geliebten Menschen entstanden ist 157
Bei Vorwürfen wegen Fehlgeburt oder Abtreibung 159

Die tägliche Innenschau 161
- Worte und Gedanken sollten positiv, liebevoll und urteilsfrei sein 163
- Die Kraft der Gedanken klar erkennen 165

Die sieben Schichten der Aura 167

Die Verantwortung Ihrer Seele gegenüber 169
- Nicht verzeihen zu können, ist ein Mangel an Selbstliebe 171

Verzeihen, damit die Seele frei wird 174

Selbstliebe – das Leben über positiv gelebte Emotionen neu programmieren 177

Die positiven und negativen Emotionen und ihre Auswirkungen auf die Organe 178

Das Herz öffnen, damit die Lebensfreude wieder erwacht 187

Die Auflösung von aktuellem Stress 190

Die Befreiung von dem Stress, der schon jahrelang vorhanden ist 192

KAPITEL III

Die geschichtliche Entwicklung der Weltreligionen 200

Die geschichtliche Entwicklung der drei westlichen Religionen

Das Judentum 205

Das Christentum
- Die Zeit des Wartens auf Jesus Christus 211
- Das Leben des Jesus von Nazareth 212
- Die Ausbreitung des Christentums 216
- Das Christentum im Frühmittelalter 217
- Die theologisch-philosophische Wissenschaft im Mittelalter 221
- Die kulturelle Entwicklung Europas durch das Christentum 224
- Die Zeit der Reformationen in Europa 228

Der Islam
- Die vorislamische Zeit 232
- Mohammeds Leben 233
- Die Auswanderung Mohammeds von Mekka nach Medina 235
- Die Ausbreitung des Islam 236
- Jerusalem und der Tempelberg 241
- Weitere Expansionen 250
- Die religiöse Entwicklung des Islam 253

Die spirituelle Bedeutung der Feiertage ... 256

Das Leben ist mit dem göttlichen Pulsschlag und mit allem Leben verbunden
- Yang und Yin stellen ein kosmisches Gesetz dar ... 260
- Die Verbindung zwischen Kosmos, Erde und Mensch ... 261
- Ein gesunder Körper spiegelt die Seele und den Geist wider ... 262
- Die fünf Elemente ... 263

Das astronomische, astrologische und alchemistische Wissen der frühen Hochkulturen ... 265

Die Bedeutung göttlicher Gesetze ... 268

Die sieben verschiedenen Kulturepochen und die Entwicklung der Menschheit ... 273
- Die sieben Kulturepochen ... 275

Das neue Jahrtausend ... 279

Das Ziel der geistigen Entwicklung ... 281

Schlusswort ... 283

Danksagung ... 284

Literatur ... 285

Danksagung

Zuerst möchte ich *Geyt*, meinem geistigen Lehrer danken. Durch die geistige Verbindung mit ihm konnte ich seine Durchsagen als göttliche, Licht bringende Lebenskraft aufnehmen, aufzeichnen und wiedergeben. Meister *Maha Chohan* möchte ich ehrfürchtig Dank sagen, dass er mir die Wahrheit aus der Sicht der geistigen Welt über die drei westlichen Weltreligionen mitgeteilt hat.

Ganz besonders gilt mein Dank meiner Mutter. Durch das Vertrauen, das sie mir schon immer entgegenbrachte, legte sie den Grundstein für meine geistige und seelische Entwicklung, sodass ich mich in Eigenverantwortung frei entfalten konnte. Meinem Vater möchte ich danken, der mir während meiner schwierigen Umbruchphase aus der geistigen Welt Kraft und Trost gegeben hat. In meinen Träumen sprach er mit mir und teilte mir Wichtiges mit, was sich im Nachhinein immer als Wahrheit herausstellte. Auch meinem geliebten Sohn Dino danke ich von ganzem Herzen, der mir an dem großen Wendepunkt meines Lebens mit seiner Charakterstärke und Seelengröße hilfreich zur Seite stand und die gravierenden Veränderungen in unserem Leben akzeptierte.

Allen Personen, die mir in den letzten Jahren ihr Vertrauen entgegengebracht haben, möchte ich meinen tiefen Dank aussprechen. Ich danke meinen Freundinnen für die jahrelange Wegbegleitung, Christa, mit der mich eine über dreißigjährige Freundschaft verbindet, sowie Karl, auf den ich mich immer verlassen kann. Tiefe Dankbarkeit empfinde ich für Martina aus Izmir und für Hermann, der mich damals nach Ephesus begleitete. Ebenso danke ich Inge für die Begleitung und die Motivation während der ersten vier Jahre, in denen ich das Buch schrieb. Vor allem möchte ich meiner Freundin Edda für ihre wertvolle Unterstützung danken, weil ich immer und zu jeder Zeit mit ihrer Hilfe rechnen konnte, ebenso meiner Freundin und Astrologin Inge Schairer aus Hard in Österreich, da sie mir durch ihr astrologisches Wissen wertvolle Informationen mitgeteilt hat. Alle Begegnungen reflektieren für mich eine tiefe Seelenverbindung.

Vor allem danke ich *Gott*, dass ich durch den Glauben an ihn erneut in meine Urkraft gekommen bin und durch den vermeintlichen „Schicksalsschlag“ meinen inneren Reichtum wiedergefunden habe. Die Liebe, die ständige Begleitung der Engel, die Hilfe der Meister und Erzengel – diese göttliche Führung erstaunt und beschwingt mich täglich aufs Neue, da ich den göttlichen Fluss bewusst wahrnehmen kann.

Vorwort

Möchten Sie in Ihrem Leben etwas verändern und Ihr Schicksal selbst in die Hand nehmen? Auf dieses Ziel können Sie hinarbeiten, sodass sich Ihre Wünsche und Erwartungen eines positiven, gesunden und erfüllten Lebens realisieren. Der Übergang ins Neue ist durch das Arbeiten mit diesem Buch gewährleistet, denn eine unsichtbare Kraft stellt eine Synthese Ihres Verstandes mit Ihrer Seele her. Diese Verschmelzung findet ihren Ausdruck in der Ernte von Lebensfreude, da jedes Leben durch das göttliche Gesetz von Ursache und Wirkung geregelt wird. Sie werden feststellen, dass der Gesundheitszustand des physischen Körpers und die Stellung des Intellekts vom Stand der geistigen Seelenentwicklung abhängen.

In diesem Buch ist genau beschrieben, wie Sie sich selbst seelische Blockaden lösen und Ihr Bewusstsein entfalten. Das Ziel ist ein sich Wohlfühlen mit allem Leben, weil sich die alltäglichen Probleme und Schwierigkeiten auflösen. Durch diesen neuen Bewusstseinszustand erhalten Sie eine positive Einstellung zum Leben. Dies wird eine Wirkung auf Ihr Verhalten haben und Ihre Zukunft positiv beeinflussen. Sie erlangen eine veränderte Einstellung zum Leben und letztendlich die Leichtigkeit des Seins.

Das Seelenempfinden stellt nicht nur die Wesenheit des **wahren ICH** dar, sondern ist auch Ausdruck der psychischen, physischen und materiellen Probleme. Deshalb sollten Sie einen geistigen Seelenprozess machen. Mit diesem Buch haben Sie die Chance, Ihren Geist anzuregen und die göttlichen Gesetze zu erkennen. Die Erfahrungen, die Sie bislang im Leben gesammelt haben, werden durch die geistige Sicht mit anderen Augen gesehen. Allein schon durch das Lesen des Buches werden Sie auf einmal erkennen, warum Sie immer wieder mit denselben Schwierigkeiten konfrontiert werden, sei es

- im Geschäftsbereich
- mit anderen Menschen
- in der Familie – mit bestimmten Familienmitgliedern
- in der Liebe.

Um Antwort zu bekommen auf die Fragen

- „Warum kann ich mich nicht wehren?“
- „Weshalb ziehe ich immer das Unglück an?“

- „Wieso schlägt das Schicksal ausgerechnet bei mir zu?“
- „Warum habe ich ein Kind, das mir Kummer und Sorgen bereitet?“
- „Wieso reagiert mein Körper immer wieder mit Krankheiten?“

sollten Sie sich der Wahrheit, die in Ihnen selbst liegt, bewusst werden. Sobald Ihr Bewusstsein bereit ist, die kosmische Wahrheit zu empfangen, haben Sie sich auf den Weg gemacht, um Licht zu bringen in die inneren Schattenseiten, die auf Ihrer Seele noch im Verborgenen liegen. Wann immer Sie nach dem „Warum, Weshalb und Wieso“ fragen, ist auch die Bereitschaft da, den Weg einer Bewusstseinserweiterung zu gehen.

Jeder Mensch sehnt sich unbewusst nach der Wahrheit. Der Sinn einer jeden Inkarnation ist, für sich den geeigneten Weg zu finden, um einen geistigen Seelenprozess machen zu können. Durch die geistige Entwicklung können Sie sich der veralteten Gedanken erwehren, die Sie belasten. Das ganze Leben lang befindet man sich immer wieder in schwierigen Situationen, die sich wiederholt als eine göttlich geführte Gelegenheit erweisen, um eine geistige Entfaltung aus dem Herzen heraus machen zu können. Sobald Sie den Wunsch in sich verspüren, Ihr geistiges Wahrnehmungsvermögen zu entfalten, werden Sie erkennen, dass alles Leben e i n s ist. Alle Menschen sind aus dem einen Geist.

Immer dann, wenn Sie eine bestimmte Situation verändern möchten, sind Sie auf der Suche nach Erneuerung, um die dichte, irdische Energie in eine feinstofflichere Energie umzuwandeln. Das Ziel ist, ein bewusstes Leben zu führen, um die Geheimnisse der Seele mit der Ewigkeit allen Lebens zu ergründen. Dieser Aspekt ist sehr wichtig, weil er den wahren Sinn des Lebens auf der Erde zeigt, und die unbewusste und tiefe Sehnsucht in jedem Menschen erklärt, ein glückliches und sorgenfreies Leben zu führen. Durch die geistige Seelenentwicklung lernt der Mensch, im Geist zu leben. Der göttliche Geist durchdringt aufgrund der geistigen Entwicklung immer mehr die Seele.

Die Erkenntnisse, die Sie beim Lesen dieses Buches erhalten, werden Ihnen Einblick und Klarheit über die Geheimnisse geben, die auf Ihrer Seele noch verborgen liegen. Durch das Herausfinden der Wirklichkeit werden Sie über die Sinnestäuschung der Ihnen widerfahrenen Ungerechtigkeiten und Verletzungen besser hinwegkommen, weil Sie den wahren Wesenskern verstehen und die höhere Wahrheit herausfinden. Die Aufgabe eines jeden Menschen ist, das Bewusstsein für das göttliche Licht zu bekommen und es in seiner Seele wiederzuerwecken.

Das göttliche Licht, auch die geistige Sonne genannt, wird nur durch den Geist aufgenommen. Von Anbeginn einer jeden Seele wurde von Gott ein Funke des göttlichen Lichts in die Seele mit eingegeben.

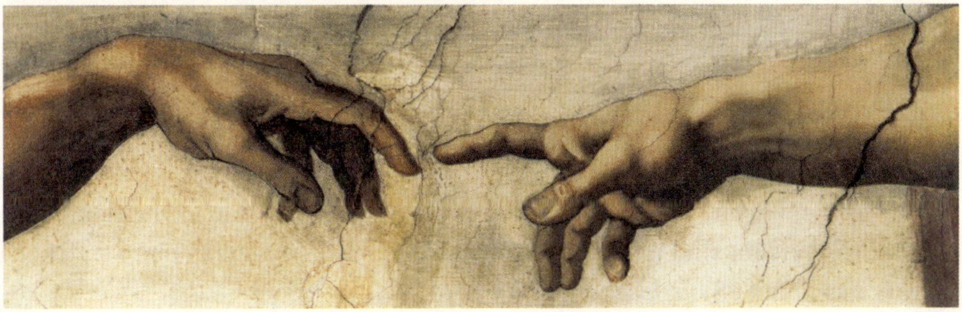

Deshalb ist Gott in jeder Seele gegenwärtig und durch den Geist wirkt die Kraft Gottes in jedem von uns. Darum kann jeder Mensch in seiner Not Gott um Hilfe bitten und erreicht mit seinem Hilferuf auch die geistige Welt.

Das Wunschziel ist, dass Sie Spannung und Disharmonie in Ihrem Leben und im Körper loslassen, sodass Entspannung, Liebe, Harmonie und Gesundheit eintreten. Sobald Sie an Ihren Problemen arbeiten, verbinden Sie sich mit dem göttlichen Licht. Die Strahlkraft des göttlichen Lichts bringt für Sie positive Energie. Dadurch wird sich Ihr Leben positiv verändern. Das Buch zeigt Ihnen Möglichkeiten auf, mit Gott, den Meistern, Erzengeln und einer unsichtbaren Schar von Helfern in eine geistige Kommunikation zu treten, da dieser Weg der Kanal für die inneren Lehren ist, die das geistige Leben enthält. Sie können:

- Die kosmischen Weisheiten, die zugeschüttet in Ihrem Unterbewusstsein schlummern, erneut ins Bewusstsein zurückholen.

- Das Vertrauen in die innere Führung wiedererlangen. Dadurch werden Sie das Glück wahrnehmen, das manchmal erst zum Vorschein kommt durch das zuvor ertragene Leid. Sie werden in der Lage sein, schmerzliche Situationen mit bestimmten Personen aus einer ganzheitlichen Sicht zu sehen.

- Durch Selbsterkennung den Weg der Selbstverwirklichung gehen, um in das Bewusstsein der eigenen Kräfte zu kommen.

- Klarheit wieder erhalten und Ordnung in Ihre Gedanken bringen. Dadurch sehen Sie neue Lebensperspektiven, um sich erneut in den Fluss des Lebens zu begeben und wieder Freude am Leben zu haben.

- Sich aus den festgefahrenen Gewohnheiten befreien, weil Sie die Wahrheit erkennen und sehen, wo Ihre eigenen Schwachpunkte sind.

- Über verschiedene Befreiungsmethoden die Energie wieder zum Fließen bringen und in die richtigen Bahnen lenken, damit das Leben wieder lebenswert ist.

- Durch sieben verschiedene Anregungen die bei Ihnen betroffenen Chakras durch eine tägliche Unterstützung dauerhaft wieder öffnen.

- Für Ihr Leben eine positive Wendung herbeiführen, weil Sie in Harmonie mit dem Universum sind und deshalb den tieferen Sinn erkennen und verstehen, was auch immer Sie erleben.

- Den Zusammenhang der Einflüsse aus früheren Inkarnationen durch die Beschreibung Ihres Seelenspiegels wahrnehmen, denn er zeigt den bei der Geburt mitgebrachten Seeleninhalt an.

Kurze biographische Einleitung

Vor einigen Jahren erreichte ich den absoluten Tiefpunkt in meinem bisherigen Leben. Das Schicksal hatte aus meiner damaligen Sicht unbarmherzig zugeschlagen. Mein gewohntes Leben brach von einem Tag auf den anderen vollkommen auseinander und ich wusste, dass irgendetwas in meinem Leben schief läuft. Ich dachte, das Leben hätte keinen Sinn mehr für mich. Durch die Verzweiflung und die Sehnsucht meiner Seele nach dem Menschen, mit dem ich von der ersten Begegnung an das Gefühl der vollkommenen Ganzheit und Zusammengehörigkeit hatte, dachte ich, den Boden unter den Füßen zu verlieren. Die Gewissheit, den Mann verloren zu haben, den ich mit ganzem Herzen und aus tiefster Seele innig geliebt hatte, ließ plötzlich das Leben nicht mehr lebenswert erscheinen.

Bis zu diesem Zeitpunkt war ich fünfundzwanzig Jahre glücklich verheiratet und lebte mit meinem Mann und meinem Sohn seit ungefähr zwei Jahren im Ausland. Mein Mann hatte von einem deutschen Konzern den Auftrag erhalten, für fünf Jahre die Leitung einer neu gegründeten Firma zu übernehmen. Wir wohnten an der Bucht von Izmir, die zu den schönsten des Ägäischen Meeres zählt. Das Leben verlief vollkommen konträr gegenüber dem in Deutschland, aber wo mein Mann war, da war ich von der Seele her zu Hause. Unsere beiden Seelen hatten sich vor vielen Jahren gefunden, wir waren mit unseren Gefühlen und in Gedanken auf dem gleichen Weg und eng miteinander verbunden. Ich dachte, ich hätte mit ihm meine große Seelenliebe gefunden. Doch dann wurde er aufgerufen, nach innen zu gehen, denn er kam in eine schwere karmische Prüfung.

Während meiner Jahre in der Türkei hatte ich endlich viel Zeit für mich und sah mein bisheriges Leben selbstkritisch an. Grundlegende Gedanken machte ich mir über mich selbst und über die Beziehung zu meinen beiden Töchtern, die in Deutschland geblieben waren. Schon seit einiger Zeit hatte ich das Gefühl, dass sie mich überhaupt nicht schätzten und war gedanklich und seelisch dabei, mich von ihrer Kritik und ihren ewigen Vorwürfen zu befreien. Durch die Verbindung mit meiner inneren Führung und der immer wiederkehrenden Frage nach dem Sinn des Lebens, klickte ich zu jener Zeit unwissentlich mein Seelenpotenzial an.

Eines Tages brach meine „heile, ach so glückliche Welt“ völlig unerwartet auseinander, denn mein Mann teilte mir ohne Vorwarnung eiskalt mit, dass er die Scheidung wolle. Da er als verantwortlicher Manager täglich einem unglaublichen

Wettbewerbs- und Erfolgsdruck ausgesetzt war, stetig einen höheren Gewinn für den Konzern zu erwirtschaften, hatte ich sehr wohl die schleichende Veränderung seiner Persönlichkeit in den letzten Jahren gespürt. Seine Kommunikation beschränkte sich abends nur noch auf seine Firma und die Wirtschaftslage. Meine Worte erreichten sein Herz schon längere Zeit nicht mehr. Mittlerweile war ich Alleinerzieher, fühlte mich alleingelassen und unverstanden.

Plötzlich hatte ich das Gefühl, dass ein vollkommen anderer Film in meinem Leben ablief. Um nicht hoffnungslos im Leid zu versinken, fing ich an zu meditieren. In der Meditation verband ich mich mit den aufgestiegenen Meistern in der geistigen Welt. Hier erhielt ich Trost und Kraft, zudem spürte ich die göttliche Essenz der Liebe, die mich beruhigte. Außerdem wurden mir Bilder der Wahrheit gezeigt. Schlagartig verzog sich der Nebel. Jetzt sah ich klar und begriff, dass hier ein anderer die Regie für das Leben meines Mannes und somit unweigerlich auch für die Familie übernommen hatte. In diesem neuen Film wollte ich auf gar keinen Fall mitspielen, obwohl ich ungefragt eine Hauptrolle innehatte, nämlich die der Verletzten. Durch die Meditation erfasste ich den karmischen Ablauf und erkannte die erneute karmische, diesmal sehr schwere Prüfung, in der mein Mann gefangen war. Intuitiv begriff ich, dass ich Hilfe nur aus der geistigen Welt bekommen konnte.

Daraufhin fuhr ich zu einem Wallfahrtsort, in das Haus der heiligen Mutter Maria, in dem sie die letzten Jahre ihres Lebens verbracht hatte. Das Haus war zu einer kleinen Kapelle umgebaut worden und liegt über Ephesus, diesem eindrucksvollen Ort der Antike. Hier bat ich Gott, Mutter Maria und die ganze geistige Welt aus tiefster Seele um Unterstützung. Mein Notruf wurde sofort erhört, denn postwendend bekam ich Hilfe.

Als ich nämlich nach einiger Zeit wieder vor die Türe trat, kam ich unverhofft mit einem fremden Mann ins Gespräch. Der Mann war Türke, war zum Christentum konvertiert und arbeitete als Seelsorger in der Region um Ephesus. Er versuchte, mich zu trösten, nachdem ich ihm meinen seelischen Kummer erzählt hatte. Als er jedoch bemerkte, dass seine Worte mich nicht erreichten, forderte er mich voller Mitgefühl auf, ihm zu folgen, da er mir etwas zeigen wolle. Er führte mich zu einer aus Holz und Wellblech gebauten Unterkunft. Diese lag versteckt am Waldesrand hinter dem Haus der heiligen Mutter Maria, jedoch für die zahlreichen Besucher des Wallfahrtsortes nicht sichtbar.

Ehe ich mich versah, stand ich mitten in der Wohnung, die einer jungen Frau und ihrem Bruder gehörte. Wir setzten uns auf den mit einem alten Teppich ausgelegten Boden. Der Raum enthielt außer einem selbst gefertigten Holzregal mit dem nötigsten Geschirr keine weiteren Möbel. Dennoch berührte mich diese junge Frau in ihrer Einfachheit sehr, denn ich spürte ein tiefes Glücksgefühl in mir. Meine Seele war ergriffen. Dieses momentane, fast unbeschreibliche Gefühl der absoluten Glückseligkeit öffnete in meinem Unterbewusstsein eine Tür. Ich merkte, dass es die Schwingung der Liebe war, die sie ausstrahlte und die ihre karge Behausung in Wärme und Licht hüllte.

Durch die schmerzhaften Erfahrungen, die mir die Schule des Lebens momentan aufbürdete, sollte ich die Wahrheit finden. Ich erkannte auch, dass diese schicksalhafte Wende in meinem Leben eine Herausforderung an mich darstellte, endlich grundlegend etwas zu verändern. Als Erstes nahm ich die rosarote Brille ab, durch die ich verschleiert die vergangenen fünfundzwanzig Jahre geschaut hatte. Es ist schon eine Herausforderung, sich selbst einzugestehen, dass man die Wahrheit nicht sehen wollte, obwohl die innere Stimme öfter schon Warnsignale ans Bewusstsein gesandt hatte, die aber nur kurzfristig Klarheit und Erkenntnis gebracht hatten. Da die Begegnung mit der jungen Frau meine Seele und mein Herz auf das Tiefste berührte, sah ich meinen Mann auf einmal von der Seite, die ich all die Jahre nicht hatte sehen wollen.

Aus voller Überzeugung und mit ganzem Herzen war ich nun bereit, mein Leben umgehend zu verändern. Für mich gab es keine Ausreden oder fadenscheinigen Erklärungen mehr. Ich spürte, dass ich an einem großen Wendepunkt in meinem Leben stand und wusste, dass dies eine völlige Veränderung für mich und mein zukünftiges Leben bedeuten würde. Auch begriff und erkannte ich die Substanzlosigkeit und Nichtigkeit aller Dinge, die vorher so wichtig gewesen waren. Ich war bereit, mein altes Leben loszulassen und stellte mich ab sofort gedanklich auf mein neues Leben ein. Durch die veränderte Sichtweise bekam der „Sinn des Lebens“ eine neue Bedeutung.

Ohne zu zögern, handelte ich sofort! Da mein Sohn das Schuljahr im American College in Izmir noch beenden musste, blieben mir genau drei Monate Zeit. Ich begann, große Umzugskartons zu packen. Zwischendurch flog ich mehrmals nach Deutschland, um auch dort die notwendigen Vorbereitungen für den neuen Lebensabschnitt zu treffen.

Durch das Annehmen der neuen Situation und das Erkennen, dass ich auf keinen Fall leiden wollte, ließ ich mich positiv auf die Herausforderung des Lebens ein. Ich stellte mich der Prüfung, die das Leben mir abverlangte. Ich wusste, dass die geistige Welt mich führt. In Izmir wartete derweil Martina, meine Seelenfreundin, auf mich, die mir in den letzten drei Monaten in der Türkei sehr hilfreich zur Seite stand. Diese Begegnung war für mich eine göttliche Fügung, weil der Verstand und die Gefühlsebene unsere Seelenverbundenheit widerspiegelten.

Als endlich die Sommerferien begannen, verließ ich mit meinem damals vierzehnjährigen Sohn sofort die Türkei. Mit einem Lächeln im Gesicht und dem Bewusstsein, mich dem universellen Fluss des Lebens hinzugeben, begannen für mich Wunder und die kostbarste Zeit meines bisherigen Lebens. Durch das sofortige Loslassen konnte sich meine im Inneren vorhandene Weisheit entfalten, meiner geistigen Entwicklung waren keine Grenzen mehr gesetzt. Der Lichtprozess für meine Seele begann. Ich begriff sehr schnell, dass ich jahrelang nur gegeben hatte, aber jetzt die Zeit gekommen war zu empfangen.

An dieser Stelle möchte ich noch erwähnen, dass ich im Alter von einundzwanzig Jahren aus einem Urlaub eine Viruserkrankung mitgebracht hatte, die mich und meinen weiteren Lebensweg prägen sollte. Diese langwierige Krankheit gab meinem Leben einen neuen Aspekt, sie stellte die Weichen für die Zukunft. In dieser Zeit war in mir das Interesse an ganzheitlichen Heilmethoden und der Spiritualität erwacht. Später, während meiner langjährigen Ehe, bildete ich mich ständig weiter. Nach der Trennung von meinem Mann wurde mir bewusst, dass mich die göttliche Führung in diese Richtung geleitet hatte. Daraufhin vertiefte ich noch mein Wissen und absolvierte verschiedene Ausbildungen.

Nachdem ich die Türkei verlassen hatte, wurde ich genau ein Jahr später geschieden. Endlich war ich frei und konnte den Wunsch realisieren, anderen Menschen zu helfen. Ich eröffnete eine Praxis und der göttliche Fluss des Lebens war nicht mehr aufzuhalten. In dieser Umbruchphase hatte ich keine Zeit, mich irgendwelchen Ängsten oder Sorgen hinzugeben. Ich ließ mich mit unglaublichem göttlichen Vertrauen auf mein neues Leben ein. In kürzester Zeit war meine Praxis gut besucht. Ich war erfüllt von dem tiefen Glück, helfen zu können. Dieser Wunsch war auf meiner Seele schon immer vorhanden.

Auf einmal wurde mir klar, dass ich mich, ausgelöst durch die plötzliche Trennung von meinem Ehemann, auf dem Weg der inneren Entfaltung befand und eine große geistige Entwicklung durchmachte. Ich erkannte, dass ich die Veränderung in meinem Leben, die durch eine bestimmte Sternenkonstellation bei meiner Geburt astrologisch schon vorbestimmt war, zu meinem Besten verarbeitet hatte. Durch das Annehmen der Lebensveränderung wurde mir bewusst, dass ich mit der Hilfe aus der geistigen Welt den Sinn des Lebens erkannte und in meiner seelischen und geistigen Entfaltungsmöglichkeit göttlich geführt wurde. Ich konnte fortan mit Hilfe der geistigen Welt vielen leidgeprüften Menschen das Unbewusste ins Bewusstsein bringen und dadurch ihr Leid auflösen. Denn die Kommunikation mit der geistigen Welt brachte auch sie in die Schwingung der alles vergebenden und ewigen Liebe und in ein neues Bewusstsein.

Ich hoffe sehr, dass ich mit diesem Buch auch bei Ihnen den göttlichen Lichtfunken in der Seele wieder oder verstärkt zum Leuchten bringen kann, sodass sich auch Ihr Leben positiv verändert. Machen Sie das Beste aus Ihrem Dasein, indem Sie den Sinn des Lebens erkennen, mit den höheren Sinnen die eigene Seele erforschen und sich bewusst werden, dass die heutige Inkarnation ein Teil zur Vervollkommnung des ewigen Lebens ist.

Erarbeiten Sie sich Ihr Wohlbefinden und Ihr Glück durch einen geistigen Entwicklungsprozess. Kommen Sie in die Kraft Ihrer positiven Gedanken. Erkennen Sie, dass allein die Wärme des Herzens für unser Leben bestimmend ist. Durch die Liebe im Herzen steigt die Seele in die Sphären des Lichtes. Immer nur dann, wenn Sie positiv denken, können Sie sich der göttlichen Führung allezeit bewusst sein. Glauben Sie mir, sobald Sie geistig erwachen, werden Sie spüren und wissen, dass ein noch größeres Glück für Sie erreichbar ist

Herzlichst, Ihre
Beate Simmerock

Warum kosmische Gesetze das Leben des Menschen bestimmen

Das Leben ist eine stete Überprüfung zur Reifung der Seele

Wenn Sie einmal in Ruhe Ihr Leben betrachten, werden Sie erkennen, dass sich bei Ihnen vom Kind-Sein bis zu Ihrem heutigen Alter immer dieselben Verhaltens- und Leidensmuster wiederholen. Da sich jeder Mensch aus den Verstrickungen, die ihm Leid und Probleme bescheren, befreien möchte, sind sowohl seine Lebensbedingungen als auch die Widrigkeiten immer entsprechend seinem bisher erarbeiteten Seelenpotenzial angepasst. Deshalb ist es unbedeutend, mit welchen der aufgezählten Personengruppen Sie sich identifizieren. Ob Sie:

- seit Jahren auf der Suche nach der großen Liebe sind
- mit Ängsten oder Depressionen leben und täglich aufs Neue dagegen ankämpfen
- von anderen unter Druck gesetzt werden
- sich über andere Personen und Kleinigkeiten im Alltagsleben ständig aufregen und somit die Menschen in Ihrem Umfeld permanent unter Druck setzen, sodass Sie sich letztlich selbst einem Dauerstress aussetzen und fortwährend unter Spannung stehen
- durch unaufhörliches Nachdenken ein Gedankenkarussell im Kopf haben und dadurch die optimistische Sichtweise verloren geht
- durch Ihre Selbstzweifel verunsichert sind – dadurch auch Ihr Selbstbewusstsein –, weil Sie das Gefühl haben, es stets den anderen recht machen zu müssen
- sich durch bestimmte Verhaltensmuster selbst bestrafen, weil Sie es einfach nicht schaffen, sich selbst und somit Ihre Lebenssituation zu verändern
- sich darauf fokussiert haben, endlich im Geschäftsleben erfolgreich durchzustarten, um Karriere zu machen

Oder zählen Sie sich zu den Menschen, deren Körper bereits mit Schmerzen oder Krankheiten reagiert?

Von großer Bedeutung ist, dass die vollkommene Harmonie erreicht werden kann, indem wir versuchen, unser Bestes zu geben und gerade in schwierigen Lebensphasen durch einen geistigen Prozess an unserer Höherentwicklung arbeiten, weil dies der eigentliche Sinn des Lebens ist.

Die Mehrzahl der Menschen versucht – manche sogar verzweifelt –, einen Ausweg zu finden, um aus dem immer wiederkehrenden Leidensmuster auszubrechen. Auf der Suche nach der wahren Beziehung oder nach der richtigen Arbeit werden oftmals die Partner, die Berufstätigkeit oder der Wohnort gewechselt. Allerdings bringen solche Veränderungen, ohne einen geistigen Entwicklungsprozess zu machen, keinen Wandel. Fliehen verringert nur kurzzeitig das Unbehagen oder das Leid. Sehr bald fühlen wir uns erneut verkannt und stellen frustriert fest, dass sich in unserer Situation im Grunde nichts verändert hat.

Die Chance, eine wirkliche Veränderung für sich zu erarbeiten, ist erst dann gegeben, wenn wir die scheinbaren Einschränkungen durch Personen oder Situationen als göttliche Hilfestellung erkennen. Das Leid ist nämlich der Schlüssel, mit dem wir eine Tür ins Neue aufschließen können. Dieser Schlüssel ist nur in unserem eigenen Herzen zu finden. Wer bereit ist, sich selbst und seine Schattenseiten anzusehen, erkennt die eigenen Fehler und Schwächen. Das ist der einzige Weg, um aus dem Kreislauf, in dem man über unsagbar viele Inkarnationen gefangen ist, auszusteigen und sich zu befreien.

Anstatt die Wahrheit bei sich selbst zu suchen, regeln die meisten Menschen ihr Leben über den irdischen Verstand. Regelmäßig werden über den Intellekt Ausreden und Ausflüchte gesucht, Schuldzuweisungen und unwahre Aussagen den anderen gegenüber gemacht und durch Irreführung und Verfälschung der Tatsachen lieber Kritik an den Mitmenschen geübt. Das Resultat ist das Gefühl, in sich gefangen zu sein, weil man blind für die geistigen Gesetze im Leben und für die grundlegende Wahrheit ist. Man sieht nicht, dass die Ursache in dem mitgebrachten Karma liegt, welches auf der Seele programmiert ist und mit jeder Geburt erneut in Gang gesetzt wird.

Karma hat die Bedeutung von „wirken“. Gemeint ist die Auswirkung von Handlungen aus früheren Inkarnationen auf spätere Reinkarnationen. Bei jeder erneuten Inkarnation werden die bewussten Erinnerungen an das letzte Leben als Vorsichtsmaßnahme dem Bewusstsein unzugänglich gemacht. Mit dem Schließen der Fontanelle werden die Lernaufgaben eingeschlossen, um zu einem späteren Zeitpunkt, wenn die Seele dazu bereit ist, aufgearbeitet zu werden. Danach werden nur noch die Eigenheiten und menschlichen Schwächen, die Seelen- und Geisteskraft sowie die Charakterstärke einer Person den Entwicklungsstand der Seele widerspiegeln. Das Wissen um die Reinkarnation lässt uns verstehen, dass all unsere Sorgen, Probleme, Schicksalsschläge oder gar Krankheiten einen tiefen Sinn haben, denn sie geben uns die Möglichkeit, uns selbst und unsere bisherigen Verdrängungsmuster anzuschauen. Dadurch erkennen wir, dass alle negativen und schmerzlichen Erfahrungen, die wir während einer Inkarnation auf der Erde machen, die Reflexion der eigenen Seele sind und somit eine Prüfung darstellen, die sich solange wiederholt, bis wir lernen, die göttlichen Gesetze zu leben. Die Beschaffenheit und natürliche Tendenz der Seele setzt voraus, dass jede einzelne Verletzung, die wir anderen zugefügt haben, auf uns zurückkommt. Erst wenn wir bereit und offen dafür sind, durch einen geistigen Entwicklungsprozess unseren Horizont zu erweitern, steigen wir aus dem Wiederholungsrad des Karmas aus.

Den vielen Inkarnationen liegt ein göttliches Gesetz zugrunde: Die Seele soll sich höher entwickeln! Die negativen Erfahrungen, die wir machen, sollten wir ruhig und gelassen annehmen und versuchen, emotionslos zu reagieren. Die Prüfungen, die das Leben jedem von uns stellt, bedeuten, dass wir erneut und immer wieder die Gelegenheit bekommen, diese Prüfungen zu bestehen, indem wir die Schwierigkeiten überwinden und somit Erfahrungen sammeln können. Wenn wir, ohne uns aufzuregen, die täglichen Schwierigkeiten akzeptieren, besiegen wir unsere Emotionen und unsere Schwächen.

Unsere Seelenaufgabe ist es, uns über die irdischen Verletzungen und Leiden zu erheben, da diese uns letztendlich nur begrenzen. Sobald wir das gelernt haben, verändern wir selbst die negativen Erfahrungen in unserem Leben ins Positive. Die Liebe durchdringt alles Leben, denn das Leben ist alles in allem ein Ganzes. Sobald wir unser Herz heilen und lernen, es erneut für die Liebe zu öffnen, erheben wir uns über die Grenzen des physischen Verstandes. Unsere Augen werden geöffnet und wir können uns von den Fesseln und Verstrickungen der irdischen Begrenzungen befreien.

Allein durch die Liebe im Herzen ist es möglich, dass wir wieder Lebensfreude entwickeln. Indem wir Mitgefühl, Liebe und Zuneigung den anderen Menschen entgegenbringen, wird das Gleiche uns zurückgegeben. Das Leben ist wieder lebenswert, es zeigt sich uns von seiner positiven Seite.

Die Erfahrungen im Leben sind die Ernte aus früheren Inkarnationen

Es gibt immer noch Menschen, die nicht an die Wiedergeburt glauben und der Meinung sind, dass Reinkarnation unvorstellbar sei. Die meisten von ihnen glauben an Gott und doch wollen sie nichts von dem göttlichen Gesetz der Reinkarnation wissen. Dadurch behindern sie sich selbst in der Entwicklung ihrer eigenen Seelenqualität. Diejenigen, die sich geistig weiterentwickeln, leben auch im Alltag die geistigen Wahrheiten. Dieser kleine eingehauchte, göttliche Funke in jeder Seele ist das göttliche Licht, das irgendwann den begrenzten Verstand und somit den verschleierten Punkt in der eigenen Seele zu höherem Bewusstsein führt. Jede Seele hat die Aufgabe, irgendwann zu erkennen.

In der Geschichte der Menschheit hatte die Entwicklung der geistigen Attribute schon immer Priorität. In jedem Jahrhundert schrieben die Philosophen über das Wachstum und die Entfaltung der menschlichen Seele, wie auch über grundlegende Weisheiten, die das positive Reden, Denken und Handeln vermitteln. Sie gaben dieses universelle Gesetz, dass die Möglichkeit für einen Prozess des inneren Wachstums nur in einer Inkarnation auf der Erde gegeben ist, mündlich und schriftlich weiter.

Zum Beispiel gab der griechische Philosoph **Platon** (427–347 v. Chr.) unter dem Einfluss seines Lehrers Sokrates in seinen Erkenntnislehren das Wissen weiter, dass die sichtbare Welt kein Sein ist, sondern ein ständiges Werden zum Sein hin. **Sokrates** (470–399 v. Chr.), einer der größten Persönlichkeiten der Antike, versuchte seine Schüler durch Selbstprüfung zum sittlich richtigen Tun und Handeln zu führen. Er glaubte, dass das ethisch Richtige in der rechten Einsicht bestehe und dass niemand gegen seine bessere Einsicht handeln könne.

Denken und Tun, Tun und Denken, das ist die Summe aller Weisheit.
Alles Denken und Tun muss sich schließlich verbinden in der Liebe.

Johann Wolfgang von Goethe

Griechische Vorbilder prägten unter anderem auch **Johann Wolfgang von Goethe** (1749–1842). Im tiefen Anschauen der in der Natur herrschenden Gesetze, das Wissen um die Gegensätze, die wie im Spiel des Ein- und Ausatmens wechseln, zusammengehören und sich ergänzen, gelang es Goethe, Leben und Geist zu vereinen. Dank seiner tiefgründigen Wesensschau und Weisheit hatte auch er ein Bewusstsein für die Wandlung des Lebendigen.

In höherem Bewusstsein zu leben, bedeutete schon immer, sich über das begrenzte Bewusstsein des physischen Lebens zu erheben. Es ist das Ziel eines jeden Menschen, eins zu werden mit Gott und allem Leben, da Gott in allen Menschen, in allen Lebewesen und der ganzen Schöpfung ist. Eine Höherentwicklung der Seele zeigt sich, indem der Mensch seelische Kraft entwickelt und sensitiv den Mitmenschen, den Tieren sowie seiner Umwelt gegenüber wird. Die Möglichkeit des inneren Wachstumsprozesses ist schwerpunktmäßig **alle sieben Jahre** in jeder erneuten Inkarnation gegeben.

Schon in früheren Jahrhunderten waren es stets die Weisen, die erkannten, dass Karma ein göttliches Gesetz ist. Sie reichten diese Botschaft dem Volk weiter. Das Unbewusste kam bei den Menschen ins Bewusstsein; dadurch entwickelten sie Selbstbewusstsein und Gottesbewusstsein. Immer nur dann, wenn Glaubensfanatiker die Weisheiten der Religionen zur Lüge verzerrt haben, wurden die Menschen einem Druck ausgesetzt, der auf Dauer unerträglich wurde. Ab diesem Zeitpunkt begann der Lebenskampf. Aufgrund manch falscher Interpretationen in den Religionslehren wurde die Angst in der Bevölkerung geschürt, sodass die Menschen in ihrer geistigen Entwicklung blockierten und Rückschritte machten.

Um die Menschen aus ihrem Leid zu befreien, hatte Jesus, der Sohn Gottes, die Aufgabe, das Christuslicht und den Christusgeist erneut auf die Erde zu bringen. Er erklärte den Gläubigen den Schlüssel zu allen spirituellen Kenntnissen – **die innere Lehre geistigen Lebens.** Durch die Auferstehung von Jesus Christus begannen sie erneut, an die Wiedergeburt zu glauben. Geistig hoch entwickelte Personen versuchen, bis zum heutigen Tag den Menschen die in jeder Religion vorhandenen göttlichen Gesetze zu erläutern. Wer sich der Existenz der geistigen Welt bewusst ist, spürt die geistigen Kräfte, die nur über das Herzzentrum aufgenommen werden. Dies sind die ewigen Werte! Hochentwickelte Seelen des Lichts, die große weiße Bruderschaft, haben sich in allen Religionen manifestiert.

Alle Religionen führen zu Gott.

Das Ziel der gläubigen Menschen in den verschiedensten Religionen ist immer das Gleiche: **die Erweiterung des Bewusstseins, im Geist zu leben und sich der Unendlichkeit bewusst zu werden.**

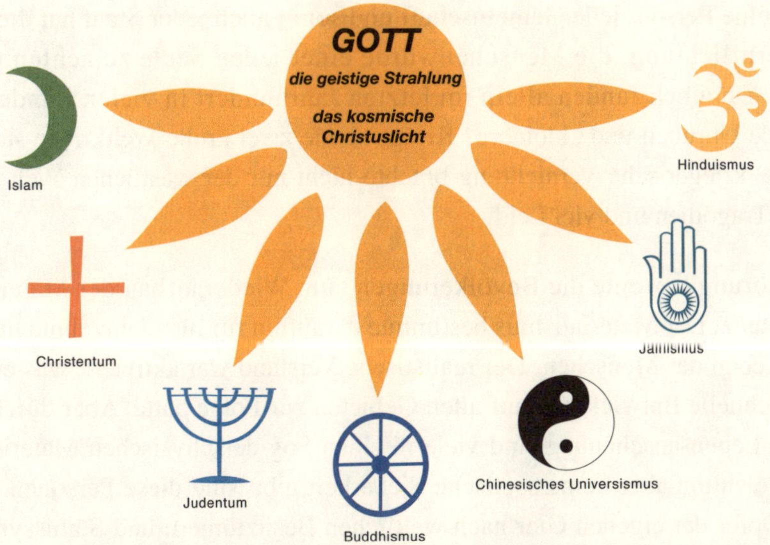

Die Weisheitslehren aller Religionen sind der Weg, das Urgesetz und der Urgrund allen Seins. Sich nach den göttlichen Gesetzen im menschlichen Leben zu richten bedeutet, dass der Mensch mit erweitertem Bewusstsein, welches er sich bei vielen vorhergehenden Inkarnationen erarbeitet hat, ein Gott gewolltes, gutes, sicheres und segensreiches Leben führt.

Ein Beweggrund, nicht an Reinkarnation zu glauben, resultiert bei vielen Menschen – vor allem in der westlichen Welt – noch aus der Zeit, als die Kirchenfürsten im Jahr 553 n. Chr. die Gläubigen wegen dieser mystischen Weisheit unterdrückten. Durch die Reden von Christus wussten die Menschen damals von der Wiedergeburt der Seele. Als die Würdenträger der Kirche bemerkten, dass sie deshalb immer mehr Macht einbüßten, verhängte das Konzil von Konstantinopel für alle, die an diese alte Weisheit der Reinkarnation glaubten, den Kirchenbann und so beherrschten sie die Gläubigen von neuem.

Derartiges betraf nie die östlichen Religionen, denn dort glauben bis heute noch Millionen von Menschen an die Wiedergeburt. Die Tatsache der Reinkarnation wurde dank des weltoffenen XIV. Dalai Lamas von Tibet über die Weisheiten von Buddha, die auch die Weisheiten der anderen Religionen dieser Welt sind, vor allem der westlichen Welt wieder zugänglich gemacht. Alle Weltreligionen beinhalten die gleichen goldenen Regeln:

Jeder Mensch, ohne Unterschied von Hautfarbe, Religionszugehörigkeit oder politischer Anschauung, soll human behandelt werden.

Jede einzelne Person, jede Gemeinschaft und somit auch jeder Staat hat die moralische Verpflichtung, die Menschenwürde einer jeden Seele zu achten und zu schützen. Dennoch fanden allein im letzten Jahrhundert in vielen Ländern auf dieser Erde Unruhen und „kleinere" Kriege sowie zwei große Weltkriege statt. Die fanatische, kriegerische Vernichtung brachte nicht nur der westlichen Welt Chaos, familiäre Tragödien und viel Leid.

Die Zerstörung bewegte die Bevölkerungen zum Wiederaufbau der Materie und ihrer Existenz. Der Materialismus bestimmte daraufhin für fünf Jahrzehnte maßgeblich das Leben der Menschen. Der realistische Verstand war aktiviert, was eine ungeheuer schnelle Entwicklung auf allen Gebieten zur Folge hatte. Aber durch diese einseitige Lebensanschauung sind viele in einen Sog der physischen Materie geraten. Da Reichtum aber keine seelische Sicherheit gibt, sind diese Personen unwissentlich Opfer der eigenen Gier nach weltlichen Besitztümern und Statussymbolen geworden. Mit der Zeit sind die Menschen durch den Konkurrenzkampf in der Geschäftswelt den eigenen Ängsten erlegen, die sich in Erwartungs- Lebens- bis hin zu Existenzängsten äußern und das Leben, die Gesundheit und somit die Zukunft beeinträchtigen. **Vor lauter Alltagsstress, Erfolgsdruck und Hektik vergessen die meisten Berufstätigen die Innenschau.**

Doch jetzt, während des Übergangs vom Fische- ins Wassermann-Zeitalter um die Jahrtausendwende wird die Umstrukturierung, die bis zum Jahr 2012 andauert, endlich positive Veränderungen bringen! Es wird einen neuen Zeitgeist geben, der die bisherige Lebensauffassung beeinflusst. Jetzt ist die Zeit gekommen, in der die Menschen erkennen, **dass das Ziel des Lebens die Weiterentwicklung des Geistes ist, um sich mit göttlichem Licht aus karmischen Verstrickungen zu lösen.** Die Verbindung mit der geistigen Welt bringt Erkenntnis. Das Ablösen negativer Verstrickungen, die durch seelische Verletzungen entstanden sind, bringt mit Hilfe der geistigen Welt nicht nur der einzelnen Seele, sondern zusätzlich auch den Gemeinschaftsseelen den Frieden. Gemeinschaftsseelen sind jene Seelen, mit denen wir negativ verbunden waren und die nun ebenfalls durch die Karmaablösung befreit werden.

Die Erhaltung des Friedens beginnt damit,
dass der einzelne Mensch friedliebend und zufrieden ist.

XIV. Dalai Lama

Die Verstrickungen allen Seins miteinander

Die karmischen Verstrickungen nehmen dem Menschen die Freude im täglichen Leben, obwohl das Geburtsrecht auf Freiheit, Glück und Frieden ausgerichtet ist. Das Erkennen des Zusammenspiels all der Menschen, die einem begegnen und positiv oder negativ die Seele berühren, kann nur über das Innenleben der Seele, durch die Entwicklung der Sinne, erfasst werden. Das Gesetz von Ursache und Wirkung tritt solange in Kraft, bis wir überholte Denkweisen und die eigenen Vorstellungen durchbrechen. Die Seele, die universelle Weisheiten versteht, begreift, warum die physischen und psychischen Einschränkungen vorhanden sind. Jeder wählt sich seinen eigenen Weg zur Karmaverarbeitung aus. Deshalb sollten wir alle negativen Ereignisse im Leben, die für uns lediglich karmische Wiederholungssituationen darstellen, mit völliger Gelassenheit annehmen.

Im Unterbewusstsein liegt die Wahrheit, sie ist aber für uns Menschen mit dem Intellekt nicht greifbar. Sobald das innere Wissen, dass es eine Reinkarnation gibt, wieder ins Bewusstsein dringt, können wir die Gründe unserer täglichen Probleme besser verstehen. Nur derjenige, der die Ursache der eigenen Widrigkeiten in sich selbst sucht, kann sich seines unendlichen, universalen Lebens bewusst werden. In vielen Inkarnationen beginnt die Seele zu wachsen. Auf dem Weg der geistigen Entwicklung, die nur durch die vielen Leben auf der Erde möglich ist, gewinnen wir die Erkenntnisse der kosmischen Gesetze. Wir beginnen immer mehr, die Zusammenhänge zu verstehen. Den Schlüssel zu allen spirituellen Kenntnissen und zu den Wahrheiten finden wir nur im Einklang mit dem göttlichen Geist. Jeder Mensch ist mit dem Universum verbunden und ist ein Teil des ewigen Kreislaufs. Alles Leben ist unendlich. Seit Ewigkeiten sind wir auf der Suche nach unserem „wahren Ich." Das wahre Ich können wir nur durch die geistige Entwicklung finden, weil wir dadurch Klarheit über uns selbst bekommen. Alle Menschen müssen auf dem Weg zur geistigen Seelenentwicklung den gleichen Weg gehen.

Haben wir erst einmal den Entschluss und den Mut gefasst, uns nur mit der eigenen Wahrheit zu befassen, so ist das der erste Schritt auf dem Weg zu einem lichtvollen Seelenprozess. Das bedeutet, nur sich selbst und das eigene Leben anzuschauen! Wer die Verantwortung für sein eigenes Leben übernimmt, ist bereit, an sich zu arbeiten, um sich geistig weiter zu entwickeln. Nur so können wir uns über das begrenzte Bewusstsein erheben und aus dem Leid im physischen Leben befreien.

Die Überwindung des niederen Selbst

Die großen Philosophen und Weisen in der ganzen Welt wussten zu jeder Zeit, dass nichts dem Zufall überlassen ist, sondern allem Geschehen ein universelles Gesetz zugrunde liegt. Sie erkannten, dass es in der Inkarnationskette Anfang und Ende miteinander verbindet, denn sie alle hatten kosmisches Bewusstsein. Sie stellten fest, alles ist ein Teil von Gott und jeder ist eins mit Gott.

Die Karmahüter in der geistigen Welt sorgen dafür, dass wir alle sieben Jahre die Chance bekommen, unser Negativ-Karma abzuarbeiten. Schauen wir zurück, dann werden wir feststellen, dass alle „Siebener" Jahre – das siebte, vierzehnte, einundzwanzigste ... bis zum siebzigsten, siebenundsiebzigsten, vierundachtzigsten und so weiter, positive wie auch negative Veränderungen mit sich gebracht haben. Es ist jedes Mal eine Aufforderung, uns selbst und unser bisheriges Leben anzuschauen. Wir treffen unter Führung der geistigen Welt die Personen, mit denen wir seelenverwandt sind. Mit einigen haben wir jedoch noch negative Verstrickungen aus früheren Inkarnationen. Deshalb werden speziell um diese „siebener Zahlen" Ereignisse wie Heirat, Geburt oder berufliche Veränderungen eintreten. Jedoch können auch schmerzliche Lernerfahrungen auf uns warten, wie zum Beispiel Trennungen, Schicksalsschläge oder Kündigungen.

Wie auch immer die karmische Prüfung für jeden von uns ausfällt, es kommt nur darauf an, wie wir in dieser Zeit mit der jeweiligen Situation umgehen, vor allem, ob wir erkennen. Wer sich seiner eigenen Unzulänglichkeiten, seiner Fehler und Schwächen bewusst wird und **die Ursache seiner Probleme bei sich selbst sucht,** öffnet inwendig eine Tür. Dahinter sind die Wahrheit und die Bereitschaft zur Veränderung zu finden. Es werden uns wiederholt Gelegenheiten geboten, mit Liebe Einklang in die Konflikte zu bringen, in denen wir uns emotional befinden. Dadurch können wir in jeder Situation gelassen und positiv reagieren. Sicher ist, dass alles, was passiert, auch wenn es im Moment für uns noch nicht begreiflich und fassbar ist, dennoch eine göttliche Vorsehung ist. Die Schwierigkeiten in diesem Leben sind das Ergebnis eines negativen Karmas aus einer früheren Inkarnation. Karmische Prüfungen sollten durch einen bewusst durchlaufenen geistigen Prozess immer eine positive Veränderung für uns bringen.

Wenn wir die Prüfungen des Lebens, in denen wir uns geistig weiterentwickeln sollten, nicht positiv nutzen, verlängern sich die Phasen, in denen wir physischen oder psychischen Druck empfinden. Trotz des durchgemachten Leides sollten wir die negativen Emotionen unseres verletzten Egos loslassen. Dadurch kann sich der Geist des Menschen entfalten und die Wahrheit in der eigenen Seele erkannt werden. Nur über psychische, physische oder geistige Prüfungen können wir wachsen und einen Seelenprozess machen. Das wiederum geht nur auf der Erde. Unser Planet, die Erde, ist die grobstoffliche Welt der Materie. Hier ist für uns Menschen der Platz, um negatives Karma aufzuarbeiten, falls wir erkennen! Dann sehen wir, dass wir in den schwierigen Situationen, in denen wir uns befinden, aufgefordert werden, negatives Karma zu begleichen. Jede Seele muss zuerst die Schattenseiten der Materie erleben, um sich GOTT bewusst zu werden.

Der Sinn des Lebens ist, dass wir aus jeder schmerzhaften menschlichen Erfahrung lernen können, uns emotionslos den Problemen oder Situationen zu stellen. Wir sollen nicht im Leid ertrinken, uns abkapseln oder in Depressionen verfallen, sondern Charakterstärke und Seelengröße entwickeln. Nur im Leid können wir wachsen und erwachen. Es ist der Plan Gottes, dass wir seine Kraft und das Licht erkennen.

Im Licht liegt die Erlösung.

Die Menschen der östlichen Welt wissen genau über den Zusammenhang von Seelenentwicklung und körperlichem Wohlbefinden. Deshalb pflegen sie auch sehr viel mehr die Meditation. Wer meditiert, findet zu höherem Bewusstsein. Meditation verleiht dem Dasein einen Sinn. Glück und Frieden stellen sich ein.

In der westlichen Welt sind die Menschen meist der Ansicht, dass sich mit zunehmendem Alter auch die Krankheiten einstellen. Dieses negative und falsche Denkmuster beeinträchtigt unser Dasein, denn wir begrenzen uns selbst in unserer Lebensqualität. Es ist der freie Wille eines jeden Menschen, wann er seinen Geist entfalten will. Der Weg, unser Bewusstsein zu erweitern, geht nur über unser Innerstes, unseren höheren Verstand. Durch die Meditation stellen wir die Verbindung über unser Seelenlicht, diesen gewissen Punkt im Solarplexus, zu der geistigen Welt her und kommen an den Punkt in uns selbst. Fühlen Sie in sich hinein, nehmen Sie die innere Stimme wieder wahr und:

Erkennen Sie sich selbst!

In der griechischen Stadt Delphi, die für ihr Orakel bekannt war und für die Menschen der Antike als Mittelpunkt der Welt galt, waren die Worte der Weisheit: *„Mensch erkenne dich selbst und du wirst Gott und das Universum kennen"* in prachtvoll verzierten Tempeltoren eingemeißelt, um die Fähigkeit, mit sich selbst in Kontakt zu treten, ständig ins Bewusstsein zu rufen. Indem Sie nur sich selbst anschauen, erlangen Sie geistige Klarheit und erweiterte Wahrnehmung. Jeder Mensch bekommt im Leben mehrfach die Gelegenheit, zu fühlen und zu spüren, dass die Wahrheit in der eigenen Seele liegt. In der Seele liegt unsere Kraft und durch die Reife der Seele zeigt sich unser Charakter.

Erwecken Sie Ihre innere Kraft und Stärke, bitten Sie bewusst um Hilfe und erkennen Sie die unglaubliche Macht des göttlichen Lichtes. In der Meditation rufen Sie dieses göttliche Licht an. Genau in dem Moment verbinden Sie sich mit der Quelle der Liebe und des Lichts. Die geistige Welt wartet nur darauf, Hilfe geben zu können, damit sich Ihre Schwierigkeiten auflösen.

Einige von Ihnen haben bereits Wissen erlangt. Aber auch Sie werden mit diesem Buch Trost und Inspiration erhalten. Das Buch vermittelt Ihnen Kenntnisse aus höheren Sphären, die Ihnen ein kontinuierliches Wachstum ermöglichen. Durch die Entwicklung des Geistes wird das Christuslicht im Menschen immer stärker werden.

Sobald Sie mit diesem Buch arbeiten, können Sie mit Zuversicht und Vertrauen Ihr irdisches Leben beeinflussen und hoffnungsvoll verändern. Da der Kernpunkt der Wahrheit ins Bewusstsein dringt, beginnen Sie, die Umstände Ihres Lebens zu verstehen, da sich durch die geistige Lebenseinstellung die Einstellung zum irdischen Leben positiv verändert.

Kapitel I spricht den spirituellen Aspekt der Seele an.

- Das Datum Ihrer Geburt sagt die Wahrheit über Sie selbst aus. Denn nur, wer den Blick nach innen, auf das Potenzial seiner Seele richtet, kann seinem Leben eine positive Wendung geben.
- Ändern Sie Ihre bisherigen negativen Standpunkte und machen Sie einen geistigen Seelenprozess. Die für diese Inkarnation angesagten Themen können Sie als reflektierende Wahrheit des Seeleninhalts wahrnehmen.
- Sie werden imstande sein, sich zu befreien aus negativen energetischen Verbindungen, die durch Eigenverwünschungen und Verfluchungen, durch abgelegte Gelübde, Schwur oder Eid sowie aus magischen Verstrickungen entstanden sind.
- Durch die wieder erweckte und gelebte Spiritualität erhalten Sie eine höhere Schwingung. Somit können Sie fast täglich die Wunder des göttlichen Lichts erfahren. Da das Leben mit allen Leben verbunden ist, sollten Sie mit allem Leben in harmonischer Übereinstimmung pulsieren.

Kapitel II spricht den Geist und den physischen Aspekt an.

- Sie werden den Zusammenhang zwischen den Endokrinen Drüsen, den gelebten Emotionen sowie dem dazugehörigen Chakra erkennen.
- Um wieder in das Gefühl des körperlichen Wohlbehagens zu kommen, können Sie Ihre Chakras durch regelmäßige Übungen aktivieren, stabilisieren und harmonisieren.
- In der Meditation können Sie Liebe und Glück empfinden durch die Einheit Ihres Geistes mit der geistigen Welt.
- Wagen Sie einen Neuanfang, indem Sie aus eigener Kraft für sich eine Veränderung durch die Ablösungen herbeiführen, weil Sie aus Ihrer Opferrolle aussteigen und auf diese Weise das innere Gleichgewicht wiederfinden.
- Sie erhalten eine Aufstellung der positiven und negativen Emotionen, die über die verschiedenen Organe gelebt werden und durch das Verhalten im täglichen Leben zum Ausdruck kommen.

Kapitel III spricht alle Aspekte spiritueller Wahrheit an.

- Sie lesen Wissenswertes über die geschichtliche Entwicklung der östlichen Weltreligionen.

- Sie erhalten Erkenntnisse über die Entwicklung der drei westlichen Weltreligionen – Judentum, Christentum und Islam.

- **Der Meister Maha Chohan** teilt das erste Mal aus der Sicht der geistigen Welt **die ganze Wahrheit zu den Hintergründen der Ereignisse und Entwicklungen der drei westlichen Weltreligionen mit** sowie zu anderen interessanten Themen, die bedeutsam und interessant sind.

- Außerdem bekommen Sie Einblicke in das Zusammenwirken der Feiertage aller fünf Weltreligionen.

- Sie erfahren Wichtiges über das dynamische Zusammenspiel von Yin und Yang, die ein kosmisches Gesetz darstellen, und über die fünf Elemente.

- Sie erhalten einen Überblick über die Entwicklung der Menschheit in den verschiedenen Kulturepochen.

- Durch das Bewusstwerden geistiger Gesetze erkennen Sie die Einheit und Verbundenheit allen Lebens.

- Mit dem Wissen von der Bedeutung universeller Gesetze werden Sie das weltweite Geschehen mit einem höheren Bewusstsein wahrnehmen können.

Kapitel I

Kosmische Gesetze bestimmen das Leben

eines jeden Menschen

im Hinblick auf sein bisher erarbeitetes Seelenpotenzial.

Der Spiegel des inneren Selbst – die wiederholte Reflexion für das Leben

Erkennen Sie die Wahrheit über sich selbst – die Wahrheit, die Ihre Schwachpunkte und den Stand der Seele für dieses Leben aufzeigt.

Die Errechnung der Inkarnationszahl

Um herauszufinden, in welcher Inkarnationszahl Sie geboren sind, errechnen Sie die Quersumme Ihres Geburtsdatums.
Beispiel:

Geburtsdatum:	18. 10. 1978
Quersumme:	1 + 8 + 1 + 0 + 1 + 9 + 7 + 8 = 35
Inkarnationszahl:	35

Die Beschreibungen der Inkarnationszahlen sind nicht mit anderen Personenbeschreibungen oder mit Numerologie zu vergleichen. In diesem Fall ist es anders, weil Ihnen aus der geistigen Welt über die errechnete Inkarnationszahl **die Lernaufgaben der Seele für dieses Leben** mitgeteilt werden. In Ihrer Inkarnationsbeschreibung werden Ihre eigenen negativen Verhaltensmuster genau beschrieben. Es ist der Spiegel und der Stand Ihrer Seele. Ohne Maske und Beschönigung werden die Schwachpunkte geschildert. Dadurch werden Sie sofort mit Ihrem Seeleninhalt konfrontiert. Sobald Sie aufrichtig sich selbst gegenüber sind und gewillt, an Ihrer bisherigen Grundeinstellung und Geisteshaltung zu arbeiten, können Sie einen Entwicklungsprozess machen. Ihre Seele wird sich entfalten und reifen. **Der Stand Ihrer geistigen Seelenentwicklung hängt davon ab, was Sie bisher bewusst von Ihrem negativen Verhaltensmuster bearbeitet haben.**

Sind Sie bereit, an sich zu arbeiten? Möchten Sie sich und Ihr Leben wirklich verändern? Gehören Sie zu der Gruppe von Menschen, die erwacht sind und sich auf die Suche nach Ganzheit gemacht haben, um Gesundheit, Seelenfrieden, Wohlergehen und Glück zu finden?

Bemühen Sie sich, die Schwierigkeiten, Ihr psychisches Leid oder die körperlichen Schmerzen, mit denen Sie immer wieder konfrontiert werden, zu verstehen, indem Sie die Einflüsse früherer Leben mit den heutigen Problemen in Zusammenhang bringen. Nur wer sein wahres Wesen erkennt und sieht, was er an sich verändern sollte, wird fähig sein, auch in seinem Leben eine positive Wandlung zu bewirken. Solange Sie dem anderen die Schuld zuweisen, weil der sich verändern müsste, werden Sie hilflos im Karmarad gefangen bleiben.

Arbeiten Sie die Punkte, die unter Ihrer errechneten Inkarnationszahl beschrieben sind, in Ruhe durch und Sie werden erkennen:

- Welche Chakras bei Ihnen blockieren, sobald Sie mit bestimmten Personen oder in speziellen Situationen Stress haben
- Das Thema Ihrer gegenwärtigen Inkarnation
- Die Gefühle und das Verhaltensmuster, in denen Sie gefangen sind
- Dass Sie sich in Ihren innersten Gefühlen von dem beschriebenen Karmabeispiel angesprochen fühlen
- Ihr Ziel in diesem Leben

Erarbeiten Sie sich das Licht für Ihre Seele und Sie werden sich auf eine höhere Schwingungsebene emporheben. Anhand der Inkarnationszahl können Sie den Zusammenhang der Einflüsse früherer Leben mit Ihren heutigen Schwierigkeiten in Verbindung bringen. Geistiges Wissen bringt auf jede Frage eine Antwort. Sobald Sie an sich arbeiten, sollten Sie sich täglich die Zeit zum Denken und Fühlen nehmen, denn dadurch erhöht sich die Qualität Ihres Bewusstseins.

Die Beschreibungen beginnen bei der 23er-Inkarnation und enden mit der 42er-Inkarnation. Es sind die Inkarnationen, die am häufigsten auf der Erde inkarniert sind. Alle angeführten Karma-Beispiele in den verschiedenen Inkarnationsbeschreibungen stellen authentische Fälle aus meiner Praxis dar. Gehen Sie auf Entdeckungsreise, lesen Sie Ihre Inkarnationszahl durch und finden Sie sich selbst. Trauen Sie sich. Bringen Sie Licht in Ihre persönlichen Schwächen, weil Sie dadurch Ihren Seelenprozess für diese Inkarnation klar und deutlich erkennen und daran arbeiten können. Sie brauchen beim Lesen über sich selbst keine Ausreden zu suchen oder sich zu rechtfertigen, da Sie nicht beurteilt werden. **Ihre Inkarnationsbeschreibung stellt die Seelenaufgaben dar, deren positives Aufarbeiten Sie sich für dieses Leben vorgenommen haben.** Sobald Sie sich Ihre Schwächen eingestehen und nicht mehr verdrängen, fangen Sie an, Ihren Seelenprozess zu machen und **Selbstverantwortung zu übernehmen**. Dadurch wird sich Ihr Leben positiv verändern. Setzen Sie für sich neue Prioritäten fest!

23er-INKARNATION

1. Folgende Chakras blockieren:

- Herzchakra
- Wurzelchakra

2. Thema Ihrer gegenwärtigen Inkarnation:

- Liebe
- Das innere Gleichgewicht wiederfinden

3. Gefühle und Verhaltensmuster, in denen Sie gefangen sind:

Sie haben Beziehungsschwierigkeiten, weil Sie kein Vertrauen in eine zwischenmenschliche Beziehung einbringen können. Sie offenbaren niemand Ihre Liebe und Wertschätzung und zeigen gekonnt eine Schauseite. Aufgrund des subjektiven Empfindens, der Liebe nicht wert zu sein, können Sie die Ihnen entgegengebrachte Liebe nicht annehmen.

Da Sie hohe Anforderungen an Ihre Mitmenschen stellen, haben Sie laufend Schwierigkeiten in Ihren Beziehungen. Die Menschen in Ihrem Umfeld fühlen sich von Ihnen unter Druck gesetzt, weil sie das Gefühl haben, ständig kontrolliert und manipuliert zu werden. Dies führt zu Streitigkeiten und Aggressionen, weil Sie sich weigern, die Meinung der anderen zu akzeptieren. Weil Sie deren Gesichtspunkte nicht hören wollen, verschließen Sie Ihre Gefühlsseite und zeigen sich von der verständnislosen und intellektuellen Seite ohne jegliches Gefühl für Ihr Gegenüber. Der andere zieht sich chancenlos zurück. Daraufhin fühlen Sie sich verletzt, was wiederum Frustrationen erzeugt, die Sie an anderen Personen erneut auslassen. Sie drehen sich ständig im Kreis. Aus der eigenen Unsicherheit heraus bauen sich gleichzeitig Schuldgefühle sowie Lebens- oder Verlassensängste auf. Deshalb geben Sie sich hart und scheinbar unabhängig von jeglicher Liebe.

Das Gefühl, immer zu wenig Liebe zu erhalten, macht Sie unsicher, unglücklich und gleichzeitig wütend. Selbst wenn Ihnen Liebe entgegengebracht wird, sind Sie nicht fähig, sie anzunehmen. Innerlich spüren Sie aber, eine unerfüllte Liebe zu leben und so baut sich der emotionale Druck in Ihnen immer mehr auf, sodass Sie mit Autoaggression reagieren. Wegen der vorhandenen Trauer, irgendwann einmal verstoßen und verletzt worden zu sein, kann die Tendenz zur Selbstzerstörung – wegen fehlender Eigenliebe – gegeben sein.

4. Reaktionen:

Durch das Gefühl des Liebesdefizits bewirkt dieser selbst aufgebaute emotionale Stress, dass der Körper sich ein Ventil sucht, um den inneren Druck loslassen zu können. Die Selbstverachtung löst eine innere Anspannung aus und kann auf verschiedene Art und Weise zum Ausdruck gebracht werden, wie etwa durch:

- Ausreißen der Haare
- Fingernägel abkauen
- zu viel rauchen
- Essstörungen - Bulimie
- Hautreaktionen

Da Sie Gefühle der Liebe nicht ausdrücken können, dominiert bei Ihnen die intellektuelle Seite, weil der Verstand das Herz kontrolliert.

5. Karmabeispiel:

In einer früheren Inkarnation war die Person weiblich. Da sie als Baby mitten auf der Stirn, genau am dritten Auge, ein großes Muttermal hatte, wurde sie von ihrer Mutter sofort nach der Geburt ausgesetzt. Denn die abergläubische Mutter war fest davon überzeugt, dass dies ein böses Omen sei. Sie legte das Neugeborene heimlich vor die Tür eines Kinderheimes und verschwand. Das Baby wurde gefunden und wuchs im Heim auf.

Als sie größer wurde, war das Mädchen jedoch sehr oft allein. Da sie recht schwierig war, wollten die anderen Kinder nicht mit ihr spielen. Es gab ständig Streit. Nicht nur ihr Verhalten, sondern auch das große Muttermal waren ein Grund, weshalb es von keiner Familie angenommen oder adoptiert wurde. Selbst als junges Mädchen verließ sie kaum das Heim. Letztendlich verbrachte sie ihr ganzes Leben in dem Kinderheim, als Erwachsene putzte und kochte sie dort.

6. Ihr Ziel in diesem Leben ist:

- Die Schuldgefühle loszulassen.
- Das Herz zu heilen und sich wieder für die Liebe zu öffnen.
- Die Liebe, die Ihnen von anderen Menschen entgegengebracht wird, anzunehmen und zu erwidern.

24er-INKARNATION

1. Folgende Chakras blockieren:

- Kronenchakra
- Herzchakra

2. Thema Ihrer gegenwärtigen Inkarnation:

- Selbstverwirklichung
- Selbstvertrauen in die eigene Intuition und Kreativität

3. Gefühle und Verhaltensmuster, in denen Sie gefangen sind:

Sie geraten immer wieder in Selbstzweifel, werden unsicher und fühlen sich innerlich gehetzt, sobald Sie Ihre Ideen und Ihre Kreativität realisieren und umsetzen möchten. Da Sie Angst vor Misserfolg haben, bleiben Ihre wahren Wünsche nur Träume. Dass Sie diese Wünsche schon in jungen Jahren unterdrücken, ist auf die Dominanz von anderen Personen zurückzuführen. Es ist Ihnen im Laufe der Jahre gar nicht mehr bewusst, dass Sie sich von Ihrer Kreativität abgeschnitten haben. Mit der Zeit entwickeln Sie sich zu einem Pessimisten, hegen Zweifel und glauben insgeheim nicht mehr, dass noch bessere Zeiten für Sie kommen.

Es fehlen Ihnen das Gefühl und der Zugang zu Ihrer inneren Stimme, Ihrer Intuition. Sie sehnen sich nach einer harmonischen Beziehung. Die Folge davon ist, dass Sie von Ihrem eigentlichen vorbestimmten Ziel, das für diese Inkarnation für Sie ansteht, abkommen. Da Sie ständig von anderen kritisiert werden, kommen Sie den Erwartungen, die in Sie gesetzt werden, widerspruchslos nach. Nur um den anderen einen Gefallen zu tun, tragen Sie das Gefühl in sich, nicht wirklich zu leben.

Aus Angst, wieder einmal verletzt zu werden, ziehen Sie sich in Ihre eigene Welt zurück. Sie setzen sich selbst in Gefangenschaft aus Mutlosigkeit und aus der Befürchtung heraus, Opfer durch negative Einflüsse von außen zu werden. Dadurch ersticken Sie Ihre Wunschvorstellungen bereits im Keim. Ihre Erwartungsängste hindern Sie daran, Ihre Pläne zu realisieren, was die negative Einstellung und innere Verweigerung widerspiegelt. Ihr Körper reagiert mit Müdigkeit, da Sie sich nicht auf den Weg machen, sondern durch negative Gedanken sich selbst blockieren.

Das beeinträchtigt tagsüber Ihr Lebensgefühl und Ihr Wohlbefinden, weil Ruhe und Ausgeglichenheit fehlen.

4. Reaktionen:

Sie passen sich an, weil Sie die eigenen Fähigkeiten unterdrücken. Dies kostet Sie viel Kraft. Mögliche Folgen sind:

- Erschöpfung
- Schlaflosigkeit
- Probleme im Halsbereich

5. Karmabeispiel:

In dieser früheren Inkarnation war die Person weiblich. Damals war sie ein junges, lebenslustiges, sehr kreatives Mädchen und genoss das Leben in vollen Zügen. Sie stammte aus reichem Elternhaus und sollte den Nachbarssohn einer ebenfalls wohlhabenden Familie heiraten. Der junge Mann begann bereits nach kurzer Zeit, ihr nachzustellen, aber immer nur dann, wenn sie alleine ausritt. Er setzte sie durch seine sexuellen Belästigungen vor der Ehe immer wieder unter Druck.

Sie fühlte sich verfolgt, denn er tauchte meistens unverhofft hinter einem Baum auf, erschreckte und bedrängte sie. Nach kurzer Zeit bekam sie bereits Angstzustände und Panikattacken. Anfangs weigerte sie sich, ihn zu heiraten. Da er nach außen hin jedoch stets nett, freundlich und zuvorkommend war, glaubte ihr keiner in der Familie. Niemand nahm ihre Beschuldigungen ernst. Nur um der Familie einen Gefallen zu tun, gab sie dem familiären Druck nach und willigte, trotz all der unangenehmen Vorkommnisse, letztendlich in die Ehe mit dem jungen Mann ein. In ihrer Ehe stand sie unter einem permanenten Druck, den er auf sie ausübte.

6. Ihr Ziel in diesem Leben ist:

- Sich für die Liebe wieder zu öffnen.
- Ihre Visionen mit Selbstvertrauen, Ausdauer und Kraft zu realisieren.
- Wieder auf Ihre innere Stimme zu hören und sich selbst zu vertrauen.

25er-INKARNATION

1. Folgende Chakras blockieren:

- Kronenchakra
- Herzchakra

2. Thema Ihrer gegenwärtigen Inkarnation:

- Mit Mut die Durchsetzung der eigenen Belange und Ideen erwirken
- Durch die Heilung des inneren Kindes in die Heilung und Regeneration von Körper und Seele kommen
- Aus der täglichen Lethargie wieder in die eigene Kraft kommen
- Mit Leichtigkeit und Zuversicht den Alltag bewältigen

3. Gefühle und Verhaltensmuster, in denen Sie gefangen sind:

Sie glauben, dass Sie den Erwartungen Ihrer Mitmenschen nicht genügen. Dadurch stehen Sie unter einer inneren Anspannung und einem ständigen Stress. Nach außen zeigen Sie „heile Welt". Wegen dieses Zwiespalts sind Sie oft gereizt und meinen, mit den Nerven am Ende zu sein.

Sie blockieren sich selbst, weil Sie die Anerkennung von anderen Personen brauchen. Mit dieser Einstellung beginnen Sie, einen täglichen Kampf mit dem Leben zu führen. Sie fühlen sich schon morgens beim Aufstehen energielos. Sie sind der Ansicht, alle Last der Welt alleine auf Ihren Schultern tragen zu müssen. Mit dieser Lebensauffassung setzen Sie sich selbst unter Druck und blockieren sich im Lebensfluss. Sie plagen sich durch den Tag, fühlen sich oft leer, ausgelaugt und erschöpft.

Weil Sie bei sich nichts verändern wollen, verdrängen Sie die dunklen Schattenbereiche auf der Seele. In diesem Verhaltensmuster sind Sie gefangen und deshalb macht sich bei Ihnen irgendwann eine Versagensangst in Ihren Gedanken breit. Wegen des Gefühles der Überbeanspruchung im täglichen Leben glauben Sie manchmal, Beine so schwer wie Blei zu haben. Sie suchen verzweifelt externe Hilfe, da Ihr Körper und Ihre Psyche in einem Zustand der Erstarrung sind. Gleichzeitig trauen sie jedoch niemandem aus Angst vor einer erneuten Enttäuschung.

4. Reaktionen:

- Geistige und körperliche Erschöpfung
- Nervliche Anspannung

5. Karmabeispiel:

In dieser früheren Inkarnation war die Person weiblich. Als junge Frau war sie mit einem Mann verheiratet, der einen eigenen Laden besaß. Sie lebten in einem sehr schönen Haus mit einem großen Grundstück, in dem sie einen Gemüsegarten und viele verschiedene Obstbäume hatten. Ihr Mann stellte sich vor, dass sie später einmal mehrere Kinder bekommen würden. Schon als junge Frau musste sie nicht nur im Haushalt und im Garten viel arbeiten, sondern auch ab und zu im Geschäft mithelfen. Der Ehemann setzte sie insofern noch zusätzlich unter Druck, indem er sie immer wieder fragte, wann sie endlich schwanger werden würde.

Als sich nach einigen Jahren immer noch kein Nachwuchs angekündigt hatte, wurde der Mann ungehalten und beschimpfte seine Frau nur noch. Er fing an, immer mehr Alkohol zu trinken. Deshalb musste sie immer häufiger noch zusätzlich seine Arbeit übernehmen. Die Frau empfand das Leben als große Last, dennoch klagte sie bei ihrer Kundschaft nie und ließ sich auch nichts anmerken. Im Laufe der Jahre wurde sie krank. Sie wollte ihrem unzufriedenen Mann, der immer nur Druck auf sie ausübte, alles recht machen. Sie schaffte es nicht, eigene Wege zu gehen und sich von ihm zu trennen.

6. Ihr Ziel in diesem Leben ist:

- Eine positive Einstellung dem Leben und der Arbeit gegenüber zu erlangen.
- Das spirituelle Bewusstsein zu entfalten.
- Das Potenzial der eigenen Heilkraft wiederzuerlangen.

26er-INKARNATION

1. Folgende Chakras blockieren:

- Solarplexus
- Milzchakra

2. Thema Ihrer gegenwärtigen Inkarnation:

- Das Vertrauen zu sich selbst und ebenso in die göttliche Führung wiedererlangen
- Die Ruhe und Gelassenheit dem Leben gegenüber wieder finden
- Den Tatsachen realistisch ins Auge sehen

3. Gefühle und Verhaltensmuster, in denen Sie gefangen sind:

Wegen des Gefühls, sich die Liebe verdienen zu müssen und der ständigen Angst, zu kurz zu kommen, sind Sie überreizt und nervös. Durch Ängste und Panikgefühle, die Ausdruck eines Mangels an innerer Stabilität und Vertrauen sind, verkrampfen Sie immer mehr. Mit Ihren negativen Gedanken lösen Sie immer negative Erfahrungen aus. Dadurch stehen Sie hilflos dem Leben gegenüber. Die Angst liegt Ihnen wie ein Stein im Bauch oder macht Sie depressiv. Durch diese negative Einstellung dem Leben gegenüber baut sich ein innerer Druck auf. Diese Spannung und der spürbare Druck, der nur aus den sich immer wiederholenden negativen Gedanken entsteht, aus denen wiederum die Angst resultiert, haben zur Folge, dass Sie sich weigern, etwas zu verändern.

Um die Bedrückung und die innere Spannung loszuwerden, suchen Sie sich ein Ventil, entweder über den Körper oder Sie lassen Ihre Emotionen an bestimmten Mitmenschen aus. Den Menschen, die Ihnen keine Beachtung schenken, stehen Sie sehr kritisch gegenüber. Sie versuchen dann, sie zu kontrollieren. Sobald eine andere Person nicht Ihrer Meinung ist, sind Sie fähig, Ihre eigenen Schwächen dem anderen vorzuhalten. Bei einer Kommunikation, die tiefer geht, gehen Sie sofort auf Konfrontation und manipulieren geschickt, um die eigenen Fehler nicht sehen, erkennen und ertragen zu müssen. Aus Angst vor dem Leben suchen Sie oft Hilfe von außen, sind jedoch unfähig, von einem anderen Rat anzunehmen. Gekonnt drücken Sie sich davor, die Realität zu sehen, wie sie wirklich ist. Sie behindern sich selbst aufgrund Ihrer Ängste, neue Wege zu gehen.

4. Reaktionen:

- Ihre Lebensenergie kann blockiert sein

5. Karmabeispiel:

In dieser früheren Inkarnation war die Person männlich. Er war ein kleiner Junge und lebte mit seinen Eltern auf dem Land in einem kleinen Ort in einem südlichen Land. Damals war er ungefähr sieben oder acht Jahre alt und hatte große Schwierigkeiten einzuschlafen. Dann hörte er nachts manchmal, wie die Haustür zugezogen wurde. Jedes Mal stand er leise auf, ging, ohne das Licht anzumachen, ans Fenster und beobachtete, wie sein Vater mit Hut und Mantel das Haus verließ.

Als einmal die Mutter nicht zu Hause war, folgte er heimlich dem Vater und beobachtete, wie er in ein anderes Haus im Dorf ging. Der Junge schaute vorsichtig durch das Fenster und sah, wie sein Vater mit einer schwangeren Frau stritt. Als die Frau immer lauter wurde, schließlich zu schreien anfing, schlug er ihr ins Gesicht. Dabei fiel sie mit dem Hinterkopf auf den Steinfußboden. Sie bewegte sich nicht mehr. Er sah nur noch, wie sein Vater die bewegungslose Frau rüttelte, dann hochnahm und sie auf den Diwan legte. Im Schockzustand rannte der Junge nach Hause.

Von diesem Tag an begann er zu zittern, sobald der ahnungslose Vater in seine Nähe kam. Mit der Mutter konnte er nie über das, was er in jener Nacht gesehen hatte, sprechen. Seit dieser Zeit war er überaus ängstlich. Die Ängste begleiteten ihn durch das ganze Leben.

6. Ihr Ziel in diesem Leben ist:

- Das Leben bejahen, die Lebensfreude und die Leichtigkeit des Seins zurückgewinnen.
- Der geistigen Führung vertrauen und sich wieder entspannen.
- Das Wissen, das in Ihnen steckt und die Weisheit, die aus früheren Inkarnationen in Ihrem Inneren vorhanden ist, erneut zu nutzen, um Ihr Potenzial voll entfalten zu können.

27er-INKARNATION

1. Folgende Chakras blockieren:

- Herzchakra
- Wurzelchakra

2. Thema Ihrer gegenwärtigen Inkarnation:

- Zu sich selbst und zu seinen Gefühlen stehen
- Lernen, dass Geben und Nehmen in einem ausgewogenen Verhältnis zueinander stehen müssen
- Das eigene Durchsetzungsvermögen steigern

3. Gefühle und Verhaltensmuster, in denen Sie gefangen sind:

Sie wissen intuitiv, dass viel in Ihnen steckt, finden jedoch keinen Weg, Ihre Vorhaben zu realisieren, um Ihr Potenzial entfalten zu können. Da Sie grundsätzlich darauf bedacht sind, auf die Bedürfnisse anderer Menschen einzugehen, verdrängen Sie immer wieder Ihre eigenen Belange und boykottieren sich somit selbst. Der Wunsch, einem anderen zu helfen, kann bis zur Selbstaufopferung gehen, anstatt in die eigene Kraft zu kommen und dem inneren Impuls zu folgen, sich selbst zu entfalten.

Es fällt Ihnen im Alltag schwer, Ihre Pläne in die Tat umzusetzen. Aufgrund Ihrer Zweifel und wegen Ihres mangelnden Vertrauens ins Göttliche lassen Sie sich gehen, da es für Sie belastend ist, sich im Berufsleben durchzusetzen. Die Realität unterscheidet sich von Ihrer inneren Vorstellung, wie es eigentlich sein könnte. Durch die Angst vor Veränderung ist Ihr Nervenkostüm überlastet. Die schwachen Nerven reflektieren die innere Anspannung, was zu einem völligen Zusammenbruch führen kann. Durch den Stress, den nur Sie sich selbst machen, kann es passieren, dass Sie davon überzeugt sind, in Schwierigkeiten zu sein. Erschöpft und wie betäubt glauben Sie, nicht mehr aus ihnen herauskommen zu können.

In dieser Phase fehlt dann die notwendige Willenskraft, sodass Sie denken, Ihre Existenzgrundlage zu verlieren. Da Sie sich dieser Schwäche hingeben, folgt eine Machtlosigkeit, in der Sie auf keinen Fall das Gefühl der Liebe noch zulassen.

4. Reaktionen:

- Eine Unordnung im Körper könnte sich durch fieberhafte Erkrankungen anzeigen. Diese Situation ist immer dann gegeben, wenn Sie den Ihnen vorbestimmten Weg nicht gehen.
- Wenn Sie nicht auf Ihre innere Stimme hören, kann die Energie in Lethargie umschlagen.

5. Karmabeispiel:

In dieser früheren Inkarnation war die Person weiblich. Sie lebte damals zusammen mit dem Vater in Südfrankreich. Als die Mutter starb, musste sie ständig den Wünschen des Vaters nachkommen, sonst wurde sie geschlagen. Sie stand nervlich unter großer Anspannung. Um von ihrem Vater, der immer seine Wut an ihr ausließ, loszukommen, heiratete sie sehr jung.

Es dauerte gar nicht lange, dann fing auch ihr Ehemann an, sie zu schlagen. Weil das Zusammenleben mit ihm beklemmend, unerträglich und nervenaufreibend war, konnte sie nachts nicht mehr schlafen. Da er sich auf keinen Fall scheiden lassen wollte, sah sie als einzige Möglichkeit nur noch den einen Ausweg, ihn heimlich zu verlassen. Sie war fest entschlossen, sich aus dem Druck, den er auf sie ausübte, zu befreien. Immer wenn der Mann geschäftlich einige Tage unterwegs war, suchte sie nach einer neuen Unterkunft für sich.

Irgendwann entdeckte sie eine Kate. Das kleine Häuschen, das versteckt und verlassen an einem Waldesrand in der Nähe des Meeres lag, baute sie heimlich um. Nachdem alles fertig war, verschwand sie eines Tages spurlos. Trotz Suchaktionen wurde sie nie gefunden. Sie lebte mit mehreren Katzen und Hunden zusammen, die ihr alle nach und nach zugelaufen waren. Durch tägliche Meditationen führte sie ein spirituelles Leben und war sehr glücklich.

6. Ihr Ziel in diesem Leben ist:

- Zu sich selbst zu stehen – unabhängig davon, was andere sagen.
- Zu lernen, auf die innere Stimme zu hören.
- Sich selbst zu vertrauen und sich mit der mitgebrachten Weisheit wieder zu verbinden.
- Neue Wege mit Durchhaltevermögen zu beschreiten.

28er-INKARNATION

1. Folgende Chakras blockieren:

- Herzchakra
- Wurzelchakra

2. Thema Ihrer gegenwärtigen Inkarnation:

- Die eigenen Grenzen ziehen
- Sich nicht unterdrücken lassen
- Andere nicht unterdrücken

3. Gefühle und Verhaltensmuster, in denen Sie gefangen sind:

Sie sind fest davon überzeugt, nie den eigenen Ansprüchen und denen Ihrer Mitmenschen zu genügen. In dem Glauben, erst bestimmte Kriterien erfüllen zu müssen, um Liebe zu erhalten, setzen Sie sich selbst, aber auch die Menschen in Ihrem Umfeld, unter Druck. Durch vorhandene Schuldgefühle haben Sie das Gefühl, sich laufend verteidigen zu müssen. Aufgrund dieses Verhaltensmusters sind Sie in bestimmten Situationen im Zwiespalt und wägen gedanklich ständig ab, ob Sie jetzt sofort gehen oder aber doch lieber bleiben sollen, dann jedoch die Konfrontation vorziehen und kämpfen. Die herzliche, liebevolle Seite, die Sie in sich haben, würgen Sie somit ab.

Mit Ihren Launen und plötzlichen Wutanfällen verletzen Sie Ihre Mitmenschen sehr, denn aus einer nichtigen Situation heraus kann es passieren, dass Sie plötzlich einen cholerischen Anfall bekommen. Im Nachhinein tut es Ihnen jedes Mal Leid, die Beherrschung verloren zu haben. Sie sind durch die Wut, die in Ihnen steckt und durch den Groll, den Sie nicht loslassen können, in Ihrer Lebensenergie blockiert.

Sie fühlen sich als Opfer, was wiederum Ihre Unzufriedenheit steigert. Hinzu kommt, dass Sie das Gefühl haben, für die eigene Entfaltung weder Zeit zu finden noch Raum zu haben. Deshalb versuchen Sie, durch indirekten Druck und konkrete Dominanz, andere Menschen in die Opferrolle zu drücken. Sie spüren, wie Ihr eigenes Verhalten Ihnen die Ruhe nimmt, sodass Sie keine positive Zukunft mehr für sich sehen und wie ein Sog zieht Sie das eigene Verhaltensmuster in die Tiefe. Da Sie diese Wut in sich haben und in ihr gefangen sind, stauen sich viele Emotionen und Frustrationen in Ihnen auf. Emotional geladen sehen Sie in Gedanken Ihre Lebenssituation negativ. Dieses Gefühl, keine Klarheit zu haben, lähmt Sie, weil Sie dadurch Ihr Leben nicht wirklich anpacken können.

4. Reaktionen:

- Wenn Ärger und Groll noch nicht losgelassen wurden, kann die Lebensenergie blockiert sein.

Erklärung:

Zu den beiden nachfolgenden Karmabeispielen möchte ich Ihnen vorab noch mitteilen, dass die Personen, die im heutigen Leben in der 28er-Inkarnation geboren sind, in zwei Gruppen einzuordnen sind.

Entweder üben sie Druck auf die Menschen aus, das heißt, sie drücken ihnen ihren Willen auf und überschreiten somit die Persönlichkeitsgrenze der anderen. Sie vergessen dabei, dass jeder Mensch seinen eigenen Raum benötigt, um Persönlichkeit und Geist entfalten und entwickeln zu können. Ihre Mitmenschen leiden unter diesem Druck, weil sie das Gefühl haben, ständig von ihnen kontrolliert zu werden.

Oder aber sie werden unterdrückt, dann fühlen sie sich eingeengt und haben das Gefühl, dass ihnen die Luft zum Atmen genommen wird. Durch mangelndes Selbstwertgefühl lassen sie es zu, dass andere die Grenzen überschreiten und in ihren persönlichen Raum eindringen. Dadurch fühlen sie sich überfordert und der Leidensprozess beginnt. Sie leben mit dem Gefühl, wert- und hilflos zu sein.

5. Karmabeispiele:

Beispiel 1:

Opferrolle: Die Person wurde unter Druck gesetzt.

In der damaligen Inkarnation war die Person männlich. Er war ein kleiner Junge und hatte einen sehr jähzornigen Vater. Dieser zeigte deutlich seine Abneigung seiner Frau und dem Sohn gegenüber, vor allem, wenn er abends ärgerlich, schlecht gelaunt und wütend von der Arbeit nach Hause kam.

Dann musste der Junge still und leise sein. Er durfte während des Essens oder bei der Arbeit nicht aufblicken und musste sich ganz still verhalten. Ließ er aus Versehen etwas fallen oder musste er husten, wurde er von der Mutter geschlagen.

Fing er daraufhin an zu weinen, zog ihn der Vater wutentbrannt in eine Kammer und sperrte ihn ein. Die Mutter half ihrem Sohn in einer solchen Situation nie. Sie traute sich nicht, ihn zu unterstützen, weil auch sie die Wut des Mannes täglich zu spüren bekam, weshalb auch sie in ständiger Angst lebte.

Beispiel 2:

Täterrolle: Die Person setzte andere unter Druck, indem sie bewusst manipulierte. In dieser früheren Inkarnation war die Person weiblich. Bereits im Alter zwischen zwanzig und dreißig Jahren hatte sie sich, weil sie ihren Willen bei anderen durchsetzen wollte, durch bestimmte Rituale, die sie vollzog, mit den dunklen Mächten verbunden. In dem Dorf, in dem sie lebte, arbeitete sie schwarzmagisch.

Die Bewohner des Ortes, die sie in ihre Schwarzmagie involvierte, hatten keine Lebensfreude und Lebensqualität mehr und verloren ihre eigene Identität. Nicht nur diejenigen, die mit ihr Kontakt hatten, sondern auch die ausgewählten Opfer und die dazugehörigen Familienmitglieder, die durch ihre Schwarzmagie in einen großen Leidensprozess fielen, wussten überhaupt nicht mehr, wie sie sich aus ihren Fängen befreien konnten. Nach außen hin war sie eine unscheinbare Frau, fühlte sich aber überaus mächtig.

Nach langer Krankheit starb sie, noch gar nicht so alt, völlig vereinsamt und allein. Die Bewohner des Ortes atmeten erleichtert auf. Die betroffenen Menschen jedoch waren durch das Ableben der Frau nicht von den negativen Energien befreit, da diese kosmisch weiterliefen.

6. Ihr Ziel in diesem Leben ist:

Diejenigen, die im heutigen Leben unter Druck gesetzt werden, sollten

- ihre eigenen Belange durchsetzen,
- zu sich selbst stehen,
- die Grenzen, die ihnen eine andere Person gesetzt hat, auflösen.

Diejenigen, die im heutigen Leben andere unter Druck setzen, sollten

- Wege finden, mit sich und ihrer Umgebung in Einklang zu kommen.
- Wut, Ärger und Groll loslassen, um die eigene Lebenskraft zurück zu gewinnen.

Erläuterung zum Karmabeispiel 2:

Wenn der Geist entwickelt ist, erkennt der Mensch, welch schicksalhaftes Leid die eigene Seele erfährt ebenso wie die Seele(n), die er bewusst in die dunklen Energien involviert hat. Um die bis zur Auflösung negativ wirkende Kraft nur annähernd erahnen zu können, sollte man über die Auswirkungen der Machtbesessenheit – anderen Menschen den eigenen Willen aufzudrängen – sowie über den daraus resultierenden Leidensweg Bescheid wissen.

Da sich die meisten Menschen der kosmischen Auswirkungen in keiner Weise bewusst sind, möchte ich das Ausmaß eines solchen Abstiegs ins Dunkle für Täter und Opfer verdeutlichen und Ihnen wichtige Informationen dazu mitteilen.

Die eingegrenzte Wahrnehmung - erkennen Sie den Verlust der eigenen Identität

Das Karma im zweiten Beispiel geschah um das Jahr fünfzehnhundert. Fünf Personen aus der damaligen Inkarnation stehen im heutigen Leben wieder in privater und geschäftlicher Beziehung zu der Frau, die mich um Hilfe bat, da sie den Druck, den sie täglich von diesen besagten fünf Personen zu spüren bekam, zwischenzeitlich als unerträglich empfand. Ihre Seele war täglich in Aufruhr, setzte doch jeder Einzelne sie auf eine andere Art und Weise sehr stark unter Druck. Daher war ihr Leben dementsprechend heftig und leidvoll.

Selbst wenn sie in einen anderen Ort gezogen wäre und alle verlassen hätte, wäre es ihr nicht möglich gewesen, sich von diesem negativen Karma aus früherer Zeit zu befreien. Nach kürzester Zeit wäre sie wieder mit denselben Problemen konfrontiert worden, da die göttliche Führung durch die Karmahüter in der geistigen Welt ihr sofort die nächsten Seelen aus der damaligen Inkarnation zugeführt hätten, bei denen dieselbe karmisch offene Schuld noch zu begleichen gewesen wäre. Auch wenn inzwischen über fünfhundert Jahre vergangen sind, ist die alte Karmaschuld immer noch nicht aufgehoben gewesen.

Der Konflikt zwischen Gewissen und Unterbewusstsein kommt solange zum Tragen, bis bewusst wird, dass man sich durch die eigenen Gedanken den Kräften von Gut oder Böse aussetzt. Denn durch die eigenen Gedanken kreiert der Mensch sein Leben und seine Zukunft. Auf positive, gute Gedanken folgen korrekte und positiv richtige Handlungen. Auf negative, egoistische Gedanken folgen destruktive Erfahrungen. Durch die zerstörerischen Gedanken und die selbstsüchtigen Wünsche wird negatives Karma für die nächsten Inkarnationen vorprogrammiert. Jeder Mensch ist gedanklichen Einflüssen ausgesetzt. Er kann selbst den Weg wählen, wie er sein heutiges Dasein und somit auch die nachfolgenden Inkarnationen lebt, die das Resultat der positiven oder negativen Gedanken sind. Es ist einzig und allein die eigene Entscheidung, in welche Richtung er seine Gedanken lenkt, die letztendlich das Schicksal bestimmen.

Bewusst angewandte Schwarzmagie ist eines der schwersten karmischen Vergehen gegen das göttliche Gesetz! **Kein Mensch hat das Recht, einer anderen Person manipulativ seinen Willen aufzuzwingen.** Dadurch macht sich die Person zum Kanal für das Negative. Der Weg zu den verborgenen, negativen Kräften bringt auch im Jenseits für die betroffenen Seelen viel Leid und Begrenzungen mit sich. Das Erwachen und Erkennen des Leidensprozesses kommt irgendwann bestimmt. Was viele nicht wissen, ist die Tatsache, dass die Verbindung ins Negative durch praktizierte Rituale nur negative Erfahrungen mit sich bringt. Die Kraft der dunklen Energien, die durch das negative Wunschdenken aktiviert wurden und infolgedessen zum Wirken kommt, ist äußerst gefährlich.

Auf keinen Fall sollte man aus reiner Neugierde einmal kurz ausprobieren, ob die verschiedenen Arten von Magie aus den unterschiedlichen Kulturen überhaupt funktionieren. Der Ausgangspunkt ist immer das gleiche Anliegen. Wer sich mit irgendeiner Art von dunkler Magie einlässt, versucht, seinen Willen bei anderen durchzusetzen. Die Folgen sind für den irdischen begrenzten Verstand des Verursachers nicht zu erahnen! Sie beeinflussen das gesamte Leben und die nachfolgenden Reinkarnationen von Opfer und Täter negativ. Auch wenn eine Person jemand anderen beauftragt und den Wunsch äußert, dass Magie auf einen nichts ahnenden Menschen gemacht wird, ist diese Person natürlich genauso in den dunklen negativen Energien involviert, da sie der gedankliche Verursacher ist und dominieren will.

Ende der neunziger Jahre im letzten Jahrtausend kam die Schwarzmagie weltweit auch in diesen Ländern wieder zum Vorschein, wo unwissende Menschen sich der Tragweite eines solchen Vergehens überhaupt nicht bewusst waren. Die Rituale der verschiedenen Magien wurden und werden immer noch den Erwachsenen, Jugendlichen und sogar Kindern zugänglich gemacht.

Für diejenigen, die sich darauf eingelassen haben, ist es der Beginn eines langen Leidensprozesses. Jegliche praktizierte Magie bedeutet, dass die Verbindung zur göttlichen Welt und somit zu den positiven Energien **augenblicklich abbricht.** Die körperlichen Leiden, die für die betroffenen Personen in den folgenden Wochen und Monaten schleichend kommen, werden zu einem späteren Zeitpunkt der Krankheiten nie mehr mit der durchgeführten Magie in Verbindung gebracht.

Durch Annoncen in Zeitschriften wurden und werden bis heute Partnerzusammenführungen angeboten. Ab dem Jahr 1997 wurden in Reportagen die Leser animiert, Liebesmagie auf den Partner auszuüben. Die raffinierten Liebestricks vermittelten, wie man einen Mann oder eine Frau verführt, um für immer und ewig die andere Person an sich zu binden. In Jugendzeitschriften, die von den heranwachsenden Kindern und Jugendlichen gelesen werden, wurde versprochen, dass sich die geheimen Wunschvorstellungen erfüllten, wenn man bestimmte Rituale durchführt. Sogar in Magiekalendern für das ganze Jahr, die kleine Kinder ab Kindergartenalter ansprachen, wurden monatlich spielerisch schwarzmagische Rituale erklärt. Die mystische Wahrheit kann mit dem Verstand überhaupt nicht erfasst werden, denn durch den Kontakt mit der dunklen, negativen Astralwelt sind die dunklen Energien unaufhaltsam am Laufen. Die Folgen sind in vielen nachfolgenden Inkarnationen für Körper und Seele schmerzhaft zu spüren.

Sehr viele junge Leute haben durch die Ausführung der Rituale nichts ahnend Kontakt zu negativen Energien bekommen. Bis zum heutigen Tag werden diese Berichte mit den rituellen Tipps weltweit über die Medien verbreitet. **Leider hat niemand warnend über die gesundheitlichen Beschwerden, die nachfolgenden Krankheiten und die menschlichen Tragödien geschrieben, die das Resultat der praktizierten Magie sind.** Die nun beschriebenen Symptome zeigen bei den nichts ahnenden Personen, auf die Magie gemacht wird, stets den gleichen Prozess an, da das „eigene Ich“ in den folgenden drei Monaten an die manipulierende Person abgegeben wird. Nach und nach hat das Opfer das Gefühl der vollkommenen Verlorenheit und des inneren Chaos.

Erste Phase:

- Nachts, in der Zeit zwischen ein und drei Uhr beginnen die ersten Schlafstörungen. Die Leber – das Haus der Seele – meldet sich, indem Hilferufe aus dem Unterbewusstsein in das Bewusstsein abgegeben werden. Wer nicht auf die nächtlichen Warnsignale hört und in sich geht, um klar zu sehen und zu erkennen, sondern über den Intellekt Ausreden sucht, für den beginnt bald darauf die nächste Phase.

- Hier liegen die meisten Menschen bereits schlaflos im Bett oder wälzen sich zumindest unruhig hin und her. Außerdem versucht in dieser Zeit die Seele, über Träume Zeichen zu geben.

Zweite Phase:

- Nach einigen Wochen macht die Lunge in den frühen Morgenstunden auf sich aufmerksam. Der Betroffene fängt an zu husten, weil die Seele das Recht verliert, das eigene Leben zu beanspruchen.

  Da für die Person vom Verstand her die Manipulation nicht greifbar und auch nicht fassbar ist, meldet sich in der Zeit zwischen drei und fünf Uhr frühmorgens verstärkt das Unterbewusstsein. Der Betroffene bellt in diesen zwei Stunden – im wahrsten Sinne des Wortes – die Welt an, da er auf die Emotionen **„Ungerechtigkeit“** und **„das Gefühl, nicht selbst zu sein“** reagiert. Der Husten verschlimmert sich in den folgenden Wochen, Medikamente bringen fast keine Linderung.

Dritte Phase:

- In der dritten Phase macht sich tagsüber eine Unruhe auf der Seele, also im Bereich des Solarplexus, bemerkbar. Durch das Gefühl, innerlich getrieben zu sein, reagiert die Person immer häufiger gereizt und regt sich über jede Kleinigkeit auf. **Das eigene Leben entgleitet und ohne es zu merken, gibt man die Eigenverantwortung ab und wird zur Marionette des anderen.**

- Mit der Zeit glaubt man, den Boden unter den Füßen zu verlieren, weil man sich selbst verliert. Der Lebenskampf beginnt. Durch die negativen Einflüsse erlebt die betroffene Person innere Verwirrung. Der Rahmen des bisherigen Alltags zerbricht. Wie „betäubt“ steht man im Leben und handelt immer öfter entgegen der bisherigen inneren Einstellung und des wahren Charakters.

- Man verändert sich im Wesen, ohne es selbst zu bemerken. Es ist, als wenn eine dunkle Wand zwischen der scheinbar äußeren Wirklichkeit und der intuitiven Ahnung steht. Die Basis geht immer mehr verloren, weil der andere bereits nach drei Monaten die Macht übernommen hat. Die Gemütsverfassung ist schwermütig, die Hilflosigkeit wächst, aber die Warnungen von Mitmenschen werden trotzdem ignoriert, weil man blind für die Realität des Lebens gemacht worden ist. Allmählich läuft durch die Lustlosigkeit und das Desinteresse am Familienleben und bei der Arbeit beruflich und privat vieles schief.

Die dunklen Energien verschleiern die Realität, die auch über den Verstand nicht mehr wahrgenommen werden kann. Das Empfinden und die Deutung der Wahrheit sind verdreht, sodass zwischen dem Denken, den Gefühlen und der Intuition das Unwahre aufgenommen und als wahr gesehen wird. Die bisherige Lebensqualität geht verloren. Dieser Prozess vollzieht sich nach und nach. Der Betroffene lebt im Alltag nur noch negative Emotionen, vorwiegend Zorn, Ruhelosigkeit und Unausgeglichenheit. Ab dem Zeitpunkt der Schwarzmagie wird der Schein gewahrt, obwohl die **eigene Autorität, die Selbstständigkeit** und **der Selbstwert** verloren gegangen sind.

Die negativen Gefühle, die zwischenzeitlich ein Bestandteil des eigenen Selbst sind und im Inneren auf der Seele gelebt werden, strahlen aus und sind zuerst für die Leute im näheren Umfeld fühlbar, spürbar und erkennbar. Denn die Aura, welche die Eigenschaften des menschlichen Bewusstseins widerspiegelt, verändert sich. Somit werden die Auswirkungen der negativen Energien auch für die Mitmenschen in der Umgebung spürbar. Wohlgemeinte und hilfreiche Hinweise werden nicht beachtet, da weder der Verstand noch die Seele die Tatsachen wahrnehmen können. Nicht nur die Beziehung zur Realität, sondern auch die Unterscheidungskraft zwischen positiv und negativ, gut und böse, Wahrheit und Nicht-Wahrheit geht gänzlich verloren, da kein Funke göttlichen Lichts die Seele erleuchtet.

Die Umprogrammierung hat stattgefunden, das eigene Selbst kann nicht mehr gelebt werden, was eine drastische Veränderung der Persönlichkeit zur Folge hat. *(Die Anleitung, das eigene Leben wiederzufinden, finden Sie auf Seite 88 - 90).*

29er-INKARNATION

1. Folgende Chakras blockieren:

- Herzchakra
- Kehlkopfchakra

2. Thema Ihrer gegenwärtigen Inkarnation:

- Sich regelmäßig Ruhe gönnen und rechtzeitig eine Auszeit nehmen
- Nach innen hören und den Glauben an Gott wiederfinden
- Den inneren Seelenfrieden wiedererlangen

3. Gefühle und Verhaltensmuster, in denen Sie gefangen sind:

Sie tragen Schuldgefühle mit sich herum und eine unterdrückte Wut, die für Sie jedoch nicht fassbar ist. Da Sie Schwierigkeiten haben, sich über Ihre Gefühle zu äußern, sind Sie in den eigenen Gedanken- und Verhaltensmustern gefangen. Durch seelische Verletzungen in der Kindheit haben Sie sich zum Schutz eine Mauer um Ihr Herz aufgebaut. In dieser alten Verletzung stecken Sie immer noch fest. Da Sie gehemmt und unsicher sind, wirken Sie auf Ihre Mitmenschen unnahbar und reserviert. Sie brauchen ständig Bestätigung von außen. Ihr Minderwertigkeitsgefühl kompensieren Sie durch Überaktivität im Beruf oder auch in der Freizeit, beispielsweise beim Sport. Erst Ihr Körper zwingt Sie, wenn er völlig erschöpft ist, notgedrungen zur Ruhe.

Den Druck in Ihrem Inneren, der durch Frustrationen und Groll entstanden ist, leben Sie in sexueller Aktivität aus. Es ist eine Leidenschaft, die Leiden schafft. Falls Sie jedoch ein absolutes Desinteresse am Partner zeigen und die Sexualität abblocken, sind Sie in sich selbst gefangen und davon überzeugt, dass Sie den Ansprüchen des Partners nicht genügen. Körperlich fühlen Sie sich, was die zwischenmenschliche Ebene betrifft, ausgebrannt und lustlos, weil Sie negative Erfahrungen noch nicht verarbeitet haben. Der innere Seelenschmerz drückt sich in Resignation und Depression aus.

Im Umgang mit anderen zeigen Sie nie Ihr wahres Gesicht, sondern passen sich an. Ihre Besitz ergreifende Liebe, aus Angst verlassen zu werden, wie auch Ihren nonverbalen Druck auf Ihre Mitmenschen überdecken Sie geschickt, indem Sie die menschlichen Tatsachen verdrehen, jedoch die materielle Seite des Lebens gekonnt in den Vordergrund stellen. Sie verdrängen routiniert die innere Unruhe durch weltliche Geschehnisse. Da Sie nicht in die Tiefe Ihres Selbst gehen, entsteht – trotz Daueraktivität – ein Mangel an Lebensfreude.

4. Reaktionen:

- Überaktivität kann in Lethargie umschlagen und Erschöpfungszustände können eintreten.
- Eine Blockade im Halsbereich kann sich zum Beispiel über ständiges Räuspern oder Hüsteln bemerkbar machen, weil Sie Schwierigkeiten haben, sich über Ihre Gefühle zu äußern.

5. Karmabeispiel:

In der damaligen Inkarnation war die Person männlich. Er war der älteste Sohn von neun Kindern. Die Familie lebte am Meer. Täglich drillte der Vater die Kinder beim Muschelsuchen und Perlentauchen. Eines Tages musste der zweitjüngste Sohn, weil er an diesem Tag zu langsam tauchte und deshalb zu wenig Muscheln aus dem Meer heraufbrachte, zur Strafe immer wieder hinabtauchen. Der älteste Sohn sah, dass der Kleine am Ende seiner Kräfte war. Er bat seinen Vater, er solle endlich damit aufhören und den Bruder ans Ufer schwimmen lassen. Der winkte jedoch ärgerlich ab, befahl dem völlig erschöpften Jungen mit Drohgebärden, zur Strafe nochmals und nochmals zu tauchen. Dabei ertrank der Kleine.

Der älteste Sohn wurde so wütend, dass er mit dem Vater kämpfte. Er war stärker und drückte den Kopf des Vaters schließlich solange unter Wasser, bis dieser nicht mehr atmete. Trotz des schrecklichen Vorfalls liebten die Geschwister ihren Bruder sehr. Sie setzten ihn an die Stelle des Vaters, unter dessen Wutanfällen alle Kinder und die Mutter tagein und tagaus zu leiden gehabt hatten. Seine Schuldgefühle ließen ihn jedoch nie mehr zur Ruhe kommen.

6. Ihr Ziel in diesem Leben ist:

- Das beengende Gefühl um das Herz herum aufzulösen, um sich für die Herzkommunikation wieder zu öffnen.
- Den Frieden auf Ihrer Seele wiederzuerlangen.
- Die Verbindung zu Gott wiederzufinden.

30er-INKARNATION

1. Folgende Chakras blockieren:

- Stirnchakra
- Wurzelchakra

2. Thema Ihrer gegenwärtigen Inkarnation:

- Die seelischen Verletzungen ausheilen und loslassen
- Die Energien gezielt und positiv einsetzen

3. Gefühle und Verhaltensmuster, in denen Sie gefangen sind:

Da Sie Vergangenes nicht loslassen können, kommen Ihre Gedanken Tag und Nacht nicht zur Ruhe. Im Laufe der Zeit verkrampfen Sie immer mehr und die aufgestauten Emotionen lassen Sie durch ständiges Nörgeln an den Menschen aus, die Ihnen nahe stehen. Da Sie mitunter jahrelang ärgerlich an alten Situationen festhalten, lassen Sie hin und wieder den emotional aufgebauten und aufgestauten Druck über Wutausbrüche los.

Durch Ihre Ansichten und Ihre Behauptungen sind Sie davon überzeugt, stets im Recht zu sein, deshalb geben Sie immer den anderen die Schuld. Sie sind der Meinung und der Überzeugung, alles besser zu wissen. Deshalb sind Sie nicht in der Lage, gut gemeinte Ratschläge von Ihren Mitmenschen anzunehmen. Trotz Zielstrebigkeit und großen Potenzials können Sie Ihren Weg nicht in die richtigen Bahnen lenken. Sie stellen Ihre Tätigkeiten bei anderen Menschen extrem in den Vordergrund.

Wie ein Magnet ziehen Sie Schwierigkeiten an und werden in Komplikationen verwickelt. Anstatt die eigenen Träume und Visionen in die Tat umzusetzen, kommen Sie von den negativen Verstrickungen nicht los. Sie stecken fest, können sich jedoch nicht befreien, da Ihnen das Gefühl fehlt, auf Ihre innere Stimme zu hören.

4. Reaktionen:

- Dauerstress im Kopfbereich kann sich zum Beispiel durch Zähneknirschen in der Nacht oder Einschlafschwierigkeiten äußern.

- Wegen der lange aufgestauten Emotionen kann der ganze Körper Stressreaktionen zeigen.

5. Karmabeispiel:

In dieser früheren Inkarnation war die Person weiblich. Sie war eine Indianerin und wurde aufgrund ihrer hellseherischen Fähigkeiten die „Alte Seele“ genannt. Bereits als junges Mädchen erzählte sie, dass eines Tages weiße Männer kommen würden mit der Absicht, den Stamm zu vertreiben. Aus Angst schenkte man ihrer Weissagung keine weitere Beachtung. Die Frau fühlte sich oft nicht geschätzt und unverstanden und ärgerte sich über ihren Stamm.

Sie war schon alt, als ihre Voraussagungen eintrafen. Erneut warnte sie ihren Stamm und forderte alle Mitglieder auf, weiterzuziehen. Nur dann bestünde die Chance, noch einige Jahre in Ruhe und Frieden leben zu können. Auch diesmal hörte keiner auf sie, niemand nahm ihre Warnung ernst.

Eines Tages stürmten tatsächlich amerikanische Soldaten unerwartet das Lager. Ein erfolgsbesessener Soldat ließ die Indianerfrauen entführen und einige Männer töten. Er weigerte sich, mit der alten, weisen Indianerin zu verhandeln. Die Soldaten raubten den Indianern alles, sogar den Platz zum Leben. Die alte Indianerin sah keinen Sinn mehr im Leben, sie verlor die Lebenskraft. Sie konnte den Soldaten und ihrem Stamm, der nicht auf sie hatte hören wollen, nicht verzeihen. Von diesem Zeitpunkt an verfiel sie in ein Dauergrübeln und eines Tages beschloss sie, zu sterben.

Anmerkung:

Der erfolgsbesessene Soldat aus der damaligen Inkarnation ist meiner Klientin im heutigen Leben wieder begegnet. Sie haben sich ineinander verliebt, jedoch reagierte schon nach kurzer Zeit ihre Seele, weil sie das Gefühl hatte, dass er ihr, wenn sie etwas erzählte, überhaupt nicht zuhörte.

6. Ihr Ziel in diesem Leben ist:

- Den Kampf, die Frustrationen, den emotionalen Druck sowie die alten Verletzungen loszulassen.
- Ruhig und gelassen zu werden, um den inneren Frieden wiederzufinden.

31er-INKARNATION

1. Folgende Chakras blockieren:

- Herzchakra
- Solarplexus

2. Thema Ihrer gegenwärtigen Inkarnation:

- Bereit sein, der eigenen Wahrheit zu begegnen

3. Gefühle und Verhaltensmuster, in denen Sie gefangen sind:

Ihre Verwirrtheit auf der Seelenebene und die Angst vor dem Leben machen Sie unsicher. Aus Mangel an Vertrauen zu der eigenen inneren Stimme reden Sie Ihren Mitmenschen gern Schuldgefühle ein, um von den eigenen Problemen abzulenken. Durch diese Schuldzuweisungen glauben Sie, immer im Recht zu sein. Es fällt Ihnen schwer, Eigenverantwortung zu übernehmen. Dadurch blockieren Sie sich in Ihrem eigenen Potenzial.

Sie können das Ziel, das Sie sich gesetzt haben, aus Mangel an Ausdauer schwer erreichen. Ihnen ist Ihre spirituelle Seite sehr wohl bewusst, jedoch hindern Sie Frustration, Verärgerung oder Wut daran, wegen einer Fehlentscheidung, die einmal getroffen worden ist, sich dem Leben zu stellen und mit beiden Beinen auf der Erde zu stehen. Der Ärger und die Wut können in Selbstzerstörung ausarten, da Sie nicht bereit sind, Ihr eigenes Verhalten selbstkritisch zu beurteilen, weil Sie durch Ihr Verhaltensmuster viel lieber den anderen die Schuld geben. Dadurch geht die Leichtigkeit des Seins verloren. Sie haben Mühe, den Alltag zu bewältigen, weil Sie sich insgeheim fragen, wo Ihr Platz ist und welche Aufgabe Sie in der Familie haben.

Da es Ihnen schwerfällt, Gefühle auszudrücken, reagieren Sie, wenn Sie glauben, in die Ecke gedrängt zu sein, hin und wieder mit einem cholerischen Anfall. Sie halten stur an Ihrer Überzeugung fest. Entweder Sie können dominieren oder Sie sind unbedacht hämisch und verletzend. Sie denken viel nach, was aber auch zu Spannungen führt, weil Sie die Wahrheit nicht sehen wollen.

4. Reaktionen:

- Die Ängste zeigen sich meist im Kehlkopfchakra, zum Beispiel über die

Schilddrüse oder im Solarplexusbereich.

- Um die zugeschütteten Schichten nicht zu berühren, weigern Sie sich, dem Leben und der Realität ins Auge zu schauen. Gefühle werden unterdrückt, die wahren Herzensbedürfnisse im Keim erstickt. Dies kann sich im Bereich des Herzchakras bemerkbar machen.

5. Karmabeispiel:

In dieser früheren Inkarnation war die Person weiblich. Sie lebte in Frankreich zur Zeit der französischen Revolution. Sie war noch ein kleines Mädchen, als sie eines Nachts jäh durch Geschrei aus dem Schlaf gerissen wurde. Völlig verängstigt beobachtete sie, wie Männer ins Haus stürmten, ihre Eltern abholten und fortschleppten. Wenige Tage später musste sie auf dem Marktplatz mitansehen, wie ihre Eltern zusammen mit weiteren Personen durch die Guillotine ums Leben kamen.

Seit jener Nacht stand sie vollkommen unter Schock. Ab diesem Zeitpunkt bekam sie immer dann, wenn sie keinen Ausweg mehr sah, einen Schreianfall. Dadurch machte sie die Öffentlichkeit auf sich aufmerksam. Das führte dazu, dass man sie immer wieder abführte und einige Tage im Gefängnis einsperrte. Eines Tages gab man ihr, weil sie noch ein Kind war, die Gelegenheit zu fliehen. Die Gefängnistür wurde absichtlich offen gelassen. Aus Angst, wieder eingesperrt zu werden, rannte sie solange, bis sie in einem Wald völlig erschöpft liegen blieb. Dort wurde sie von einer älteren, gutmütigen Frau gefunden, die sie mit zu sich nach Hause nahm.

Das Mädchen fand bei der alten, weisen Frau ein neues Zuhause. Ihr Leben bestand jedoch nur aus Angst. Die alltäglichen Pflichten gingen ihr schwer von der Hand. Wenn die Frau ihr etwas sagte, empfand sie es als Druck. Auch Menschenansammlungen vermied sie. Irgendwann ließ sie wieder alles hinter sich und verließ ohne große Worte die Frau, die sie großgezogen hatte.

6. Ihr Ziel in diesem Leben ist:

- Ihre Angst zu überwinden und die Weisheit aus der Tiefe des Selbst in die Erfüllung des Bewusstseins zu bringen.
- Das Herz zu öffnen, um sich mit dem Gefühl der Liebe zu verbinden.

32er-INKARNATION

1. Folgende Chakras blockieren:

- Stirnchakra
- Solarplexus

2. Thema Ihrer gegenwärtigen Inkarnation:

- Die seelisch unterdrückten Wunden verarbeiten
- Das Gefühl, erschöpft zu sein und keine Kraft mehr zu haben, umzuwandeln, indem die Verbindung zu der geistigen Welt wiederhergestellt wird, damit das mitgebrachte Potenzial und die Fähigkeiten erneut gelebt werden können, sodass das Leben wieder lebenswert ist

3. Gefühle und Verhaltensmuster, in denen Sie gefangen sind:

Tief in Ihrem Inneren haben Sie das Gefühl, als Kind unterdrückt und nicht geliebt worden zu sein. Sie hatten eine Kindheit, die sehr hemmend, in starre Konventionen eingebunden, für Sie einengend und erdrückend war. Dadurch glauben Sie, es immer den anderen recht machen zu müssen.

Bei negativen Erfahrungen durch Menschen, denen Sie vertraut haben, reagieren Sie frustriert. Wegen Ihrer Ängste und fehlenden Selbstbewusstseins üben Sie auf andere oftmals einen nonverbalen Druck aus. Sie versuchen, alles unter Kontrolle zu halten. Neue Situationen und persönliche Veränderungen bewirken, dass Ihre alten Angstmuster wieder auftreten. Nach kurzer Zeit sind Sie durch Ihre Grübelei wieder im negativen Gedankenmuster gefangen.

Sie hindern sich selbst daran, eine Veränderung durchzuführen, ziehen es stattdessen vor, sich zurückzuziehen. Jeder Gedanke an einen Umbruch verwirrt Sie und bringt Sie so durcheinander, dass es zu depressiven Verstimmungen kommen kann. Anstatt durch eine Sinnesänderung eine positive Wandlung herbeizuführen, um sich weiterzuentwickeln, können Sie sich weder von Menschen loslösen, von denen Sie verletzt wurden, noch können Sie gedanklich die Situationen loslassen.

4. Reaktionen:

- Durch zuviel negatives Denken kann das Stirnchakra blockieren.
- Durch die negativen Gedanken kommt der Körper in einen Stresszustand.

Anmerkung

Auf der geistigen Ebene verursachen die gelebten Ängste innere Verwirrung, sodass Sie glauben, keine Kontrolle über sich selbst zu haben. Wegen des emotionalen Stresses reagiert der Körper auf die ständige Anspannung mit Müdigkeit und Erschöpfung.

Wer auf die Dauer emotional die Menschen festhält, die eigentlich der Vergangenheit angehören oder ungute Situationen in seinen Gedanken nicht loslässt, kann als Folge unter Verdauungsstörungen leiden. Die Angst vor Veränderung und Bewegung beeinflusst auch den Dickdarmbereich, was wiederum Verstopfung zur Folge hat. Durch die Stauungssymptome zeigt der Körper ein Ungleichgewicht im Wasserhaushalt an, sodass die Harnstoffe nicht richtig ausgeschieden werden und die Schlacken über das Lymphsystem nicht genügend abtransportiert werden können.

Sie sollten Ihre Nieren, die für die Entgiftung und Reinigung des Körpers sorgen, unterstützen, indem Sie – je nach Körpergröße – täglich zweieinviertel bis drei Liter Wasser trinken. Zusätzliche Erleichterung kann das Equilibriumöl Nr. 4 von Aura-Soma bringen. Um im „Hier und Jetzt" positiv zu leben und den heutigen Tag genießen zu können, kann das Öl helfen, Ängste abzubauen und in der Körpermitte das Verdauungssystem auszubalancieren.

5. Karmabeispiel:

In dieser früheren Inkarnation war die Person männlich. Als Kind hatte er eine dominante Mutter, die ihn sehr unterdrückte und einengte. Täglich sagte sie ihm, was er zu tun habe und verbot ihm, mit anderen Kindern zu spielen, weil sie nicht gut genug für ihn seien. Er hatte Angst, weil ihm oft Gefahrenquellen und Vorsichtsmaßnahmen aufgezählt wurden, die mit der Zeit bei ihm ein Gefühl der Unsicherheit verursachten. Bereits damals fiel es ihm schon schwer, zu spüren und zu fühlen, was er wirklich will.

In jungen Jahren war sein sehnlichster Wunsch, eine schöne, harmonische Beziehung mit einer Frau zu führen, um sich von seiner Mutter lösen zu können. Als er ungefähr fünfundzwanzig Jahre alt war, starb seine Mutter. Der Mann fühlte sich wie aus einem Gefängnis befreit. Er hatte zum ersten Mal in seinem Leben das Gefühl, frei und ohne Druck leben zu können.

Bald darauf lernte er eine junge Frau kennen. Zu Beginn der Beziehung war er sehr glücklich mit ihr. Es dauerte jedoch nicht lange und sie begann, wie früher die

Mutter, ihn zu bevormunden. Er erkannte recht bald, dass sie in ihrer Art seiner Mutter sehr ähnlich war, was ihm auch Angst machte. Deshalb versuchte er über den Verstand, einen Ausgleich zu finden, was ihm aber nicht gelang. Er war nicht fähig, sich zu trennen, weil er Angst vor dem Alleinsein hatte. Er heiratete sie schließlich, war aber sein ganzes Leben lang unglücklich.

6. Ihr Ziel in diesem Leben ist:

- Den Glauben an sich selbst wiederzufinden.
- Die Ängste loszulassen und zu lernen, auf die innere Stimme zu hören.
- Das Vertrauen in die göttliche Führung zurückzugewinnen.

33er-INKARNATION

1. Folgende Chakras blockieren:

- Stirnchakra
- Herzchakra

2. Thema Ihrer gegenwärtigen Inkarnation:

- Die inneren Hemmungen Menschen gegenüber überwinden und lernen, die Gefühle wieder auszudrücken
- Sich lebendig fühlen und mit allen fünf Sinnen wieder wach werden
- In kleinen Schritten eine neue Richtung einschlagen, um auf die Mitmenschen wieder zugehen zu können
- Den eigenen Bedürfnissen und Wünschen mehr Raum geben

3. Gefühle und Verhaltensmuster, in denen Sie gefangen sind:

Sie haben Schwierigkeiten, beschwingt, locker und herzlich mit anderen Menschen zu kommunizieren. Sie fühlen sich als „Pechvogel" und der Liebe nicht wert. Sie haben das Gefühl, nicht anerkannt zu sein, was Sie im Umgang mit anderen Personen hemmt. Durch Ihre Unsicherheit machen Sie sich selbst zum Außenseiter. Zum Schutz bauen Sie um sich herum einen Panzer auf, um auf keinen Fall Ihren wahren Kern zeigen zu müssen.

Es fällt Ihnen schwer, Ihre eigenen Bedürfnisse zu leben. Deshalb übernehmen Sie lieber die Verantwortung für andere, nur nicht für sich selbst. Sie fühlen sich dadurch wichtig und warten nur darauf, Ihr Wissen für andere einsetzen zu können. Auf diese Weise empfinden Sie Selbstbefriedigung.

Weil in Ihrer Kindheit die Beziehung (meist) zum Vater problematisch war und wegen des Gefühls, tief verletzt worden zu sein, sind Sie in Ihren späteren Beziehungen gehemmt und halten Ihre Gefühle zurück. Was Sie wirklich fühlen, wissen Sie nicht.

4. Reaktionen:

- Da Sie nicht den Mut haben, Gefühle zu zeigen und auszudrücken, kann sich dies im gesamten Kopfbereich auswirken.
- Eine Blockade im Herzchakra kann sich zeigen, weil Sie Ihre eigenen Bedürfnisse nicht wahrnehmen.

5. Karmabeispiel:

In dieser früheren Inkarnation war die Person männlich. Er war jung und lebte in England. Dort gehörte er einer Gruppe an, die sich für ärmere und hilfsbedürftge Menschen einsetzte. Das war zu dieser Zeit sehr gefährlich, denn wer gefasst wurde, musste damit rechnen, kurzerhand ins Gefängnis geworfen und gefoltert zu werden.

Der junge Mann hatte kein gutes Verhältnis zu seinem Vater und setzte sich häufig mit ihm und dessen Ansichten auseinander. Um sich selbst und die restliche Familie zu schützen, verriet ihn der eigene Vater heimlich an die Soldaten des Königs. Daraufhin wurde der junge Mann gefangen genommen und eingesperrt. Keiner aus seiner Gruppe konnte ihm helfen.

Aus der anfänglichen Wut gegenüber dem Vater entstand nach kurzer Zeit Hass. In seiner Zelle war er nur am Grübeln und verfiel nach und nach immer mehr in Resignation und später dann in Lethargie. Bald verlor er alle Hoffnung und alles Vertrauen. Er überlebte die Folter im Gefängnis nicht lange.

6. Ihr Ziel in diesem Leben ist:

- Erneut die Verbindung zu der geistigen Welt herzustellen, um Sicherheit zu erlangen, damit Sie wieder auf andere Menschen mit offenem Herzen zugehen können.
- Zu lernen, sich wieder in Gruppen einzugliedern.

34er-INKARNATION

1. Folgende Chakras blockieren:

- Herzchakra
- Wurzelchakra

2. Thema Ihrer gegenwärtigen Inkarnation:

- Das Herz wieder für die wahre Liebe öffnen

3. Gefühle und Verhaltensmuster, in denen Sie gefangen sind:

Da Sie die Liebe nicht über das Herz leben können, sind Sie auch nicht fähig, sich für die wahre Liebe zu öffnen. Wegen Ihrer erlittenen Enttäuschungen glauben Sie, nie mehr im Leben richtig lieben zu können. Sie haben Schwierigkeiten, in einer Liebesbeziehung erneut Ihr Herz zu öffnen, aus Angst, wieder verlassen zu werden. Um in der Liebe nicht mehr enttäuscht zu werden, haben Sie weder Vertrauen zu anderen Menschen noch zu sich selbst.

Sie tragen eine Wut in sich, weil Sie irgendwann sehr verletzt worden sind und den Eindruck haben, ein Defizit an Zuneigung bekommen zu haben. Schuldgefühle und Selbstzweifel lassen Sie denken, Sie seien der Liebe nicht wert und Sie trennen sich deshalb von Ihren Gefühlen ab. Daher versuchen Sie, über das Materielle dem Partner zu imponieren, um ihn von sich abhängig zu machen. Sie finden keinen Zugang zu Ihrem Herzen, weil Sie energetisch zum Schutz vor erneuten Verletzungen eine Mauer um das Herz aufgebaut haben. Sie können Ihre Gefühle und Emotionen nur schwer ausdrücken.

Es gibt Zeiten, in denen Sie schlechte Laune haben, zu emotional reagieren und diese Wut dann ungerechtfertigt an anderen Menschen auslassen. Als Folge dieser Stimmungsschwankungen fühlen Sie sich ausgelaugt und frustriert. Dann schätzen Sie sich selbst nicht als einen guten Menschen ein.

Das Gefühl, in sich selbst gefangen zu sein, hat auch Ihre kreative Seite blockiert. Daher halten Sie an Visionen fest, die Sie allerdings nicht in die Tat umsetzen können. Um mit den Schwierigkeiten der Realität zurechtzukommen, ziehen Sie sich immer wieder in Ihre innere Welt zurück.

4. Reaktionen:

- Die seelischen Verletzungen können sich als Blockade im Bereich des Herzchakras bemerkbar machen.

5. Karmabeispiel:

In dieser früheren Inkarnation war die Person weiblich. Sie war die einzige Tochter und wurde besonders vom Vater sehr verwöhnt. Die beiden hatten ein sehr inniges Verhältnis zueinander. Sie hatte eine unbeschwerte und glückliche Kindheit.

Als sie ungefähr dreizehn Jahre alt war, verließ der Vater ganz plötzlich und unerwartet die Familie, weil er eine andere Frau in einer anderen Stadt kennengelernt hatte. Für das Mädchen brach eine Welt zusammen. Sie hörte nie wieder etwas von ihm. Es war ein großer Schock für das Kind. Von da an war sie oft traurig.

Immer dann, wenn sie sich als junges Mädchen verliebte und ihrem Freund vertraute, wurde sie erneut verletzt. Daraufhin zog sie sich in ihre eigene Welt zurück. In dieser Zeit konnte sie mit niemandem, nicht einmal mit der Mutter, über ihre Gefühle sprechen.

Als erwachsene Frau verschloss sie ihr Herz und zeigte keine tiefen Gefühle der Liebe mehr, da sie keinem mehr traute. Als sie einen Mann traf, der sehr vermögend war, hatte sie ihn zwar gern, es war jedoch nicht die Liebe, die sie sich erträumt hatte. Dennoch heiratete sie ihn, weil er ihr ein angenehmes Leben bieten konnte. Sie nahm sich vor, auf keinen Fall Kinder zu bekommen, weil sie immer Angst davor hatte, erneut verletzt und verlassen zu werden.

6. Ihr Ziel in diesem Leben ist:

- Das Vertrauen in die Liebe zurückzugewinnen.
- Sich für die Liebe erneut zu öffnen und die Enttäuschungen loszulassen.
- Sich der Realität zu stellen und gezielt den eigenen Weg zu gehen.

35er-INKARNATION

1. Folgende Chakras blockieren:

- Herzchakra
- Kronenchakra

2. Thema Ihrer gegenwärtigen Inkarnation:

- Sich für die Liebe wieder öffnen
- Das Selbstvertrauen zurückgewinnen

3. Gefühle und Verhaltensmuster, in denen Sie gefangen sind:

Sie lassen sich in der Partnerschaft leicht beherrschen und beeinflussen. Da Sie wenig Selbstwertgefühl haben, lassen Sie es zu, dass Ihr Partner von Ihnen Besitz ergreift und geben sich auf. Mit der Zeit wissen Sie nicht mehr, welchen Weg Sie gehen sollen und was richtig oder falsch ist. Durch Imponiergehabe verlieren Sie das Gefühl für die eigene Identität. Deshalb glauben Sie, nicht liebenswert zu sein. Frustriert stehen Sie machtlos dem täglichen Leben gegenüber. Durch diesen inneren Konflikt machen Sie die eigenen Bemühungen, Ihren persönlichen Weg zu gehen, selbst zunichte.

Wegen Ihrer täglichen negativen Einstellung sind Sie oft nicht fähig, einen Plan zu realisieren. Vielmehr kritisieren und korrigieren Sie Ihre Mitmenschen. Sie selbst können nicht einmal konstruktive Kritik ertragen, auch wenn es um die eigene Verwirklichung und Existenz geht. Sie versuchen, einen Weg zu finden, die Tatsachen zu verleugnen, da Ihnen sehr unwohl ist bei dem Gedanken, für den täglichen Unterhalt arbeiten und den Alltag leben zu müssen. Negative Erfahrungen haben Sie unsicher und ängstlich gemacht. Diese innere Einstellung behalten Sie für sich. Ihre Meinung zu Ihren eigenen Schwachpunkten geben Sie niemand preis. Sie verstecken sich hinter einem Schutzmantel und verhindern so, der Realität ins Auge zu sehen.

Durch die Selbstverleugnung und den Selbstschutz wehren Sie auch die Liebe ab, obwohl Sie Liebe suchen. Sie fühlen sich in einer Trauer gefangen. Das Leben auf der Erde fällt Ihnen schwer, weil Sie immer noch ungelöste Frustrationen aus der Kindheit mit sich herumtragen. Infolgedessen lassen Sie auch später Enttäuschungen in der Liebe nicht los. Sie klammern sich an die Zuwendung von anderen. Durch indirekte Manipulationen, die Sie verdeckt und geschickt einsetzen, wollen Sie die Liebe kontrollieren und festhalten.

4. Reaktionen:

- Durch die karmische Blockade im Kronenchakra ist es möglich, dass der Stress über den Kopf- oder Halsbereich abgebaut wird.

5. Karmabeispiel:

In dieser früheren Inkarnation war die Person männlich. Da die Mutter starb, als er noch ein kleiner Junge war, erzog ihn der Vater allein. Dieser war oft gehässig zu ihm, ließ seine Frustrationen an dem Jungen aus, ärgerte ihn immer wieder, bis er anfing zu toben. Er sehnte sich nach Liebe. In dieser Zeit war er häufig verzweifelt, denn er wusste nicht, wie er sich gegenüber dem Vater, der immer an ihm herumkritisierte, zur Wehr setzen sollte. Die Diskrepanz zwischen seiner inneren Welt, seinen Gefühlen und der äußeren Welt, der Realität, waren groß. Seinen Kummer konnte er jedoch niemand mitteilen, deshalb war er häufig traurig.

Später heiratete er eine sehr nette Frau. Sie hatten zwei Söhne. Die Frau bemühte sich, seine Unausgeglichenheit und sein wütendes Potenzial, das er wie sein Vater an der Familie auslebte, mit Liebe und Güte zu durchbrechen. In der Familie hatte er das Sagen und befahl den Familienmitgliedern, was sie zu tun hatten, während er selbst das Leben nicht anpacken konnte und bei Anforderungen nervös und unsicher reagierte. Seine Frau musste für ihn den Alltag regeln. Er blieb trotz ihrer Liebe und Zuneigung in den alten Verhaltensmustern gefangen. Als die Kinder erwachsen waren, verließ ihn seine Frau, weil sie seine täglichen Verletzungen und seine manipulative Handlungsweise nicht mehr ertragen konnte.

6. Ihr Ziel in diesem Leben ist:

- Liebe und Nähe wieder zuzulassen.
- Sich nicht mehr in den eigenen Vorhaben abzulenken und den eigenen Wert zu erkennen.
- Mit beiden Beinen auf der Erde zu stehen.

36er-INKARNATION

1. Folgende Chakras blockieren:

- Kronenchakra
- Herzchakra

2. Thema Ihrer gegenwärtigen Inkarnation:

- Das Herz für die Kraft der Liebe wieder öffnen
- Neues auszuprobieren und sich dem Fluss des Lebens überlassen

3. Gefühle und Verhaltensmuster, in denen Sie gefangen sind:

Sie haben das Gefühl, in der Kindheit zu wenig Zuneigung und Zuwendung bekommen zu haben. Deshalb erwarten und benötigen Sie stets Bestätigung. Es ist Ihnen ein inneres Bedürfnis, den anderen alles recht machen zu wollen und dadurch hemmen Sie sich selbst.

Da Sie sich an hohen Idealen messen und sehr selbstkritisch sind, haben Sie Selbstzweifel. Wegen Ihrer Unsicherheit, nicht gut genug zu sein oder es nicht zu schaffen, sind Sie frustriert. Deshalb lassen Sie den inneren, selbst aufgebauten Druck an Ihren nächsten Familienmitgliedern aus. Immer wieder sind Sie gereizt und nervös. Da Sie sich an Personen festklammern, bleiben Sie in speziellen Lebensphasen stecken. Sie regeln alles über den Kopf und wollen die Liebe erzwingen.

In der Partnerschaft haben Sie häufig Beziehungsschwierigkeiten, weil Sie die alten Verletzungen von früher nicht loslassen können. Entweder machen Sie gekonnt dem anderen ein schlechtes Gewissen oder aber Sie üben Druck auf ihn aus. Somit setzen Sie Ihr negatives Wutpotenzial frei, bis der andere klein beigibt. Anstatt sich selbst anzuschauen, um die eigenen seelischen Verletzungen geistig zu verarbeiten, sodass Sie den Mangelzustand, was die Liebe betrifft, ausgleichen könnten, erwarten Sie Unterstützung von den Mitmenschen. Auf diese Weise setzen Sie die anderen ständig unter Druck.

4. Reaktionen:

- Eine Blockade im Kronenchakra kann körperliche Verspannungen verursachen.

5. Karmabeispiel:

In dieser früheren Inkarnation war die Person weiblich. Als junge Frau hatte sie einen Freund, mit dem sie sich, genauso wie mit ihrer Familie, regelmäßig stritt, da sie auf alles sehr emotional reagierte. Der junge Mann fühlte sich immer mehr zu ihrer ruhigeren Schwester hingezogen. Diese erwiderte die Liebe und recht bald entschloss er sich, die jüngere Schwester zu heiraten.

Er beendete die Freundschaft mit der jungen Frau. Sie war völlig ahnungslos und über die Situation schockiert. Sie konnte und wollte sich nicht damit abfinden, ihre große Liebe verloren zu haben. In ihrer Wut schwor Sie sich Rache und provozierte bewusst einen Reitunfall, als ihre Schwester alleine ausritt. Die nichts ahnende Schwester verunglückte, aber sie hatte viel Glück im Unglück. Schwer verletzt überlebte sie den Sturz vom Pferd.

Der junge Mann wusste sofort, wer hinter dem Unfall steckte. Er sprach mit seinen zukünftigen Schwiegereltern offen über die unerträgliche Situation. Im Beisein ihrer Eltern bat er die junge Frau inständig, endlich mit den Schikanen aufzuhören und sich damit abzufinden, dass er für sie keine Liebe mehr empfand.

Verletzt, enttäuscht und wütend, weil sie keinen Druck mehr auf die Verwandtschaft ausüben konnte, verließ sie die Familie und England. Sie zog zu einer Tante, die in Frankreich lebte und selbst keine Kinder hatte. Sie ist in dem damaligen Leben nie mehr nach England zurückgekehrt. Die angeblichen Verletzungen durch die Familie konnte sie weder loslassen noch verzeihen. Sie fühlte sich in ihrem Stolz verletzt und war nicht mehr fähig, ihr Herz für eine neue Liebe zu öffnen.

6. Ihr Ziel in diesem Leben ist:

- Die Vergangenheit loszulassen.
- Das Herz zu heilen.
- Sich für die Liebe und die Spiritualität wieder zu öffnen.

37er-INKARNATION

1. Folgende Chakras blockieren:

- Kronenchakra
- Kehlkopfchakra

2. Thema Ihrer gegenwärtigen Inkarnation:

- Alte Verletzungen, die das Herz und die Liebe betreffen, loslassen

3. Gefühle und Verhaltensmuster, in denen Sie gefangen sind:

Da Sie ständige Zweifel dem Leben gegenüber haben, fällt es Ihnen schwer, das Leben zu genießen. Sie fühlen sich deshalb frustriert und mit der Zeit spüren Sie eine innerliche Unruhe und Wut, die Sie dann an einem Partner oder Ihnen nahe stehenden Personen auslassen. Unverhofft können Sie den anderen überrumpeln, weil Sie emotional reagieren, sodass sich der andere überrollt und attackiert fühlt. Wegen dieses Verhaltensmusters haben Sie Probleme in Ihren Beziehungen. Sie sind fest davon überzeugt, immer im Recht zu sein. Ebenso fällt es Ihnen schwer, über Ihre Gefühle zu sprechen oder sie zu zeigen. Sie streiten häufig, weil Sie unausgeglichen sind. Grundsätzlich sehen Sie nicht ein, warum ausgerechnet Sie bei sich etwas verändern sollten.

Gekonnt drücken Sie sich davor, Entscheidungen zu treffen und Verantwortung zu übernehmen. Andererseits sind Sie sehr von sich selbst eingenommen, glauben nur, was Sie für richtig halten. Sie können Ihr Potenzial, das in Ihnen steckt, nicht zum Ausdruck bringen und sind in Ihrer Kreativität gehemmt.

Sie sind gefangen in Ihren Gefühlen und negativen Gedanken. Es gibt Zeiten, da wird Ihnen alles zuviel. Infolgedessen fällt es Ihnen schwer, das tägliche Leben zu bewältigen, weil Sie das Gefühl haben, sich alles erkämpfen zu müssen.

4. Reaktionen:

- Es ist möglich, dass im Kopf- und Halsbereich der Energiefluss blockiert ist, was einen Druck im Kopf und Verspannungen im Nacken- und Kieferbereich zur Folge haben kann.

5. Karmabeispiel:

In dieser früheren Inkarnation war die Person weiblich. Sie war eine sehr hübsche junge Frau mit langen, blonden Locken und einer zierlichen Figur. Damals war sie noch sehr herzlich, stets hilfsbereit und sehr gläubig. In ihrem Ort wurde die Frau als „der Engel Gottes" bezeichnet. Bereits in jungen Jahren heiratete sie einen Mann, mit dem sie die ersten Jahre recht glücklich war.

Eines Tages kam ihr Ehemann jedoch nach Hause und teilte ihr mit, dass er eine andere Frau kennengelernt habe. Sie fiel aus allen Wolken. Ihre heile Welt brach plötzlich zusammen. Entschlossen und vehement verweigerte sie die Scheidung, ja sie drohte sogar mit Selbstmord. Sie wollte von der ganzen Sache nichts mehr hören und wissen und die Realität nicht akzeptieren. Aus Angst, dass sie sich etwas antun würde, sprach der Mann nicht mehr über diese Angelegenheit. Von diesem Tag an ging er angeblich noch viel öfter auf Reisen. Tatsächlich war er stets bei der anderen Frau in einer anderen Stadt. Sie bekamen zwei Kinder miteinander. Für seine „wirkliche" Familie baute er ein Haus, in dem sie sehr glücklich miteinander lebten.

Nach etwa sieben Jahren konnte der Mann das Doppelleben nicht länger ertragen. Er ging zu seiner ersten Ehefrau, die er zwischenzeitlich nur noch selten und nur für kurze Zeit besuchte, da er ja angeblich ständig auf Geschäftsreisen war. Diesmal war er fest entschlossen, die Ehe definitiv zu beenden. Während er seine restlichen Sachen zusammenpackte, erzählte er zum zweiten Mal von der anderen Frau und auch von den gemeinsamen Kindern. Mit dieser Situation konnte und wollte sie sich jedoch nicht abfinden. Da sie den Mann auf keinen Fall freilassen wollte, wütete und tobte sie abermals. Dieses Mal ließ er sich von ihrem psychischen Druck nicht mehr beeinflussen. Im Verlauf der Aussprache kam sie immer mehr in Rage. Als er sich nach seinem Koffer bückte, um ihn zu schließen, nahm sie wutentbrannt den schweren Kerzenständer vom Kamin und schlug auf ihn ein.

6. Ihr Ziel in diesem Leben ist:

- Sich auf sich selbst zu besinnen und wieder zur Ruhe zu kommen.
- Die alten Leidensmuster loszulassen und Eigenverantwortung zu übernehmen.

38er-INKARNATION

1. Folgende Chakras blockieren:

- Kronenchakra
- Herzchakra

2. Thema Ihrer gegenwärtigen Inkarnation:

- Sich wieder für die sensitiven Fähigkeiten öffnen
- Die innere Wut loslassen

3. Gefühle und Verhaltensmuster, in denen Sie gefangen sind:

Es fällt Ihnen schwer, hier auf der Erde zu leben und anderen bedingungslos zu vertrauen. Wegen Ihres fehlenden Selbstwertgefühls mangelt es Ihnen an Selbstvertrauen in die eigene Intuition und in die eigene Kraft. Deshalb geraten Sie in bestimmten Situationen in Zweifel und Ängste, sind unsicher, sich zu engagieren.

Sie verleugnen Ihr Können und drücken sich auf diese Weise vor der Selbstverantwortung. Wegen Ihrer Versagensängste wollen Sie Entscheidungen nicht alleine treffen. Diese Ängste verheimlichen Sie jedoch geschickt vor anderen. Da Sie hohe Leistungsansprüche an sich selbst stellen, können Sie Fehler, die Sie gemacht haben, nicht zugeben. Aber auch von anderen Menschen können Sie keine Kritik annehmen, geschweige denn ertragen.

Sie können sich selbst nicht annehmen, verspüren innerlich oft eine Wut und Aggression, die Sie manchmal an anderen auslassen. Ständig wälzen Sie Ihre Gedanken hin und her, weil Sie vieles als ungerecht empfinden.

4. Reaktion:

- Durch eine Blockade im Kronenchakra kann der ganze Körper in Mitleidenschaft gezogen sein.

5. Karmabeispiel:

In dieser früheren Inkarnation war die Person weiblich. Sie war glücklich verheiratet und lebte in einer Region, in der ein einflussreicher Mann das Sagen hatte. Dieser missbrauchte seine Macht nicht zuletzt, indem er sich die Frauen nahm, die ihm gefielen. Es war ihm völlig gleichgültig, ob sie verheiratet waren oder nicht. Alle hatten zu gehorchen und sich zu fügen.

Eines Tages begegnete er bei einem Ausritt der verheirateten Frau. Wenige Tage später erhielt sie von einem seiner Gefolgsleute die Aufforderung, ihn auf seinem Landsitz aufzusuchen. Sie weigerte sich, diesem Befehl nachzukommen. Aus Wut verleumdete sie der einflussreiche Landbesitzer. Kurz darauf ließ er sie von seinen Gefolgsleuten abholen und einsperren. Ihr Ehemann wäre in der Lage gewesen, sie zu retten, hätte er die Wahrheit gesagt. Er wusste genau, was mit seiner Frau passieren würde. Im Ort wurde schon einige Zeit über die üblen Machenschaften des Gutsbesitzers getuschelt und über das Schicksal vieler Frauen gerätselt. Dennoch schwieg er aus Angst vor der Macht dieses Mannes.

Der Despot war wegen der Zurückweisung sehr verärgert. Auf seinen Befehl hin wurde die Frau gezwungen, drei Gelübde abzulegen, die alle mit Liebe und Partnerschaft zu tun hatten. Man versprach ihr, sie danach wieder freizulassen, was jedoch nicht geschah. Zutiefst verletzt wurde sie im Gefängnis täglich wütender auf den Ehemann, den Gutsbesitzer und die Wärter. Durch die Folter starb sie.

6. Ihr Ziel in diesem Leben ist:

- Sich selbst zu verwirklichen.
- Vom Kopfdenken ins Herzfühlen zu kommen, damit die eigenen Eingebungen und Ideen wahrgenommen und realisiert werden können.

Erkenntnis durch Selbst-Bewusstsein

Wenn Sie das Gefühl haben, dass Sie trotz wiederholter Bemühungen keine Veränderungen in bestimmten Lebenslagen erreichen können, sollten Sie Ihre Gedanken überprüfen und Ordnung in Ihre Gedankenwelt bringen. Die Ursache der verwirrenden Umstände, in denen Sie sich befinden, könnten ein abgelegtes Gelübde, ein Eid oder ein aus tiefstem Herzen abgelegter Schwur sein. Diese Gedanken, Worte und Taten können, auch wenn es in einer früheren Inkarnation geschah, Ihr Gefühlsleben völlig blockieren.

Wissenswertes über das Ablegen von Gelübde, Schwur oder Eid, Verfluchungen und Verwünschungen

Das Ablegen von Gelübde, Schwur oder Eid ist das unbewusste Aussäen negativer Energien in den Kosmos. Die Ernte einer solchen Aktion spricht den dunklen Aspekt im Menschen an und stellt ein Bündnis der beteiligten Personen mit den dunklen Energien dar. Somit ist eine solche unbedachte Handlung eine magische Verknüpfung, die im Laufe der Jahre immer größere Einschränkungen und Leid für die betroffenen Personen mit sich bringt. Die Seelen sind seit dieser negativen Vereinigung auch negativ miteinander verstrickt, weil sie in eine Abhängigkeit geraten sind. **Da das göttliche Gesetz jeder Seele das Recht einräumt, für sich selbst frei entscheiden zu können,** bedeutet diese unvorsichtige Tat eine Eingrenzung für die Seele mit langwierigen Folgen. Es ist sehr wichtig, die göttlichen Gesetze anzuerkennen und sich im täglichen Leben danach zu richten.

Aus meiner Praxisarbeit möchte ich Ihnen zwei Fälle schildern, die das Thema erläutern. Im ersten Beispiel handelt es sich um einen Liebesschwur, der in einer früheren Inkarnation von der heute 28-jährigen jungen Frau ausgesprochen wurde. Im zweiten Fall geht es um ein erzwungenes, unter Eid abgegebenes Liebesversprechen, das erst nach vielen Jahrhunderten über die Frau aufgelöst werden konnte.

Im ersten Beispiel suchte mich eine junge Frau auf, die mir verzweifelt erzählte, dass sie kein Glück in der Liebe habe. Jedes Mal, wenn ein neuer Freund eine Beziehung zu ihr aufbauen wollte, was eigentlich auch ihr sehnlichster Wunsch war, ging die Freundschaft ohne ersichtlichen Grund oder besondere Vorkommnisse von einem Tag auf den anderen zu Ende. Bisher hatte sie noch nie eine länger anhaltende Liebesbeziehung leben können, denn alle Männer zogen sich, sobald die Zweisamkeit enger wurde, völlig überraschend zurück.

Mit Hilfe der geistigen Welt konnte die Ursache der Beziehungsblockade gelöst werden. Es stellte sich heraus, dass die junge Frau in einem ihrer früheren Leben – aus Liebe zu einem Mann – einen Schwur abgelegt hatte. In diesem Leben wurde die magische Energie reaktiviert, als die junge Frau ein „zufälliges“ Zusammentreffen mit einem kleinen Mädchen hatte. Sie war die Seele des damaligen Geliebten. Ab diesem Zeitpunkt waren der Seele die magischen Fesseln wieder bewusst. Durch dieses alte Gelübde waren kosmisch immer noch dunkle magische Energien am Wirken, die es ihr im heutigen Leben unmöglich machten, eine dauerhafte Verbindung mit einem jungen Mann einzugehen.

Im zweiten Beispiel handelte es sich um eine sechzigjährige Frau. Sie war Mutter von vier erwachsenen Kindern und Großmutter mehrerer Enkelkinder.

Sie erzählte mir, dass Sie vor drei Jahren „zufällig" im Urlaub einem Mann begegnet sei. Seit dieser Begegnung ist sie in einen Sog der Leidenschaft gezogen worden. Obgleich er verheiratet war, fuhr sie nach dem Urlaub immer wieder in die Stadt, in der er lebte, nur um ihn zu sehen. Sie hatte das Gefühl, von einer unvorstellbaren, suchtvollen Leidenschaft überrollt worden zu sein. Ihre Bekannten und Freundinnen schüttelten die Köpfe und verstanden sie nicht mehr. Auch sie selbst konnte sich ihr Verhalten nicht erklären. Sie erzählte mir, dass sie wie unter Zwang regelmäßig zu ihm fahren müsse, obwohl er sie ständig demütigte. Sie ärgerte sich über sich selbst, konnte jedoch die ganze Woche an nichts anderes mehr denken als an diesen Mann.

Auch in diesem Fall war ein unter Eid abgelegtes Liebesversprechen die Ursache der magischen Verkettung. Die noch laufenden dunklen Energien im Kosmos kamen durch das Zusammentreffen der Beteiligten ein weiteres Mal negativ zum Wirken. Hier handelte es sich um eine Inkarnation zwischen dem fünfzehnten und sechzehnten Jahrhundert. Danach trafen sich die beiden in sieben nachfolgenden Leben wieder, um sich aus dem unbedacht dahin gesagten Liebesschwur zu befreien.

In einigen Ländern werden bis heute zu besonderen Anlässen und Gelegenheiten Riten mit Schwüren, Gelübden oder Eid praktiziert. Durch das Ablegen von einem Gelübde, Eid oder Schwur entsteht eine magische Energie im Universum, welche die beteiligten Personen universell negativ miteinander verkettet. Letztendlich handelt es sich um eine Verwünschung, die in den späteren Reinkarnationen das Leben für die betroffenen Seelen zur Qual werden lässt. Halten Sie Abstand davon, falls sie jemals mit derartigen Riten und Gebräuchen konfrontiert werden.

Übernehmen Sie die volle Verantwortung für sich selbst und somit die Eigenverantwortung für Ihr Tun und Handeln.

Lassen Sie sich zu nichts zwingen und bedenken Sie immer: Im Kosmos geht nie etwas verloren, denn in der Akasha-Chronik – dem astralen Computer – werden alle Ereignisse seit Beginn der Welt gesammelt und gespeichert. Auch wenn im heutigen Leben ein abgelegter Schwur, ein Eid oder Gelübde bereits in Vergessenheit geraten sind oder Sie aus vergangenen Inkarnationen heute nichts mehr bewusst davon wissen, laufen die Energien dennoch solange, bis sie universell aufgelöst werden.

Es ist von großer Bedeutung, sich des ganzen Ausmaßes der Folgen derartiger Versprechen bewusst zu werden, da solche Handlungen nur aus selbstsüchtigen, niederen Gründen oder aus einer emotionalen Gemütsverfassung heraus gemacht werden. Die Schwingungen der wahren Liebe sind selbstlos und setzen eine Bindungsebene voraus, der göttliche Liebe zugrunde liegt.

Befreien Sie sich aus unsagbarem Leid, dessen Ursache ein abgelegter Schwur, Eid, Gelübde oder Verfluchungen und Verwünschungen sind

Befreien Sie sich von den Fesseln, die Sie sich selbst durch achtlos ausgesprochene Worte oder dauerhaft negative Gedanken anlegen. Verfluchungen und Verwünschungen bringen das gleiche Ergebnis wie ein abgelegtes Gelübde, Schwur oder Eid. Auch Verfluchungen sind Taten, die über viele Inkarnationen negatives Karma verursachen, und die Lebensqualität, auch für die nachfolgenden Inkarnationen, stark beeinträchtigen.

Lösen Sie sich aus dem magischen Bann der Verknüpfung eines leichtfertig abgelegten Schwurs oder einer in Wut dahin gesagten Verwünschung oder Verfluchung. Die beiden erzählten Fälle sind nur zwei Beispiele für die Mannigfaltigkeit zwischenmenschlicher Beziehungen und dafür, was es letztendlich für die betroffenen Menschen bedeutet, sich im physischen Leben einer anderen Person zu versprechen oder sich negativ über unbedachte Worte oder Gedanken zu verstricken. Da das physische Leben nur ein Teil des ewigen Lebens darstellt, sollte man sich über das Ausmaß seiner Worte und Taten bewusst werden.

- Gehen Sie in Meditation. Atmen Sie Frieden ein und atmen Sie Frieden aus. Verbinden Sie den Atem solange harmonisch miteinander, bis Sie innerlich zur Ruhe gekommen sind.

- Visualisieren Sie nun vor Ihrem geistigen Auge Erzengel Michael und stellen Sie gedanklich den Kontakt zu ihm her. Bitten Sie ihn um Hilfe.

- Gehen Sie im Geiste zu dem Tag der damaligen Situation zurück – auch wenn Sie damals noch ein Kind gewesen sind, – als Sie das Gelübde, den Schwur oder den Eid abgelegt haben. Sehen Sie noch einmal alles wie einen Film vor Ihrem geistigen Auge ablaufen.

- Genau an dem Punkt, nachdem Sie den Schwur abgelegt haben, bitten Sie nun Erzengel Michael, die negativ entstandene Verbindung zwischen Ihnen und der anderen Person mit seinem Schwert zu durchschlagen. Es ist sehr wichtig, dass Sie danach vor Ihrem geistigen Auge **die Verbindung in zwei Hälften sehen**.

- Daraufhin sehen Sie noch einmal, wie Erzengel Michael mit seinem Schwert eine zweite Verbindung durchschlägt. **Es ist die Verbindung ins Negative**. Nehmen Sie vor Ihrem geistigen Auge wahr, wie göttliches Licht diesen Punkt erhellt.

Der Mensch kann sich über einen solchen Prozess geistig entwickeln und entfalten, weil er die Wahrheit erkennt und die göttliche Weisheit erlernt. Das Christuslicht, das jedem Menschen innewohnt, befreit die Seele. Es ist die Quelle unerschöpflicher Kraft in Ihnen.

- Sind Sie der Verursacher gewesen, sollten Sie unbedingt die andere Person um Verzeihung bitten, aber auch die eigene Seele. Wenn Sie das Gefühl haben, damals zu etwas überredet worden zu sein, verzeihen Sie der (oder den) beteiligten Person(en). Das Verzeihen ist außerordentlich wichtig.

- Falls das Verzeihen nicht gelungen ist, holen Sie sich von ganzem Herzen die Bereitschaft zurück, verzeihen zu können. Sie können unterstützend in Gedanken die Herzfenster öffnen. Kommen Sie in Ihre göttliche Stärke und verzeihen Sie. Sie sollten danach eine Befreiung in sich spüren.

- Zum Schluss bedanken Sie sich für die Hilfe bei Erzengel Michael.

Die Vernebelung ist durch diese Befreiung aufgelöst. Versuchen Sie, über die vergangenen Jahre nachzudenken.

39er-INKARNATION

1. Folgende Chakras blockieren:

- Kronenchakra
- Solarplexus

2. Thema Ihrer gegenwärtigen Inkarnation:

- Das Analysieren und Verurteilen anderer Menschen sein lassen, nicht nur aus dem Intellekt heraus handeln, sondern wieder liebevoll aus der Inspiration heraus auf die Mitmenschen respektvoll zugehen
- Die unbewussten Existenzängste durch das Vertrauen und die Kommunikation mit Gott und der geistigen Welt in positive Emotionen transformieren
- Sich selbst anschauen und aufhören, dem anderen immer die Schuld zuzuschieben

3. Gefühle und Verhaltensmuster, in denen Sie gefangen sind:

Sie sind von sich überzeugt und glauben, immer alles besser zu machen und besser zu wissen als andere Menschen. Deshalb haben Sie Schwierigkeiten, eine Verbindung zu anderen herzustellen. Durch die eigene Unsicherheit machen Sie oft gehässige Bemerkungen und verurteilen Ihre Mitmenschen. Obwohl Sie intuitiv eher liebevoll handeln würden, reagieren Sie meist emotional kaltschnäuzig.

Das Potenzial, das in Ihnen steckt, können Sie nicht umsetzen, weil diverse Ängste, vor allem die Angst vor Misserfolg, Unsicherheit und Zweifel hervorrufen. So kritisieren Sie lieber Ihre Mitmenschen, nur um das Gefühl zu haben, vorne mit dabei und besser zu sein als andere. Ständig brauchen Sie die Bestätigung von anderen. Es fällt Ihnen schwer, sich selbst zu akzeptieren, was Sie wiederum frustriert. Mit der Zeit können sich diese Frustrationen als depressive Verstimmung bemerkbar machen. Probleme, die immer wieder auf Sie zukommen, zermürben Sie, sodass Sie beginnen, an Gott zu zweifeln. Sie können Ihren rationalen, realistischen Verstand, der Wissen aufnimmt und analysiert, nicht mit Ihrer Intuition in Einklang bringen. Dadurch treffen Sie häufig falsche Entscheidungen und sehen vieles negativ.

5. Reaktionen:

- Die Ängste können den Solarplexus blockieren, was sich im Magenbereich bemerkbar machen kann.
- Da Gefühl und Verstand nicht im richtigen Verhältnis miteinander agieren, kann der Kopf, durch zuviel negatives Denken, überbetont sein.

5. Karmabeispiel:

In dieser früheren Inkarnation war die Person weiblich. Jedes Mal, wenn sie in dem damaligen Leben einen Mann kennen lernte und ihm erzählte, dass sie ein Kind hat, wurde sie auch schon wieder verlassen. Mit der Zeit schimpfte sie über die jungen Männer. Außerdem hatte sie Angst, wegen ihres unehelichen Kindes das ganze Leben allein bleiben zu müssen. Eines Tages lernte sie in einer anderen Stadt einen gut situierten, reichen Mann kennen. Diesmal verheimlichte sie bewusst, dass sie ein Kind hatte. Nach der Hochzeit, die bereits nach kurzer Zeit stattfand, verleugnete die Frau weiterhin ihr Kind, das bei ihren Eltern lebte. Aus Angst, ihren Ehemann und das bequeme Leben zu verlieren, schwieg sie. Allmählich litt sie immer mehr unter diesem Zustand und war an manchen Tagen sogar depressiv. Aus diesem Grund entschloss sie sich, regelmäßig die Eltern zu besuchen, um ihr Kind sehen zu können.

Der Schwiegervater, der intuitiv spürte, dass die junge Frau etwas verbarg, beobachtete sie heimlich. Ihm fiel sehr schnell das regelmäßige Fortgehen und lange Wegbleiben auf. Eines Tages machte er seinen Sohn auf das merkwürdige Verhalten der Frau aufmerksam. Da sie ihm nicht sagen wollte, wohin sie regelmäßig ging, wurde er wütend und sperrte sie von da ab im Haus ein. Nachdem sie diese einengende Situation nicht mehr ertragen konnte, fasste sie den Entschluss, ihm nun doch die Wahrheit zu sagen. Zuerst war er schockiert, danach wurde er sehr böse. Auf Anraten des Vaters ließ er sich umgehend scheiden.

6. Ihr Ziel in diesem Leben ist:

- Die Verbindung zu der universellen Kraftquelle wieder zu finden, sodass Sie die eigene Intuition wahrnehmen können.
- Sich selbst zu lieben, um die Liebe auch anderen Menschen zu zeigen und Freude an Freundschaften zu empfinden.

40er-INKARNATION

1. Folgende Chakras blockieren:

- Solarplexus
- Basischakra

2. Thema Ihrer gegenwärtigen Inkarnation:

- Unsicherheit, Ängste und Frustrationen loslassen
- Positive Gefühle und Liebe ausdrücken und zulassen, um sich am Leben erfreuen zu können.

3. Gefühle und Verhaltensmuster, in denen Sie gefangen sind:

Wegen des Gefühls, von Ihren Mitmenschen verkannt und nicht verstanden zu werden, reagieren Sie gereizt und erbost. Deshalb be- und verurteilen Sie lieber die anderen, haben an allem und an jedem etwas auszusetzen und herumzunörgeln. Viel zu emotionsgeladen sehen Sie die Situation nur aus Ihrer Sicht, reagieren dann falsch und greifen unerwartet die andere Person mit verletzenden Worten an. Um dann Ihre angestauten Frustrationen loszuwerden, verdrehen Sie geschickt die Tatsachen und machen zudem auch noch der anderen Person Vorwürfe.

Weil Sie stur und eigensinnig Ihre Ansichten vertreten, können Sie Freundschaften meist nicht über längere Zeiträume aufrechterhalten. Durch dieses Verhalten entstehen wiederum innere Konflikte. Sie fühlen sich missverstanden und verfallen dann in eine hilflose Wut. Es fällt Ihnen schwer, gedanklich vergangene Situationen loszulassen, was wiederum Ihren Körper und Ihre Abwehrkräfte schwächt. Sie erkennen einfach nicht, dass Sie das zurück bekommen, was Sie an negativer Energie weitergeben.

Da Sie der Meinung sind, sich im Leben alles erkämpfen zu müssen, führen Sie einen Dauerkampf gegen das Leben. Hieraus entsteht wiederum eine Dauerfrustration. Da Sie an sich selbst nichts verändern wollen, sind immer die anderen an Ihrer jeweiligen Situation schuld. Die Schuldgefühle, die Sie mit der Zeit mit sich herumtragen, lassen Sie innerlich kapitulieren. Regelmäßig verfallen Sie in Resignation und sind dann phlegmatisch.

4. Reaktionen:

- Müdigkeit ist eine Folgeerscheinung, wenn der Energiefluss blockiert ist.
- Auftretende Ängste sowie die Weigerung, eigene Verhaltensweisen zu ändern, können sich im Bereich des Solarplexus und eventuell im Magen-Darm-Bereich zeigen.

5. Karmabeispiel:

In dieser früheren Inkarnation war die Person weiblich. Sie war verheiratet und lebte mit ihrem Ehemann außerhalb des Ortes, nahe an einem Waldesrand. Die beiden bewohnten ein schönes Haus mit großem Garten. Sie waren wohlhabend und hatten zudem noch mehrere Haustiere, darunter auch einige Gänse, die in einem Weiher vor dem Haus schwammen.

Der Ehemann war sehr oft auf Geschäftsreisen, was sie frustrierte. Sie fühlte sich von ihm allein gelassen. Dieses Gefühl verstärkte sich noch, als sie schwanger war und ihr erstes Kind erwartete. Wenn ihr Mann zu Hause war, erweckte sie Schuldgefühle in ihm und warf ihm ständig vor, dass sie sich allein und ungeliebt fühlte. Je näher der Geburtstermin rückte, desto ängstlicher und frustrierter wurde die junge Frau. Sie bat ihren Mann, in den kommenden vier Wochen, wenigstens bis zur Geburt des Kindes, zu Hause zu bleiben. Ihres ständigen Nörgelns überdrüssig, fuhr er noch ein letztes Mal vor der Geburt weg. Als sie abends, als es schon dämmerte, allein die Gänse fütterte, überfiel sie ein aus dem Wald kommender Tagedieb. Er schlug sie nieder und raubte das Haus aus. Sie überlebte den Überfall nicht.

6. Ihr Ziel in diesem Leben ist:

- Zu erkennen, dass es nicht um materiellen Wohlstand geht, sondern dass die Lebensfreude und die Liebe die wahre Erfüllung sind.
- Die Ängste aufzulösen sowie Schuldgefühle und Schuldzuweisungen loszulassen.
- Sich mit der alten Weisheit, die auf der Seele liegt, wieder zu verbinden.
- Sich erneut in den göttlichen Fluss des Lebens zu begeben.

41er-INKARNATION

1. Folgendes Chakra blockiert:

- Solarplexus

2. Thema Ihrer gegenwärtigen Inkarnation:

- Innere Konflikte und Schuldgefühle loslassen
- Die Erwartungen an andere loslassen
- Dem Leben vertrauen

3. Gefühle und Verhaltensmuster, in denen Sie gefangen sind:

Durch Ihre Selbstzweifel haben Sie Probleme, sich anderen Menschen anzuschließen und ihnen zu vertrauen. Infolgedessen glauben Sie, von den Mitmenschen nicht akzeptiert zu werden und sind gehemmt. Es mangelt Ihnen an Lebensfreude, es fehlt Ihnen die Leichtigkeit des Seins. Sie haben den Wunsch, ein schönes Leben auf der Erde zu führen. Ihre Ängste hindern Sie jedoch daran, weil seelische Verletzungen und alte Wunden noch nicht verheilt sind.

Aus Mangel an Selbstvertrauen und wegen des Gefühls, nicht geliebt zu sein, können Sie anderen Menschen gegenüber keine Liebe zeigen. Sie geben sich Ihren Mitmenschen gegenüber autoritär. Es muss alles nach Ihren Vorstellungen ablaufen, sonst reagieren Sie ärgerlich. Sie blähen sich im wahrsten Sinne des Wortes auf.

Da Sie Schwierigkeiten haben, den Alltag zu leben, verhalten Sie sich oftmals unsicher und sind verwirrt. Es fällt Ihnen schwer, der Intuition und dem eigenen Weg zu vertrauen. Sie haben ein ausgeprägtes Sicherheitsdenken, aber Ihre Selbstzweifel hemmen und hindern Sie daran, Ihren vorbestimmten Weg zielbewusst zu Ende zu gehen.

4. Reaktionen:

- Im Solarplexus können die Ängste eine Blockade anzeigen, die sich über die Haut oder den Rücken bemerkbar machen kann.

5. Karmabeispiel:

In dieser früheren Inkarnation war die Person weiblich. Damals war sie jung und mit ihrem Mann glücklich verheiratet. Er besaß ein großes Weingut. Die junge Frau hatte Spaß und Freude, mit ihrem Mann zusammenzuarbeiten. Jedes Jahr, sobald die Hauptsaison begann, halfen die Schwiegermutter und deren Freundin bei der Arbeit auf dem Weingut mit. Es waren zwei unzufriedene, alte Frauen, die immer etwas an ihr auszusetzen hatten und sie herumkommandierten. Sie hatte das Gefühl, nicht akzeptiert zu sein.

Seit dieser Zeit bekam sie jedes Jahr zur Weinlese unerklärliche Angstzustände und Hautausschläge. Sie hatte nur noch schlechte Laune bei der Arbeit. Sie wusste im Voraus schon, dass sie der Schwiegermutter wieder nichts würde recht machen können.

Nach ein paar Jahren war sie gerade zur Weinlese schwanger geworden und musste, obwohl es ihr nicht gut ging, in den Weinbergen mitarbeiten. In ihrem Zustand konnte sie den ständigen Tadel der beiden nicht länger ertragen und sie wünschte sich aus tiefstem Herzen, dass beide Frauen den Hang hinunter fallen sollten, sodass sie nicht mehr sprechen und gehen könnten, damit sie endlich ihre Ruhe hätte.

Noch am gleichen Tag ging der Wunsch in Erfüllung. Am Abend rutschte die Schwiegermutter aus, konnte sich nicht mehr halten und rollte den Berg hinunter. Unten blieb sie regungslos liegen. Die junge Frau erstarrte vor Angst. Nach diesem Vorfall quälten sie immer wieder Schuldgefühle und innere Konflikte, da die Schwiegermutter aufgrund einer Rückenverletzung nie mehr im Weinberg mitarbeiten konnte.

6. Ihr Ziel in diesem Leben ist:

- Die innere Stimme wieder wahrzunehmen.
- Das Vertrauen zu der geistigen Welt und in die innere Führung zurückzugewinnen und positiv zu leben.
- Die Lebensfreude und die Liebe wieder zu spüren, damit die Ängste, die Verbitterung und das Misstrauen losgelassen werden können.

42er-INKARNATION

1. Folgendes Chakra blockiert:

- Solarplexus

2. Thema Ihrer gegenwärtigen Inkarnation:

- Die Unsicherheiten überwinden und das Leben wieder von der positiven Seite sehen.

3. Gefühle und Verhaltensmuster, in denen Sie gefangen sind:

Durch das Gefühl der Einsamkeit fühlen Sie sich unglücklich und das Leben erscheint Ihnen freudlos. Sie denken, am Leben vorbei zu leben. Das frustriert Sie und macht Ihnen Angst. Wegen Ihrer Selbstzweifel sind Sie stets auf der Suche nach Gleichwertigkeit.

Sie sind überzeugt, nur durch ständige Veränderung Ihrer Identität Bestätigung und Achtung von Ihren Mitmenschen zu erhalten. Da es Ihnen unmöglich ist, Ihre Angst zu zeigen, legen Sie sich eine Maske zu. Mit Ihrem Imponiergehabe versuchen Sie, die anderen Menschen zu täuschen und aus Angst, Ihr wahres Gesicht zu zeigen, erliegen Sie Ihrer eigenen Verschleierung. Mit dieser Selbsttäuschung machen Sie nicht nur anderen Menschen etwas vor, sondern verhindern Ihre eigene Weiterentwicklung. Durch die gespielte Identität fehlt Ihnen die Klarheit. Sie sind innerlich verwirrt und können Ihre eigenen Schwächen nicht sehen.

Es fällt Ihnen schwer, bei sich selbst oder an Ihrer Situation etwas zu verändern. Sie verlassen sich nur auf Ihren Verstand, daher fühlen Sie sich den anderen gegenüber überlegen. Da Sie extreme Angst haben, vertrauen Sie nicht Ihrer inneren Stimme, wodurch Sie immer wieder in den gleichen frustrierenden Situationen gefangen sind.

4. Reaktionen:

- Die Ängste und die Unsicherheit können sich im Solarplexusbereich auf physischer oder psychischer Ebene zeigen.

5. Karmabeispiel:

In dieser früheren Inkarnation war die Person männlich. Er lebte in einem Dorf, in dem ungewöhnlich viele Unglücke passierten. Da der Mann ein sehr spiritueller Mensch war und viele Weisheiten des Universums kannte, teilte er den Dorfbewohnern eines Tages mit, er werde den Ort reinigen, um weitere Unglücksfälle zu verhindern. Daraufhin zog er sich mehrere Tage zurück und es gelang ihm tatsächlich, das Dorf energetisch zu reinigen und einen Fluch, der über den Bewohnern des Dorfes lastete, aufzulösen.

Als Anerkennung erwartete der Mann den Dank der Dorfbewohner. Sie nahmen sein Wirken zwar zur Kenntnis, aber keiner dankte ihm dafür. Er glaubte, dass die Leute seine geistige Arbeit nicht zu schätzen wussten, weil ihn auch nur wenige konsultierten und ihn um Hilfe baten. So überlegte er sich, wie es ihm gelingen könne, die Menschen wachzurütteln, damit sie ihm Dankbarkeit und Achtung entgegenbrächten. In der festen Überzeugung, es sei seine letzte Inkarnation, verband er sich bewusst mit negativen Energien. Er wollte den Dorfbewohnern eine Lektion erteilen.

Nach einigen Wochen kamen die Bewohner tatsächlich auf ihn zu. Sie baten ihn um Hilfe und brachten ihm auch für kurze Zeit Ehrfurcht und Achtung entgegen. Der Mann war jedoch nicht mehr fähig, den Menschen mit positiven Energien helfen zu können. Wegen der bewusst herbeigeführten negativen Energien hatte er sich mit der dunklen Astralwelt verbunden. So war er von der göttlichen Welt abgeschnitten und es kamen letztendlich Einsamkeit, Unglück und Krankheit über ihn.

6. Ihr Ziel in diesem Leben ist:

- Durch Selbsterkenntnis die Verbindung ins Göttliche wieder zu erlangen.
- Auf der Seelenebene die Blockaden zu lösen, indem Sie den Kopfverstand mit dem höheren Verstand, Ihrer Intuition, in Einklang bringen.
- Die wahre Seelenaufgabe zu finden.

Mit Hilfe der charakteristischen Inkarnationsbeschreibungen können Sie an Ihren negativen Eigenschaften bewusst arbeiten, um Ihre wahre Wesenheit, das eigene Ich, zu finden. Durch diese geistige Entwicklung stellen Sie die Weichen für Ihre Zukunft, die daraufhin nur besser werden kann. Nur derjenige, der nach innen geht und sich selbst anschaut, erkennt, dass seine seelischen Konflikte die Reflexion der irdischen Schwierigkeiten sind. Sobald Sie bereit sind, mit der geistigen Welt an der Lösung Ihrer Probleme zu arbeiten, wird sich Ihr spirituelles Bewusstsein entfalten.

Und solang du das nicht hast,
Dieses: stirb und werde!
Bist du nur ein trüber Gast
Auf der dunklen Erde.

Johann Wolfgang von Goethe

Die Überwindung der Schwierigkeiten

Wie Sie Ihr eigenes Leben wiederfinden

Lesen Sie diesen Abschnitt in Ruhe durch. Es ist die genaue Anleitung, wie man sich selbst aus der Schwarzmagie wieder befreien kann. Falls Sie sich den Befreiungsprozess nicht alleine zutrauen, wählen Sie sich eine Person Ihres Vertrauens aus und bitten Sie diese, Ihnen zur Seite zu stehen. Lassen Sie sich Punkt für Punkt mitteilen. Sie sollten darauf achten, dass Sie während dieser Ablösung auf keinen Fall gestört werden. *(Die Beschreibung der Meister siehe Seite 99-102, die Namen der Erzengel siehe Seite 138-139).*

- Versuchen Sie, zur Ruhe zu kommen und atmen Sie jetzt bewusst Gott ein und Gott aus, bis Sie völlig entspannt sind.

Das Vorstellungsvermögen ist das Eingangstor zu den schöpferischen Kräften des Menschen. Mit Hilfe dieser geistigen Kraft wird Ihnen die Tür zu der geistig göttlichen Welt geöffnet.

- Verbinden Sie sich bewusst mit der geistigen Welt. Bitten Sie tief und innig El Morya um göttliche Hilfe und um göttliches Licht für Ihre Seele. Dieses Licht bringt die Erlösung.

- Stellen Sie sich visuell vor, wie das göttliche Licht in Ihren Solarplexus ein fließt. Nach einigen Minuten fühlen Sie die Wärme und können dann zum nächsten Punkt übergehen.

Wenn Sie richtig meditieren, können Sie Ihr Bewusstsein auf Gott und seine himmlischen Helfer richten und so die Seele von den Fesseln, in denen sie gefangen ist, befreien.

- Konzentrieren Sie sich weiterhin voll und ganz auf Ihre Seele und auf das göttliche Licht. Danach verbinden Sie sich mit dem Erzengel Michael.

Wenn Sie wirklich den Wunsch haben, frei zu werden, dann werden Sie die Verbindung zu Erzengel Michael bekommen und ihn vor Ihrem geistigen Auge sehen. Sobald Sie den Kontakt mit ihm hergestellt haben, ist Erzengel Michael bei Ihnen.

- Bitten Sie nun Erzengel Michael, **die energetische Verbindung zwischen Ihnen und der Person**, die Sie bewusst in die Schwarzmagie involviert hat, um Sie zu manipulieren, **mit seinem Schwert zu durchtrennen**.

- Hat diese Person einer dritten den Auftrag gegeben, müssen Sie zusätzlich noch eine weitere energetische Verbindung zu dieser für Sie wahrscheinlich unbekannten Person von Erzengel Michael durchtrennen lassen. **Sehen Sie vor Ihrem geistigen Auge, wie die Verbindung in zwei Hälften auseinander fällt**.

- Bitten Sie erneut Erzengel Michael um Hilfe. Er ist der heilende Faktor, der die Seele aus den negativen Konflikten befreit. Sehen Sie visuell, wie er **die Verbindung zu den dunklen, schwarzmagischen Energien durchtrennt**. Auch in diesem Fall **sehen Sie vor Ihrem geistigen Auge, wie die Verbindung zwischen Ihnen und dem Negativen** nun durchtrennt ist. Dies ist von größter Wichtigkeit!

Der Solarplexus, auch das Sonnengeflecht-Zentrum genannt, ist die Empfangsstation für Botschaften aus dem Jenseits. Aus der Sphäre der geistigen Welt erhalten wir die schöpferische Kraft, die uns letztendlich befreit.

- Sobald Sie vor Ihrem geistigen Auge gesehen haben, dass auch die letzte Verbindung durchtrennt ist, bitten Sie Serapis Bey um göttliche Hilfe und um Reinigung all Ihrer Chakras. Über die Kraft Ihrer Gedanken stellen Sie sich das göttliche Licht vor, dessen Strahl durch jede der sieben Hauptchakras fließt. Das Licht kommt von oben strahlend weiß durch das Kronenchakra herein, geht dann durch das Stirnchakra – Kehlkopfchakra – Herzchakra – Solarplexus – Milzchakra und zum Wurzelchakra wieder hinaus. Sie lassen so lange den göttlichen Strahl immer wieder erneut durch alle Chakras fließen, bis Sie visuell den Strahl hell wahrnehmen, wenn er das Wurzelchakra verlässt.

Diese Meditation mit Serapis Bey zur Reinigung der Chakras sollten Sie unbedingt in den darauffolgenden Tagen wiederholen. Falls Sie sich über Jahre hinweg unwohl gefühlt haben, integrieren Sie diese Meditation für die nächsten Wochen in Ihren Alltag.

- Bitten Sie nun Christus um Hilfe. Einige Minuten lang stellen Sie sich vor, wie der weiße Lichtstrahl von Christus in Ihr Herzchakra einfließt. Sobald Sie die Christusenergie im Herzchakra spüren, fangen Sie an, aus tiefster Seele der oder den Personen zu verzeihen, durch die Sie so sehr gelitten haben. Nur durch das Verzeihen werden Sie letztendlich wirklich frei, sodass Sie Ihren Lichtprozess auf der Seele machen können.

Das bedeutet nicht, dass Sie die Tat des anderen akzeptieren, sondern dass Sie nicht mehr gewillt sind, länger darunter zu leiden.

Falls Sie das Gefühl haben, nicht verzeihen zu können, holen Sie vorher die **Bereitschaft** zurück, jetzt, in diesem Augenblick dem anderen zu vergeben. In Gedanken sehen Sie, wie Sie Ihre Herzfenster öffnen und ein Energiestrahl der Liebe in Ihr Herz fließt. Sprechen Sie laut: **„Ich bin bereit zu verzeihen“**. Wenn Sie wirklich gewillt sind zu verzeihen, wird es Ihnen auch gelingen. Ansonsten versuchen Sie, den Vorgang des Vergebens solange zu wiederholen, bis Sie merken, dass Sie aus tiefster Seele verziehen haben. Sie sollten auf alle Fälle eine große Erleichterung in sich verspüren oder einen tiefen Seufzer der Befreiung hören.

Beim Abschluss der Meditation sollten Sie folgende Punkte genau beachten, da Ihre Seele mächtigen Kräften und Einflüssen ausgesetzt war.

- Vergessen Sie nicht, das Zimmer von den negativen Energien zu reinigen. Das ist sehr wichtig! Bitten Sie in der Meditation noch einmal Erzengel Michael um Hilfe. Sehen Sie vor Ihrem geistigen Auge den Lichtstrahl. Durch diesen göttlichen Strahl wird der Raum, in dem Sie sich befinden, von den dunklen, negativen Energien der niederen Mental- und Astralwelt befreit. *(Weihrauch ist für die Reinigung der Wohnung noch eine zusätzliche Unterstützung, ebenso das Raumspray Serapis Bey von Aura-Soma.)*

- Bedanken Sie sich in der geistigen Welt bei Christus, El Morya, Serapis Bey und Erzengel Michael für die große Hilfe.

- Beenden Sie jetzt die Meditation und kommen sie langsam zu sich. Trinken Sie zuerst reichlich Wasser und bleiben Sie noch liegen.

Durch das Verstehen der geistigen Gesetze sollten Sie die unterstützenden Chakra-Übungen, die den Körper betreffen und die Meditation, die die Seele betrifft, durch den erwachten Geist in Ihrem Alltag fortführen. Sie können zukünftig regelmäßig in Kontakt mit den himmlischen Wesen treten. Die Fähigkeit dazu ist tief in der Seele eines jeden Menschen vorhanden. Sobald Sie sich in der Meditation mit der geistigen Welt verbinden, lösen sich die seelischen und körperlichen Verwirrungen auf, der innere Druck weicht und das körperliche Unwohlsein verschwindet.

Der Sinn und das Verstehen der Erfahrungen im Leben

Wenn Sie alles richtig gemacht haben, sind Sie jetzt wieder mit den göttlichen Energien verbunden. Durch Ihre eigene Vorstellungskraft waren Sie in der geistigen Welt, wo die Quelle der Liebe, der Weisheit und positiver Macht ist. Sie konnten feststellen, dass die geistige Welt in Ihrer eigenen Seele die höheren Sphären reflektiert. Sobald Sie sich in Ihre Seelenwelt zurückziehen, erleben Sie eine Schwingungserhöhung. Ihre Aura verändert sich, weil auch sie sich der höheren Schwingung anpasst.

Nachdem Sie nun beide Welten bewusst kennengelernt haben, sollte das die Grundlage zur geistigen Weiterentwicklung sein, zudem ein wesentlicher Bestandteil des tieferen Verständnisses und Erkennens der geistigen Gesetze. Beachten Sie immer, dass der Mensch aus der Ebene die Energien anzieht, auf welcher der Stand seines geistigen Bewusstseins ist. Achten Sie stets darauf, mit wem Sie sich einlassen! Sehr oft wird eine tiefe, intensive Liebe von einer dritten, neidischen Person durch den Einfluss von praktizierter Schwarzmagie zerstört.

Zum Schluss:

- Sie liegen noch entspannt auf dem Rücken. Atmen Sie in das Wurzelchakra ein und kommen Sie bewusst auf der Erde wieder an. Stehen Sie danach langsam auf.

Denken Sie daran, dass Sie einen Teil Ihres Karmas auf diese Art verarbeiten mussten. Genau diese Karmaverarbeitung gehörte in diesem Fall zum individuellen Lernen dazu.

- Trinken Sie ab jetzt reichlich Wasser. Durch die Befreiung werden die Chakras langsam wieder geöffnet. Die im Körper gespeicherten Giftstoffe können nun abtransportiert und ausgeschieden werden.

- An den kommenden drei Tagen sollten Sie als Erwachsener unbedingt täglich drei Liter Wasser trinken. Danach nehmen Sie noch drei Tage je zweieinhalb Liter Wasser oder Grünen Tee ohne Zucker zu sich.

- In den nächsten sechs Tagen sollten Sie auf keinen Fall Schwarztee oder Alkohol trinken, weil durch die Befreiung ein großer Entgiftungsprozess im Körper stattfindet.

Schwarztee bindet das Wasser im Körper, Grüner Tee dagegen scheidet die Giftstoffe aus dem Körper aus. Die Nieren sind das weitaus wichtigste Ausscheidungsorgan, da sie unter anderem Stoffwechselschlacken und Gifte aus dem Blut abfiltern, die dann über den Urin ausgeschieden werden. Nicht nur der Wasserhaushalt, auch der Mineralhaushalt wird über die Nieren reguliert. Überschüssige Mineralsalze werden ebenfalls mit dem Urin ausgeschieden.

- Achten Sie in dieser Zeit ebenso auf leichte Kost. Gedünstetes Gemüse oder Reisgerichte, die verschiedenartig zubereitet werden können, sind leicht und bekömmlich.

Die Leber, das größte Drüsenorgan im menschlichen Körper, hat eine doppelte Funktion. Zum einen ist die Leber eine absondernde Verdauungsdrüse, zum anderen ein aufnehmendes Stoffwechselorgan. Sie ist für die Entgiftung und Ausscheidung toxischer Stoffwechselprodukte zuständig. Eine leichte Kost wirkt sich positiv auf die Verdauungsfunktion des Leber-Galle-Systems aus, denn eine ausreichende Gallenproduktion ist wiederum positiv für den Blutfetthaushalt.

- Nehmen Sie am siebten Tag ein Entgiftungsbad und baden Sie **mindestens zwanzig Minuten** lang.

Baden Sie entweder in Totem Meersalz-, Mineralsalz-, Algenbad oder in Flower Shower weiß von Aura-Soma. **Bei gesundheitlichen Bedenken oder im Zweifelsfall sprechen Sie mit Ihrem Arzt oder Heilpraktiker und bitten ihn um Rat und Unterstützung.**

- In den nächsten zehn Wochen können Sie einmal pro Woche für zwanzig Minuten ein Entgiftungsbad nehmen.
- Trinken Sie nach jedem Entgiftungsbad vermehrt Wasser, um die Giftstoffe und Schlacken aus dem Körper auszuschwemmen.
- Sie können die drei Chakras, die am stärksten von der Schwarzmagie betroffen waren, zusätzlich vier Wochen lang mit einem Heilstein unterstützen. Legen oder kleben Sie täglich je einen Bergkristall auf das Herzchakra, auf den Solarplexus und auf das Wurzelchakra. Die Dauer ist individuell verschieden und erfolgt nach Ihrer Intuition. Natürlich können Sie für jedes Chakra auch den passenden Heilstein auswählen:

Für das Herzchakra einen Rosenquarz oder Malachit,

für den Solarplexus einen Citrin,

für das Wurzelchakra einen Achat oder Hämatit.

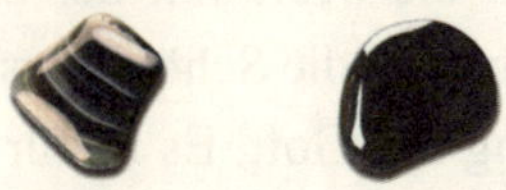

Zusätzlich können Sie sich unterstützen, indem Sie mit einer Bergkristallspitze wenigstens einmal pro Tag im Uhrzeigersinn langsam, mehrere Male hintereinander, kreisförmige Bewegungen über die Chakrapunkte machen, um die Öffnung der Chakras zu stabilisieren.

Der göttliche Plan zur Höherentwicklung der Seele

Es gibt für alle Menschen dieser Erde nur ein einziges gemeinsames Ziel, nämlich die goldene Welt des Friedens und des Glücks in sich wahrzunehmen. Um das innere Licht zu finden, sollten Sie sich täglich für kurze Zeit von der äußeren Welt zurückziehen. In der Meditation erreicht die Seele eine höhere Bewusstseinsebene, in der sie den Universalen Geist Gottes erfährt. Wer die göttliche Gegenwart in sich sucht, kann sich mit dieser Schwingung vereinen. Das Leben auf der Erde hat den Sinn, das kosmische Bewusstsein zu erlangen.

Über jede Religion kann sich die Seele mit der Sphäre des himmlischen Lebens verbinden. Hinter allem Leben steht die Schöpfungskraft Gottes, denn das Ziel einer jeden Seele ist die Verbindung mit Gott. Es ist für die Seele das Ziel allen Seins. Wer dieses kosmische Bewusstsein erreicht hat, kann sich selbst verlieren, um sein wahres ICH zu finden und sich mit Gott und mit dem Universalen Geist zu vereinigen. Diese Bindung stellt den Kontakt tief im Zentrum des eigenen Seins zum gleichen Geist her.

Der Mensch, der auf der Erde inkarniert ist, sollte Meister über die eigenen Emotionen und Schwächen werden. Das ist der Weg zur Höherentwicklung der Seele. Auf Notrufe lässt die geistige Welt den Menschen Hilfe zukommen. Hilfe kommt aus allen Ebenen der geistigen Welt. Jeder Mensch ist aufgerufen, beide Aspekte, die göttliche Intelligenz – die Weisheit – und die durch Lernen und Lesen angeeignete Intelligenz, miteinander auszubalancieren. Er zieht sich, seiner Lebensweise entsprechend, entweder positive oder negative Energien heran. Dieses Auf und Ab im Leben führt zur geistigen Höherentwicklung der Seele, es ist die Reflexion des eigenen Seeleninhalts.

Die Engel, Erzengel und Meister in der geistigen Welt sind die Helfer Gottes und sind immer bereit, uns Menschen bei unseren Problemen zu helfen. Jeder Mensch kann über seine Seele die Verbindung mit der geistigen Welt herstellen und jederzeit um Hilfe bitten. Wenn wir in der Meditation Kontakt zu der geistigen Welt aufnehmen, bekommen wir Einblick in die Herrlichkeit der Himmelswelt. Das ist Realität, es ist das Eintauchen ins Licht, es ist die einzige Wirklichkeit, letztendlich Ewigkeit. Es ist die goldene Welt des Geistes. Hier gelangt unser Bewusstsein zu der Erkenntnis, dass wir durch die Meditation eins sind mit Gott und mit allem Sein. Da kann sich die Seele entwickeln. Unsere Schwingung erhöht sich und wir werden eins mit allem Leben. Alles Leben und alle Menschen gehören zum gleichen Geist. Das Leben im Geist ist die einzige Realität.

Jedem Menschen, der die Absicht hat, sich in den Zustand des Bewusstseins der Universalen Gegenwart hineinzuversetzen, – den Himmel in seiner Seele zu finden–, steht es zu jeder Zeit offen, in diese goldene Welt einzutauchen. Wichtig ist zu wissen, dass alle Herrlichkeit in der eigenen Seele liegt. Dort findet man Hilfe, Liebe und Frieden. Die Seele eines jeden Menschen ist seine Oase. In einer echten, tiefen Meditation berührt die Seele die tiefen Wahrheiten des eigenen Selbst. Wer den Zugang in seine Seele gefunden hat, sieht das Licht und erschaut den Himmel und seine Herrlichkeit. Die Lichtwellen, die er dort vorfindet, kann er mit seiner Seele empfangen. Die Menschen, die im Meditieren geübt sind, können diese himmlischen Licht- und Schallwellen, die sich ihnen in der feinstofflichen Welt offenbaren, in ihrem Unterbewusstsein aufnehmen.

Himmel und Erde sind dein.

Psalmen 89.12

Wahre Kraft kommt durch die Verbindung mit der geistigen Welt

Jeder, der sich im Leben auf der Erde nach den göttlichen Gesetzen richtet und stets rechtens handelt, ordnet sich dem Willen Gottes unter. Es ist für jeden Menschen auf der Erde wichtig, im Einklang mit den göttlichen Gesetzen zu leben. Wer gedanklich mit der geistigen Welt verbunden ist, sich auf Gott einstimmt, wird vom Licht Gottes durchflutet. Wer den Geist Gottes lebt, geht mit erweitertem Bewusstsein durch das Leben, weil er ständig in Kontakt mit der geistigen Welt steht. Erst wenn der Mensch zur Ruhe kommt und in die Stille eintaucht, wird er von der Energie der Liebe erfüllt. Die Eigenschaft der Liebe ist die Essenz des Lebens. Der Mensch, der die Energie der Liebe ausstrahlt, ist mit Freude, Glückseligkeit und Wärme gesegnet, denn er ist Gott nahe, da er mit dem Herzen denkt und nicht mit dem Verstand.

Begeben Sie sich durch Ihre schöpferische Vorstellungskraft zu den Meistern in die geistige Welt. Sie helfen zu jeder Zeit, wann immer wir sie in der Meditation oder inständig im Gebet um Hilfe bitten, da sie die Verbindung zwischen Gott und uns Menschen sind. Diejenigen, die das Licht im Reiche Gottes suchen, sind in der Sphäre von Licht und göttlicher Macht. Diese göttliche Macht ist größer als jede irdische Macht, denn nur durch gottgewolltes Wirken und Handeln wirkt die Kraft des Geistes, die die Herzen der Menschen mit Liebe, Zufriedenheit und Frieden erfüllt. Nur in der geistigen Welt werden Sie sich der Liebe Gottes, seiner Kraft und seiner Strahlung bewusst.

Jeder von den Meistern und Erzengeln hat seinen eigenen Aufgabenbereich. Gott weiß um unsere Wünsche und Sorgen, deshalb stehen uns all seine göttlichen Helfer hilfreich zur Seite. Sie begleiten uns auf unserem Lebensweg und wecken in uns die Kräfte, die bei uns noch blockiert sind.

Das Geheimnis, dass die Menschen die positiven Energien in einer weiteren Form kennenlernen können, wurde der hellsichtigen Engländerin Vicky Wall in ihren Meditationen mitgeteilt. Durch die Zusammenarbeit mit den geistigen Helfern hat sie

„Aura-Soma“

auf die Welt gebracht. Sie konnte durch die genaue Anleitung, die sie medial empfing, den Menschen folgende Substanzen zur Verfügung stellen, die durch die verschiedenen Farben auf das Wohlbefinden von Körper, Geist und Seele wirken:

Equilibriumöle zum Einreiben (siehe Seite 130),
Meisterquintessenzen und **Pomander** für die Aura.

Das Ziel ist, dass der Mensch wieder zu Selbst-Bewusstsein kommt, um über die Selbsterkenntnis einen geistigen Seelenprozess machen zu können.

Das Einfächeln der Meisterquintessenzen in die Aura erleichtert uns, die Verbindung zu der geistigen Welt herzustellen. Die Farbe der einzelnen Quintessenzen ist mit dem Energiestrahl des jeweiligen Meisters identisch und deshalb sehr wertvoll, da sie sehr feine und hohe Schwingungen hat. Sie wirken auf unseren Astralkörper ein, in dem unser mitgebrachtes Potenzial und unser Bewusstsein gespeichert sind. Durch den Astralkörper stehen wir mit der astralen Welt in Verbindung. Die Farbschwingungen der Meister geben uns Schutz und Heilung, sie öffnen eine Tür in unserer Seele. Im Laufe der Zeit verbinden sich Seele und Geist zu einer Einheit. Der begrenzte irdische Verstand wird befreit, unser Bewusstsein erweitert sich.

In der Meditation erheben wir uns über die Erdensphäre und treten bewusst in die himmlische Welt ein. Wenn wir meditieren, sind wir voller Leben, spüren Gesundheit und ein unglaubliches Wohlgefühl. Die geistige Welt ist keine Einbildung, sondern sie ist Realität, sie ist näher als wir glauben, denn sie ist in uns. Hier offenbart sich uns die tiefe und formvollendete Wahrheit. In der Meditation ist der Mensch fähig, den Weg zu den inneren Mysterien und der Wahrheit zu finden. Das Licht in der geistigen Welt ist die Ursubstanz von allem, was lebt. Aus diesem Urlicht wurde alles Leben im Universum erschaffen. Dieses Licht ist in der Seele eines jeden Menschen zu finden. Jesus Christus reflektierte als Sohn Gottes dieses Licht der Menschheit.

Das Ziel jeder inkarnierten Seele auf der Erde ist, den göttlichen Plan zur Höherentwicklung der Seele zu erkennen. Das Leben von Christus auf der Erde ist auch die Lebensgeschichte einer jeden einzelnen Seele.

Der Zugang zur Weisheit liegt im Herzen. Es ist der freie Wille eines jeden Menschen, die Wahrheiten der kosmischen Mysterien zu erfahren. Solange die Seele nicht durch und durch von Liebe erhellt ist, kann sie nur ganz langsam wachsen. **Wer sein Herz heilt, dessen Bewusstsein erwacht und erweitert sich.** Der Sinn des Lebens ist, dass ein jeder ein erweitertes Bewusstsein erlangt. Hinter allem Leben und jedem Menschen wirkt das göttliche Gesetz, um das Wachstum der Seele entfalten zu können. Jeder Schicksalsschlag, jede Katastrophe, jedes Glück und jede Freude ist ein Teil des natürlichen Prozesses zur Entwicklung der Seele, da es zum göttlichen Plan gehört. Dieser gut durchdachte und durchkonstruierte Plan Gottes bringt jeder Seele irgendwann die Erlösung und die absolute Glückseligkeit. Nur wer die Liebe im Herzen lebt, ist Christus nahe. Derjenige, der den Geist Christus lebt, kann sich selbst erretten. Deswegen ist Christus die Erlösung für die ganze Menschheit.

Maria, die Mutter Jesus, steht uns Menschen als Vermittlerin zur Verfügung. Sie versucht, jede Seele zu retten. Jegliche Hilfe, die wir von den Meistern in der geistigen Welt erbitten, geht durch ihre Hände.

Durch die Verbindung zu den Meistern wird in der Meditation unsere Seele erhellt. Sie kann sich im Laufe der Zeit zu einer vollkommenen Seele entwickeln. Die Liebe, die wir durch die Verbindung mit der geistigen Welt erfahren, bringt uns in die Liebe, bringt den Frieden und die Ganzheit des Lebens. Wir sollten mit unseren Mitmenschen mitfühlen. Wer gefühlvoll mit seinem Nächsten umgeht, führt ein Leben in Liebe und im Licht.

Liebe ist Licht und Licht ist Liebe.

Wenn wir meditieren, finden wir das kosmische Christuslicht im Innersten unserer Seele. Dieses göttliche Licht in uns ist die Essenz des menschlichen Bewusstseins und allen Seins. Wer meditiert, wird von der göttlichen Liebe berührt und führt ein Leben im Licht. Wer sich mit dem Licht identifiziert, reflektiert Gott. Die empfundene Liebe ist die ewige Wahrheit des ewigen göttlichen Lebens. Sobald wir das Licht wahrnehmen, spüren wir, wie uns unser Schutzengel im täglichen Leben führt. Die Kraft der Liebe offenbart sich im Umgang mit unseren Mitmenschen.

In Christus ist alles zusammengefasst,

was Menschen jemals über Gott wissen können.

Kolosserbrief 2,3

Die Hilfe aus der geistigen Welt – Die Meister und ihr Aufgabenbereich

1. Meister Christus, Heiler des Herzens

Christus gibt uns die heilende Energie der Liebe, damit wir in Liebe unseren Tagesablauf gestalten. Er hilft uns bei geistiger und körperlicher Erschöpfung, sodass wir wieder Kraft für unsere tägliche Arbeit bekommen. Die Liebe ist die Erfüllung im Leben. Allein nur über die Liebe im Herzen können wir unser eigenes Potenzial zur Entfaltung bringen. Christus heilt unser verletztes Herz, er bringt uns in unser Sein, in das „ICH BIN".

2. Meister Hilarion, Helfer für den Neubeginn im Leben

Hilarion steht uns bei, die eigene Wahrheit zu finden. So können wir bei einem Neuanfang den richtigen Weg gehen, ruhig und gelassen neuen Situationen gegenüber stehen. Er hilft auch, unser eigenes Selbst zu verwirklichen und unsere Berufung zu erkennen.

3. Meister Kuthumi, Förderer der Intuition

Kuthumi hilft uns, wenn wir kein Vertrauen haben und deshalb Ängste leben. Durch ihn bekommen wir den Zugang zu unserer inneren Wahrheit und Weisheit, er bringt uns in unsere Intuition. Wer Vorausahnungen hat und Geistesblitze wahrnimmt, kann in diesem Moment erfahren, wie sich die Tür zur geistigen Welt öffnet. Wir lernen, ganzheitlich zu sehen und zu verstehen. Er unterstützt uns, die richtigen Entscheidungen zu treffen.

4. Meister El Morya hilft uns, der übergeordneten Kraft zu vertrauen

El Morya zeigt uns den Weg, wieder vertrauensvoll auf unsere innere Stimme zu hören. Er gibt uns die Kraft, dass wir mit Zuversicht unsere irdischen Probleme in die geistige Welt abgeben und unseren Willen dem göttlichen Willen unterordnen. Wir spüren die göttliche Führung, wenn wir nach der Ur-Weisheit leben: „Nicht mein Wille geschehe, sondern Gottes Wille geschehe." Sobald wir unseren Eigenwillen aufgeben und uns führen lassen, bemerken wir, dass wir immer zur richtigen Zeit am richtigen Ort sind und richtig handeln können.

5. Meister Djwal Khul lässt uns die eigenen Schwächen erkennen

Djwal Khul hilft uns, nach unserer eigenen Wahrheit zu leben und nicht nach der Wahrheit anderer, die glauben zu wissen, was gut für uns sei. Er gibt uns Antwort auf die Fragen, die uns und unsere Wünsche betreffen. Wir erkennen die Zeichen, die uns gegeben werden, um beruflich oder privat etwas zu verändern. Er unterstützt uns, dass wir uns an eine neue Lebenssituation schnell und leicht anpassen, sodass wir zielstrebig unseren vorbestimmten Weg gehen.

6. Meister Lady Portia, Verbündete der Menschen

Lady Portia trägt dazu bei, dass wir mit unseren Mitmenschen nett und freundlich umgehen. Wir kommunizieren mit den anderen, ohne Kritik zu üben, und lernen, Verständnis aufzubringen. In schwierigen Lebenslagen bleiben wir gelassen und ruhig, weil wir Situationen und Menschen annehmen, wie sie gerade sind. Wir lernen, das kritische Be- und Verurteilen loszulassen und nehmen den Lernprozess, der Teil des göttlichen Planes ist, dankend an.

7. Mutter Maria, die Mutter von Christus, Quelle der Liebe

Sie gibt uns das Gefühl, von Herzen geliebt zu werden. Wir fühlen uns eingehüllt in die Liebe, bei ihr können wir innige Mutterliebe empfangen. Mutter Maria gibt uns das Gefühl der Liebe und Geborgenheit und lässt uns in uns selbst die Quelle der Liebe finden. Das wiederum lässt uns die Liebe weitergeben. Die Sicherheit, beschützt zu sein, hilft uns, Eigenverantwortung für uns selbst zu übernehmen. Mutter Maria bringt uns in unser Bewusstsein und damit Gott näher. Somit gehen wir mit allen Lebewesen achtsamer und liebevoller um, auch mit der Mutter Erde.

**8. Meister Lao-Tse und Kwan-Yin
stehen uns in unserem Wachstumsprozess bei**

Sie helfen uns zu erkennen, dass alles vorbestimmt ist. Sobald wir beginnen, Gott und seinen Helfern in der geistigen Welt zu vertrauen, nehmen wir in allem die göttliche Führung wahr und kommen wieder in unsere innere Weisheit und in die positiven Energien. Durch das Vertrauen zu der Quelle höherer Wahrheiten erlangen wir inneren Frieden.

9. Meister Orion und Angelika lenken uns sanft auf unseren neuen Weg

Sie beschützen uns und zeigen uns den richtigen Weg, den wir gehen sollen. Ohne Unterbrechung ziehen wir unser Vorhaben durch. Unerwartete Schwierigkeiten räumen wir gelassen zur Seite, denn wir lassen uns bei unseren geplanten Veränderungen nicht in eine falsche Richtung führen.

10. Meister Lady Nada bringt uns in die Heilkraft der Liebe

Lady Nada stützt uns, damit wir vertrauensvoll unser Herz wieder öffnen. Dadurch können unsere Mitmenschen uns von unserer positiven Seite sehen, da wir uns warmherzig und gefühlvoll verhalten und Nächstenliebe leben. Durch Lady Nada erleben wir die Liebe tiefer und das Leben zeigt sich von seiner schönen Seite. Einfühlsam und verständnisvoll können wir anderen Menschen Trost geben. Mit der Zeit empfinden wir für alle Zuneigung und Liebe. Der Weg der Liebe führt letztendlich zu geistiger Entfaltung.

11. Meister Maha Chohan hilft bei der Wiedergabe geistiger Gesetze

Bewusstsein kann sich erst dann entfalten, wenn wir in Verbindung mit unserem inneren Selbst sind. Das Erkennen bringt Klarheit und trägt dazu bei, sich von der Last des Lebens zu befreien. Maha Chohan hilft uns, unser geistiges Wissen weitergeben zu können. Denn die Zeit ist gekommen, die Weisheit, die in uns steckt, zum Wohlergehen der Menschen zu verbreiten.

12. Meister Pallas Athene, Beistand auf dem Weg, Träume zu realisieren

Pallas Athene wirkt mit, wenn wir die geistigen Erkenntnisse in unserem Leben umsetzen. Wir erkennen, dass die Fülle Gottes auf der Erde gelebt werden kann, weil wir im Fluss des Lebens sind. Anstelle von Entbehrungen und Mangel erleben wir Fülle auf geistiger und irdischer Ebene. Wir verspüren Kraft und Energie, um tatkräftig unsere Träume konkret zu verwirklichen.

13. Meister Serapis Bey stützt uns auf der Suche nach der eigenen Identität

Serapis Bey bringt Klarheit und erlöst uns von den negativen Gefühlen gegenüber den Personen, an denen wir emotional noch festhalten. Außerdem befreit er uns von unserem Karma oder alten Verhaltensweisen, in denen wir noch gefangen sind. Er reinigt uns von negativen Energien, sodass wir einen großen Schritt ins Licht gehen können.

14. Meister Sanat Kumara hilft uns ganzheitlich zu heilen, um die unglaubliche Leichtigkeit des Seins zu erfahren

Sanat Kumara lässt uns spüren, dass es gut ist, dass wir hier auf dem uns zugewiesenen Platz auf der Erde sind. Er gibt uns Hilfestellung, wenn wir persönliche Verluste erlitten haben. Außerdem gibt er uns Kraft, den Schmerz loszulassen. Ganz gleich ob Körper oder Seele verletzt wurden, er vermittelt uns, dass wir uns für die ganzheitliche Heilung wieder öffnen. Was auch immer wir erlebt haben, Sanat Kumara lässt uns den ganzen Zusammenhang von der spirituellen Seite erkennen, sodass wir ganzheitlich heilen. Wir erlangen unsere seelische Freiheit wieder.

15. Meister Saint Germain hilft uns, unser mitgebrachtes Potenzial zum Vorschein zu bringen

Saint Germain unterstützt uns auf dem Weg, uns geistig weiterzuentwickeln. Jede neue Bewusstseinserweiterung ist ein Wunder des Lichts. Unser mitgebrachtes Potenzial zeigt sich immer mehr, sodass wir uns verwirklichen können. Diese Verwandlung unseres Selbst bringt uns wiederum in unsere eigene Heilkraft. Wir haben wieder Zugang zu den göttlichen Energien und können diese intuitiv nutzen.

Arbeiten Sie mit Geduld, Mut und Ausdauer an sich selbst und Sie erfahren Kraft, Hilfe und innere Entfaltung. Sobald Sie bereit sind, den Weg in Ihre Seele zu finden, werden Sie mit Ihrem eigenen Inneren in Berührung kommen. Um meditieren zu können, sollten zuerst Körper und Geist zur Ruhe kommen. Die Entwicklung des Geistes wird durch die Meditation gefördert und Ihre Seele wird tief beeindruckt sein. Legen Sie Ihre Alltagssorgen in die Hände eines der zuvor beschriebenen Meister, lassen Sie ab diesem Moment den Willen Gottes geschehen und vertrauen Sie der göttlichen Kraft.

Kapitel II

Wie Sie über den Geist
Körper und Seele wieder in Balance bringen

Die Chakras sind die Fenster für Energien aus dem Kosmos

Chakra bedeutet Rad oder Kreis und bezeichnet ein Energiezentrum im Körper. Der Mensch hat sieben Hauptchakras. Sie folgen anatomisch genau dem Verlauf vom Gehirn zum Rückenmark und entsprechen bestimmten Drüsen, dem endokrinen System. Die sieben Hauptchakras im menschlichen Körper sind im jeweiligen Körperbereich mit den entsprechenden Drüsen verbunden. Das endokrine System kontrolliert die verschiedenen Funktionen der Organe und Gewebe und das dazugehörende Chakra leitet die Lebensenergie zum Nervensystem. Durch das Ausscheiden von Enzymen und Hormonen werden diese Funktionen gesteuert.

Die Chakras haben eine wichtige Funktion, da sie Einfluss auf das psychische und das physische Wohlbefinden des Menschen haben. Die Lebensenergie muss ungehindert durch die Chakras fließen, damit sich der Mensch körperlich und seelisch gesund fühlt. Ohne Seelenarbeit über die Chakras kann keine Gesundheit erreicht werden. Je mehr Energie durch die Chakras fließt, desto gesünder und ausgeglichener fühlen wir uns, da auch unsere fünf Sinne in Beziehung zu unseren Chakras stehen.

Parallel zu den sieben Hauptchakras an der Vorderseite gibt es am Rücken, entlang der Wirbelsäule, jeweils ein Gegenstück. Zusammen stellen sie die beiden Aspekte des jeweiligen Chakras dar. Alle Einflüsse, denen wir ausgesetzt sind, ob seelisch oder körperlich, dringen unter anderem durch die Chakras in uns ein. Die Chakras sind die Zentren feinstofflicher Energien des Menschen. Sie sammeln, transformieren und verteilen die durchströmende Energie. Es sind die Punkte, an denen Seelisches und Körperliches ineinander übergehen.

Durch alle Hauptchakras und die einundzwanzig Nebenchakras fließt Energie. Als Nebenchakras werden die sensiblen Nervengewebe bezeichnet, die sich in den Handinnenflächen, an den Fußsohlen, in den Kniekehlen, vor den Ohren, hinter den Augen, auf der Brust, zwischen den Schlüsselbeinen, an der Thymusdrüse, am Solarplexus, an der Leber, am Magen, an der Milz und an den Geschlechtsdrüsen befinden.

Ist ein Chakra blockiert, ist auch die universelle Lebensenergie nicht mehr im Fluss: Die Energie, die als Wirbel wahrgenommen wird, beginnt zu stagnieren. Die Drehung wird langsamer oder wechselt im Laufe der Zeit sogar in die andere

Richtung. Dann fühlen wir uns körperlich krank, und das ist nun der Zeitpunkt, an dem wir uns klar werden müssen, **dass wir nur über Seelen- und Chakra-Arbeit gesund werden können.**

Durch das Bewusstwerden, dass die Emotionen, die wir täglich leben, unser Wohlbefinden beeinflussen, öffnen wir uns den höheren geistigen Weisheiten. Die Emotionen stehen in Zusammenhang mit den endokrinen Drüsen, sie zeigen nicht nur unseren psychischen Zustand, sondern auch die körperliche Verfassung an. Die Tätigkeit der endokrinen Drüsen (auch Hormondrüsen genannt) wird von den Hormonen der Hypophyse (Hirnanhangdrüse) gesteuert. Die Hormone beeinflussen bzw. regulieren die Stoffwechselvorgänge, Wachstum, Geschlechtsfunktionen und letztendlich auch das psychische Verhalten.

Der Sitz der sieben Hauptchakras

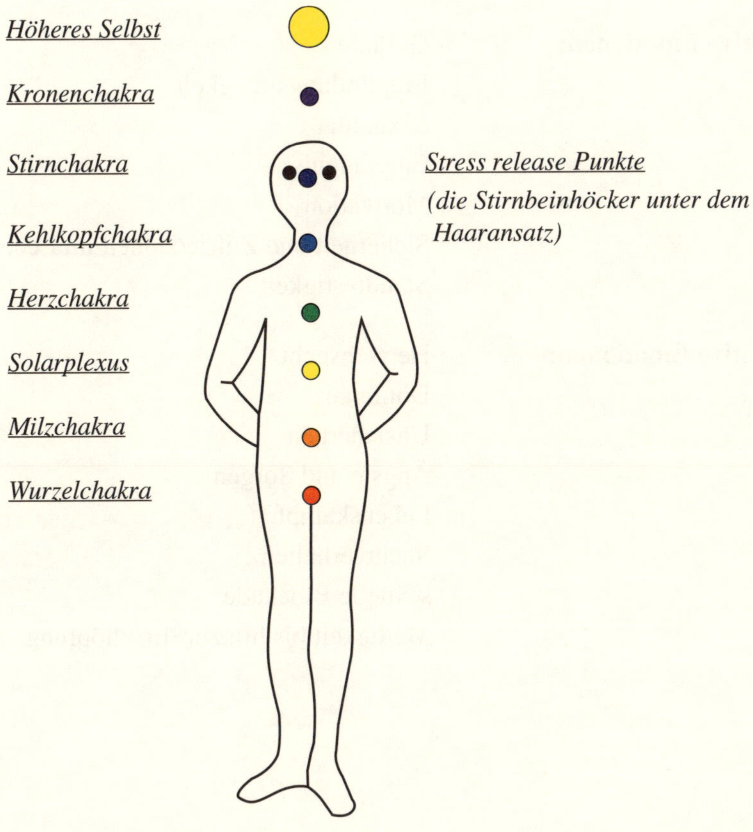

Die sieben Hauptchakras, die Emotionen und die Funktion der dazugehörigen endokrinen Drüse

WURZELCHAKRA

Endokrine Drüsen:

Keimdrüsen (Gonaden),
auch Geschlechtsdrüsen genannt.
Bei der Frau die Eierstöcke, beim Mann die Hoden, dienen zur Fortpflanzung.
Das wichtigste männliche Geschlechtshormon ist Testosteron. Es wird im Hoden gebildet und fördert die Ausbildung der männlichen sekundären Geschlechtsmerkmale (Kehlkopf, Bartwuchs, Körperbehaarung, tiefere Stimme).
Die weiblichen Geschlechtshormone fördern die Entwicklung der weiblichen Geschlechtsmerkmale und die typisch weiblichen Körperformen.

Positive Emotionen:

Gefühle
Empfindungsfähigkeit
Sexualität
Empfängnis
Motivation
Sicherheit und Zufriedenheit im Leben
Standfestigkeit

Negative Emotionen:

Herrschsucht
Dominanz
Unsicherheit
Ängste und Sorgen
Lebenskampf
Suchtverhalten
sexuelle Blockade
Müdigkeit bis hin zur Erschöpfung

SAKRALCHAKRA
(MILZCHAKRA)

Endokrine Drüsen:	Nebennieren Sie bestehen aus zwei hormonalen Organen, der Nebennierenrinde und dem Nebennierenmark. Die erzeugten Hormone werden als Kortikosteroide bezeichnet und sind in drei Gruppen unterteilt:
Mineralokortikoide:	Mineralstoffwechselhormone sichern das Gleichgewicht zwischen Natrium- und Kaliumsalzen im Körper.
Glukokortikoide:	Zuckerstoffwechselhormone fördern den Umbau von Eiweißen in Zucker, Umwandlung von Nicht-Kohlenhydraten in Energie.
Androkortikoide:	männlich prägende Hormone, rufen männliche Eigenschaften hervor.
Positive Emotionen:	vitale Lebenskraft Aktivität Wachstum Körperlichkeit Durchhaltevermögen
Negative Emotionen:	Unsicherheit Gefühl der Schwerfälligkeit Selbsttäuschung Konkurrenzverhalten

SOLARPLEXUS

Endokrine Drüse: Bauchspeicheldrüse (Pankreas), produziert Hormone und Verdauungssäfte (Bauchspeichel). Sie gibt lebenswichtige Hormone wie Insulin und Glukagon in das Blutgefäßsystem ab.

Positive Emotionen:
Vertrauen
Freude
Selbstvertrauen
emotionale Wahrnehmung
Individualität
Gesundheit

Negative Emotionen:
Ängste
Ignoranz als Selbsttäuschung
Angst vor Veränderung

HERZCHAKRA

Endokrine Drüse: Thymusdrüse
Bis zum Ende der Pubertät steht sie mit den Geschlechtsdrüsen und dem Wachstum in Beziehung. Das Hormon Thymosin fördert die Bildung und Reifung von Abwehrzellen des Immunsystems.

Positive Emotionen:
Göttliche Liebe
Liebe für sich, für andere, für alles, was lebt
positive Gefühle
Mitgefühl
Vergebung
Toleranz

Negative Emotionen:
Traurigkeit
keine All-Liebe
Gefühl, nichts wert zu sein
Verachtung

KEHLKOPFCHAKRA

Endokrine Drüse: Schilddrüse
produziert das jodhaltige Hormon Thyroxin. Es fördert die Gehirnreifung bei Neugeborenen, das Wachstum, die Entwicklung des Organismus.

Positive Emotionen:
Kommunikation, die vom Herzen kommt
Harmonie
Ausgeglichenheit
Spontaneität

Negative Emotionen:
Launen
Unausgeglichenheit
Überheblichkeit

STIRNCHAKRA

Endokrine Drüse: Hypophyse (Hirnanhangdrüse)
Die Hypophyse schickt verschiedene Hormone ins Blut:

Adiuretin: ist zuständig für die Wasserausscheidung der Nieren.

Gonadotropine: wirken bei dem Mann und bei der Frau auf die Geschlechtsdrüsen, regen deren Wachstum und Funktion an.

Somatotropin: ist zuständig für die Bildung von Eiweißstoffen und fördert das Längenwachstum.

Prolaktin: regt bei schwangeren Frauen die Milchproduktion in den Brustdrüsen an.

Positive Emotionen:
positive Gedanken
bewusstes Wahrnehmen der fünf Sinne
Fähigkeit, zu erkennen

Negative Emotionen:
Gedankenkarussell im Kopf
Unsicherheit
Härte

KRONENCHAKRA

Endokrine Drüse:	Epiphyse (Zirbeldrüse) Das entsprechende Hormon ist Melatonin. Melatonin hält die Tätigkeit der Keimdrüsen während der Kindheit im Zaum und wirkt so geschlechtlicher Frühreife entgegen.
Positive Emotionen:	Göttlicher Energiefluss geistige Entwicklung körperliche Entwicklung Situationen aus ganzheitlicher Sicht sehen
Negative Emotionen:	Kein wahrer Zugang zum Göttlichen Gefühl, haltlos zu sein

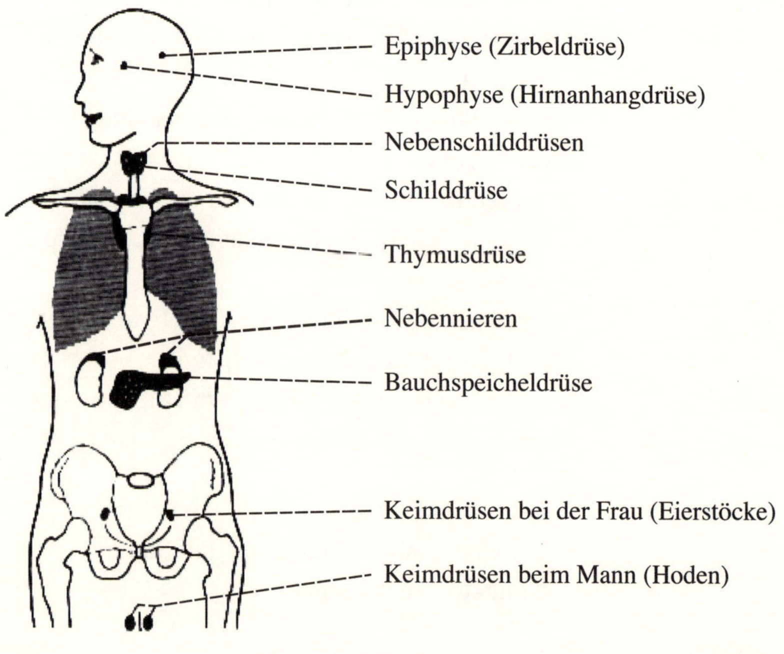

Ursache und Wirkung – Der natürliche Verlauf eines göttlichen Gesetzes

Die psychische Entwicklung eines Menschen steht in direktem Zusammenhang mit der Chakra-Arbeit.

Die erste Stufe der geistigen Entwicklung steht in Verbindung mit dem Wurzelchakra des Embryos im ersten Schwangerschaftsmonat. Bereits zu diesem Zeitpunkt sind die Gesundheit und die materielle Umgebung im Grundplan des Karmas fest manifestiert, zugleich auch die von der Seele gewählten karmischen Lektionen. Während der Entwicklungsphasen des Menschen übernimmt jedes Chakra die für die Person typischen psychologischen Muster.

Die Chakras sind die Fenster für die kosmischen Energien. Durch die Chakras wird die meiste Energie im Körper aufgenommen. Sie sind für das Gleichgewicht des Energiesystems maßgebend. In einem gesunden Körper dreht sich die Energie wie ein Wirbel und zieht immer wieder neue Energie vom universalen Energiefeld in den Körper hinein. Je weniger Lichtatome die Chakras durchdringen, desto mehr geraten die Chakras aus dem Gleichgewicht. Im Laufe der Zeit beginnt der Mensch, sich energielos, erschöpft oder sogar krank zu fühlen. In einem kranken Körper arbeiten die Energiewirbel nicht harmonisch miteinander. Durch die Disharmonie der Chakras gehen die Energie und das körperliche Wohlbefinden verloren.

Der Wunsch, glücklich, zufrieden und gesund zu sein, kommt nicht durch Zufriedenstellen der eigenen Wunschvorstellungen, sondern durch die Einheit des Geistes mit dem Großen Weißen Christuslicht, dem kosmischen Urlicht. Gesundheit ist das Ergebnis von positiv verarbeiteten seelischen oder körperlichen Schwierigkeiten des Alltags. Durch das Leid können wir unser Bewusstsein entfalten, denn nur durch die Erkenntnis des karmischen Gesetzes von Ursache und Wirkung erlangen wir die Balance von Körper, Geist und Seele. Wer den gewissen Punkt in seiner Seele, den Quell schöpferischer Kraft, in sich gefunden hat, ist glücklich. Glück erarbeiten wir uns, es ist die Folge eines spirituellen Lebens. Ein unglückliches Dasein ist das Ergebnis, wenn ein Leben nur mit dem Intellekt gelebt wird.

Wer in Frieden und Glück lebt, hat bereits die verschiedensten Stufen irdischer Erfahrungen positiv gemeistert und weiß durch das Lernen in vielen Inkarnationen, dass das Leben im Einklang mit Gottes Gesetzen geführt werden sollte. Dieses Gesetz wirkt in unserem Leben in jeder Minute unseres Seins. Selbst das Universum ist in dieses Gesetz mit einbezogen. Das Gesetz von Ursache und Wirkung lenkt das Leben aller Menschen, jedoch steht jedem sein Eigenwille jederzeit zur Verfügung. Genau dieses göttliche Gesetz bringt die nötigen Stresssituationen in unser Leben, damit wir seelisch reifen können. Anstatt nur uns und unsere alten negativen Verhaltensmuster anzuschauen, sollten wir unsere Gedanken nach innen wenden. Dann können wir Zusammenhänge erkennen. Wenn Ängste auftreten, können wir gedanklich oder im Gebet - am effektivsten in der Meditation – einen Erzengel, einen Meister oder unseren Schutzengel um Hilfe bitten. Die Helfer in der geistigen Welt geben uns Kraft, spenden Trost und können uns von unseren Ängsten oder unserer Verzweiflung erlösen. Die Angst weicht und wir spüren die Geborgenheit, sobald wir Vertrauen ins Göttliche haben. Durch die Meditation wird das urkosmische Christuslicht reaktiviert, das im Innersten eines jeden Menschen vorhanden ist. Auf diese Weise erarbeiten wir uns ein Gleichgewicht zwischen der inneren und der äußeren Welt.

In der Zeit des geistigen Wachstums brauchen wir **Durchhaltevermögen** und wir sollten lernen, **Toleranz**, **Vergebung** und **den Glauben an die Liebe** wieder zu leben. Auch sollten wir darauf achten, dass unsere **Gedanken positiv** sind, weil sie sich in unserem Reden und Handeln ausdrücken. Ein geistiger Wachstumsprozess ist immer die Suche nach der eigenen wahren Identität. Der Geist der Wahrheit bringt die Selbsterkenntnis. Sobald wir uns für die spirituelle Wahrheit öffnen, wird unser Herz berührt. Je mehr sich unser Bewusstsein erhöht, umso mehr verbinden wir uns mit dem göttlichen Licht.

Ein Mangel an geistiger Arbeit zeigt sich folglich in einer seelischen Erschöpfung, der stets eine physische Energielosigkeit und Ermüdung folgen. Krankheiten entstehen immer nur durch ein Manko an spirituellem Bewusstsein. **Die Personen, die hauptsächlich ihrer Arbeit Priorität einräumen, sollten die Notwendigkeit geistiger Arbeit erkennen, über die Bedeutung der spirituellen Aspekte nachdenken und die unsichtbare Kraft des Lichts wahrnehmen**. Jeder spirituelle Gesichtspunkt hat Einfluss auf den Geist, auf die Seele und auf den Körper des Menschen. Es wird eine Strahlung göttlicher Energie erzeugt, die das Herzchakra aktiviert. Wer die Liebe lebt, lebt auch die geistigen Gesetze. Wer die geistigen Gesetze nicht lebt, schneidet sich selbst irgendwann von der göttlichen Kraftquelle des Lebens ab. Diese Trennung vom wahren Selbst bringt letztendlich Leid für die Seele.

Wer die Zusammenhänge des irdischen Lebens und der geistigen Welt begreift, kommt zu der Erkenntnis, dass ein Leben dazu da ist, einen geistigen Wachstumsprozess zu machen, um das erträumte Leben voll Harmonie, Glück und Zufriedenheit zu erlangen. Der niedere Verstand – unser Intellekt – und der höhere Verstand – die göttliche Führung – sollten eine einheitliche Schwingung haben. Im Inneren entsteht Frieden, im Äußeren kann ein erfolgreiches Leben in Harmonie gelebt werden.

Der Mensch ist Geist, deshalb bleibt er auch auf der physischen Ebene ein Teil Gottes. Derjenige, der seinen innewohnenden Geist stärkt, sich also geistig ständig weiter entwickelt, kann sich über die Materie erheben. Sobald wir die Materie nicht mehr festhalten, können wir aus dem Rad des irdischen und seelischen Leids aussteigen. Erst dann können wir den Wert all unserer negativen Erfahrungen im Leben als das Wichtigste für unser Leben schätzen.

Dem göttlichen Willen ist jede Seele unterstellt, weil jede Seele ein einzigartiger Teil Gottes ist. Gott hat zu jeder einzelnen Seele eine Beziehung. Deshalb sollte kein Mensch seine Beziehung zu Gott in Frage stellen. Obwohl jeder Mensch ein einzigartiges Individuum ist, erlangt er sein Selbst- Bewusstsein nur über ein SICH-GOTTES-BEWUSSTSEIN. Dieses Ziel ist allein zu erreichen im Zusammenwirken mit den Seelengruppen auf gleicher Entwicklungsstufe in der geistigen Welt, die dort eine einheitliche Sphäre bilden.
Ein stets positiver Mensch signalisiert über seine Seele dieser Seelengemeinschaft, als Transformator des Lichts fungieren zu wollen. Es ist das Ergebnis eines über viele Inkarnationen vollzogenen Seelenprozesses, denn nur dann ist der Wunsch in der Seele vorhanden, das Licht Gottes auszustrahlen.

Das sind eigentlich glückliche Leute,

die überall Gott vernehmen, überall Gott finden.

Diese Leute sind eigentlich religiös.

Novalis

Sieben Chakra-Übungen, um das Gleichgewicht wiederherzustellen

Das Wurzelchakra

Ist das Wurzelchakra bereits über längere Zeit blockiert, haben wir das Gefühl, dem Körper die fehlende Energie durch längere Ruhepausen oder durch Tabletten zuführen zu müssen. Doch durch kontinuierliche Energiearbeit können wir jedes Chakra wieder öffnen. Wählen Sie unter den sieben verschiedenen Anregungen täglich die für Sie geeigneten Übungen aus.

Auch durch die Veränderung der bisherigen negativen Verhaltensmuster und Grundüberzeugungen werden die Energiebewegungen des Chakras neu geordnet. Durch regelmäßige Chakra-Arbeit sind die Zeiträume, in denen das Chakra geöffnet ist, immer länger und stabiler. Wir fühlen uns körperlich gesünder und verspüren wieder Energie. Zusätzlich bekommen wir ein positives Gefühl für uns selbst, was wiederum die Freude am Leben zurückbringt, sodass wir das Leben wieder lieben und genießen können.

Unsere Mitmenschen empfinden unsere Gegenwart als wohltuend. Die eigenen Träume können verwirklicht werden, da wir eine optimistische Einstellung dem Leben gegenüber haben. Dadurch geben wir unserer Seele ein Gefühl der Freude, denn wir schwingen mit dem Strahl des Lichts, was unser Leben in Harmonie bringt. Wir werden eins mit der lichtvollen Schwingung, sodass das Potenzial, das in uns steckt, genutzt werden kann. Die Fähigkeiten, die wir haben, können wir umsetzen und zum Ausdruck bringen. Durch den göttlichen Energiefluss sind wir fähig, Unglaubliches zu leisten, was früher nicht möglich gewesen wäre. Über die Energiearbeit mit den Chakras machen wir einen körperlichen und einen seelischen Prozess durch.

Die seelische Entwicklung wird durch universelle Einflüsse, besonders heutzutage, seit Beginn des neuen Jahrtausends, beschleunigt. Der Sinn des Lebens ist es, dass durch die Arbeit mit dem Licht die Seele lichtvoller wird. Seele und Geist reifen und erheben sich auf eine höhere Stufe. Dadurch verbinden wir uns mit der kosmischen Christusenergie und Lichtatome gelangen in den physischen Körper, der dadurch feinstofflicher wird.

1. Energieverbindungen

Hören Sie auf Ihre Stimme im Bauch, auf die innere Führung? Vertrauen Sie der göttlichen Führung oder versuchen Sie, alles vom Kopf her zu regeln, indem Sie für Ihre Probleme Ausreden suchen, sodass Ihre Sicht der Dinge für Sie wieder stimmig ist?

Versuchen Sie jetzt einmal, den irdischen Verstand für kurze Zeit auszuschalten. Gehen Sie in sich, um den höheren Verstand wahrzunehmen. Es ist für viele Menschen schwierig, auf die innere Stimme zu hören, da ihnen der Alltag physisch und psychisch viel abverlangt. Die innere Stimme wahrzunehmen und auf sie zu hören, setzt voraus, dass Sie sich der geistigen Weisheiten und Ihrer Fähigkeiten bewusst werden. Wer mutig ist und der inneren Stimme folgt, blockiert nicht mehr den göttlichen Fluss. Die göttliche Führung zeigt sich darin, dass in Ihrem Leben viel Positives geschieht.

Jeder von Ihnen hat bestimmt schon einmal die Situation erlebt, nach dem Besuch von älteren oder pflegebedürftigen Familienmitgliedern sehr müde und erschöpft zu sein. Vielleicht ergeht es Ihnen ebenso mit einem Geschäftskollegen oder Geschäftspartner, sodass Sie abends überanstrengt und energielos von der Arbeit nach Hause kommen. Vielleicht empfinden Sie auch in Bezug auf einen Partner oder eine Ihnen nahestehende Person eine Überforderung, die manchmal schon glauben lässt, Sie seien den irdischen Anforderungen nicht mehr gewachsen. Haben Sie den Eindruck, dass Sie das Leben, das Sie eigentlich leben möchten, nicht leben können? Denken Sie bisweilen, dass Sie trotz aller Bestrebungen diesen innerlichen Druck nicht loswerden können? Haben Sie gleichzeitig das Gefühl, völlig überlastet zu sein?

Der Grund ist bei fast allen Menschen derselbe. Eine andere Person zieht Ihnen – zum Teil über viele Jahre hinweg – durch energetische Verbindungen im Wurzelchakra Ihre Energie ab! Weil diese andere Person **nicht bereit ist, ihre eigenen Schwachpunkte sehen zu wollen und anzuschauen,** werden mit einer gewissen Arroganz der Ichbezogenheit energetische Verbindungen an Sie gesetzt. Energieverbindungen sind unsichtbare Kräfte, die einen permanent niedrigen Energiepegel bescheren. Wenn die andere Person nicht an ihrer eigenen geistigen Höherentwicklung interessiert ist, **steigern sich unbewusst die verdrängten Emotionen**. Bei den Personen, die angeblich keine Zeit haben, einen geistigen Entwicklungsprozess zu machen und sich nur beruflich weiterentwickeln wollen, fließt ein weiterer Ausdruck der planetarischen Kräfte und der göttlichen Macht mit ein. Es sind die Einflüsse jener Mitglieder der höheren Welten, die für das Karma zuständig sind. Diese Einflüsse aus der geistigen Welt wirken in Bezug auf das göttliche Gesetz, hängen aber von dem Bewusstseinszustand der Seele ab.

Wer glaubt, sein Leben nur über den Verstand regeln zu wollen, bei dem stellen sich **Unsicherheit** und **Mutlosigkeit** ein. Aus der **anfänglich unbewussten Angst vor dem Leben** entstehen im Laufe der Zeit **konkrete Ängste**, gleichzeitig werden auch die Energieverbindungen an den Partner vermehrt gelegt. Weitere negative Gefühle wie **Hilflosigkeit** und **Misstrauen** sind die Folge der negativen Gedanken, die Einschränkungen und Probleme mit sich bringen. Der unbewusste Kontakt zu der negativen unsichtbaren Führung hat einen destruktiven Einfluss auf das ganze Leben. Das Gleichgewicht geht verloren.

Versuchen Sie als „Opfer", an das Energieverbindungen gesetzt wurden, Ihre Freiheit wiederzuerlangen. Lösen Sie sich aus der Abhängigkeit, in die Sie aus Mangel an geistigem Wissen hineinmanipuliert wurden. Vergegenwärtigen Sie sich Ihr Leben. Versuchen Sie festzustellen, ob vielleicht auch Sie subtil, über die mentale Ebene, in Ihrer Freiheit eingeschränkt werden. Als Benachteiligter und Leidender unterwerfen Sie sich der anderen Person, ohne es bewusst zu merken.

Die folgenden zwei Beispiele sollen verdeutlichen, wie die betroffenen Personen die täglichen Energieeinbußen, deren Ursache energetische Verbindungen sind, wahrnehmen und darunter leiden. Gleichzeitig werden die unterschiedlichen Ursachen erläutert, warum die Energieverbindungen vom Partner gelegt werden.

Beispiel 1:

Eine junge Frau suchte Hilfe bei mir. Sie litt seit Beginn ihrer Ehe unter chronischer Müdigkeit und benötigte vermehrt Schlaf. Was immer sie an Medikamenten oder guten Ratschlägen ausprobierte, nichts half. Durch angstvolle negative Gedanken hatte sie letztendlich das Gefühl, womöglich krank zu sein. Beruflich arbeitete sie mit Kindern. Sie liebte ihre Arbeit. Dennoch quälte sich die junge Frau von montags bis freitags durch die Woche. Jeden Tag ging sie müde nach Hause. Sie erzählte mir, dass sie abends, sobald sie sich auf die Coach legte, nach spätestens fünfzehn Minuten einschlief. Ihr Mann beschwerte sich täglich darüber.

Ich stellte fest, dass der Mann sich die Energie der jungen Frau nahm, um seine menschliche Schwäche auszugleichen, die von einer Blockade aus der Kindheit herrührte. Aus der eigenen Unsicherheit heraus legte er über die Mentalebene ungefähr dreißig Energieverbindungen an ihr Wurzelchakra.

Zwei Tage nach der Korrektur und der Ablösung der Energieverbindungen bekam der Ehemann überraschend eine Erkältung. Es war in seiner sechsjährigen Ehe das erste Mal, dass er grippekrank wurde. Sie dagegen war in der Ehe häufig krank gewesen. Denn durch die jahrelang bestehenden energetischen Verbindungen hatte der Ehemann ständig die Energie von seiner Frau abgezogen, was bei ihr zu einem permanenten Erschöpfungszustand führte, der sie körperlich schwächte und krankheitsanfälliger machte. Nach der Ablösung fühlte sie sich gut, fit und unternehmungslustig. Ungefähr ein halbes Jahr später rief mich die junge Frau überglücklich an. Sie war endlich schwanger geworden, was vorher wegen der vielen energetischen Verbindungen nicht möglich gewesen wäre, da das Wurzelchakra völlig blockiert war.

Beispiel 2:

Eine andere Frau, die schon dreiundzwanzig Jahre verheiratet war, fühlte sich ebenfalls ständig müde. Sie entwickelte gegen ihren Ehemann mit der Zeit immer mehr Aggressionen. Sie erzählte mir, sie erhalte von Ihrem Arzt schon über viele Jahre hinweg Mineral- und Aufbaupräparate, dennoch verbesserte sich der Allgemeinzustand nicht. Jeden Tag fühlte sie sich abgeschafft, erschöpft und schlafbedürftig. Seit der Eheschließung benötigte sie über die ganzen Jahre hinweg vermehrt Schlaf.

Auch in diesem Fall beschaffte sich der Ehemann durch energetische Verbindungen zusätzliche Energie. Er versuchte, seine Frustrationen und seine menschlichen Schwächen, deren Ausgangspunkt in der Kindheit lag und mit seinen beiden Schwestern und mit persönlichen Einschränkungen zu tun hatte, über ein arrogantes Machtbewusstsein Frauen gegenüber zu kompensieren. Im Gegensatz zu Beispiel 1, in dem der Mann „nur" Energie von seiner Frau abzog, hat dieser Mann nicht nur Energie abgezogen, sondern obendrein noch seine unterdrückte Wut über die Energieverbindungen an seine Frau weitergegeben. Nach der Ablösung dieser Energieverbindungen reagierte er ungefähr drei Wochen lang mit verstärkter Müdigkeit. In dieser Zeit ging er sogar zwei bis drei Stunden früher als gewöhnlich zu Bett, sie dagegen braucht seit dieser Ablösung weniger Schlaf und keine Aufbaupräparate mehr. Außerdem ist sie wieder, wie vor der Ehe, ausgeglichen und glücklich, da sie kein *„Switching"* mehr zulässt.

Willst du wissen was in dir steckt,
so handle.

Johann Wolfgang von Goethe

Vorbereitung zur Lösung von Energieverbindungen

- Ziehen Sie sich allein in ein Zimmer zurück, setzen Sie sich bequem hin und machen Sie zur Entspannung einige Atemübungen. Legen Sie die linke Hand in die rechte Handinnenfläche vor sich auf Ihren Schoß. Atmen Sie gedanklich in Ihr Wurzelchakra. Atmen Sie in Ruhe sieben Mal ein und aus. Beim Einatmen in das Wurzelchakra gehen die Schultern leicht nach oben, beim Ausatmen wieder nach unten.

Fühlen Sie sich in Ihr Wurzelchakra ein. Es ist durchaus möglich, dass Sie die energetischen Verbindungen vor Ihrem geistigen Auge sehen. Andernfalls versuchen Sie, mit einem Pendel die Anzahl der Verbindungen abzufragen. Nehmen Sie ein Pendel zur Hand oder benutzen Sie eine Kette in der Länge von ungefähr fünfzehn bis zwanzig Zentimetern.

- Falls Sie noch nie gependelt haben, sagen Sie zuerst laut *„ja“* und beobachten, in welche Richtung sich das Pendel bei Ihnen dreht.

Stellen Sie nach jeder Frage zuerst wieder den Kontakt mit einer festen Fläche her, ehe Sie die nächste Frage stellen:

- Danach sagen Sie laut *„nein“*. Nun müsste sich der Ausschlag des Pendels von der ersten Bewegung unterscheiden. Normalerweise schwingt das Pendel kreisförmig oder in einer geraden Linie hin und her. Falls das Pendel überhaupt nicht ausschlägt, sind Sie noch nicht bereit, über das Pendel in der geistigen Welt abzufragen. Legen Sie es dann sofort zur Seite.

- Fragen Sie konzentriert die geistige Welt, ob Sie pendeln dürfen. Bei einem „nein“ legen Sie augenblicklich das Pendel beiseite.

- Bei einem „ja“ stellen Sie die nächste Frage: *„Sind energetische Verbindungen in meinem Wurzelchakra vorhanden?“* Schlägt das Pendel wiederum mit „ja“ aus, fragen Sie weiter: *„Wie viele energetische Verbindungen bestehen?“* Zählen Sie die Verbindungen, bis das Pendel nicht mehr antwortet und notieren Sie sich die Zahl.

- *„Sind die Verbindungen von einer Person?“* Bei einem „nein“ fragen Sie weiter: *„Von zwei Personen?“*...

- Zum Schluss fragen Sie noch, ob Sie selbst Verbindungen an eine andere Person gesetzt haben und wie viele.

Sofortige Hilfe, um unsichtbare Energieverbindungen zu lösen

Erst wenn der Mensch die Erkenntnis erlangt hat, dass in seinem Leben auf der Erde alles göttlich geführt ist, wächst die tiefe Überzeugung, dass nie etwas rein zufällig geschieht. Da jedes Leben durch das göttliche Gesetz gelenkt wird, passiert alles nur, um aus den Erfahrungen zu lernen.

- Legen Sie sich bequem nieder, schließen Sie die Augen. Stellen Sie gedanklich den Kontakt entweder zu Ihrem Schutzengel oder zu dem vorher ausgesuchten Erzengel her. (Die Liste mit den Namen der Erzengel finden Sie auf den Seiten 138-139).

- Wenn Sie mental die Verbindung mit Ihrem Schutzengel aufgenommen und um göttlichen Schutz gebeten haben, versuchen Sie, die Person, die energetische Verbindungen an Sie gesetzt hat, gedanklich vor sich zu sehen. In Ihrer Vorstellung schneiden Sie nun mit einer Schere alle Energieverbindungen durch.

- Sobald Sie vor Ihrem geistigen Auge sehen, dass die Energieverbindungen durchschnitten sind, erklären Sie im Geist der anderen Person, dass Sie nicht länger gewillt sind, sich Ihre Energie abziehen zu lassen.

- Im Anschluss daran verzeihen Sie der Person, die Energieverbindungen an Sie gesetzt hat. **Die Vergebung ist von großer Wichtigkeit**, da Sie eventuell über viele Jahre hinweg unfreiwillig Energie abgegeben haben, was Ihre Lebensqualität beeinträchtig hat.

- Haben Sie selbst Energieverbindungen an jemanden gelegt, ist es ebenso wichtig, diese zu lösen. Bitten Sie die andere Person um Verzeihung.

- Bedanken Sie sich danach bei dem Engel, der Sie begleitet hat, und kommen Sie langsam wieder zu sich.

Setzen Sie die Grenzen, nachdem Sie nun ein Freiheitsgefühl verspüren, neu fest! Fassen Sie den Entschluss, neue Lebensregeln aufzustellen. Da unbewusst, durch die positiven oder negativen Gedanken, ein ständiger Energiefluss zwischen den betroffenen Personen stattfindet, sollten Sie die zwischenmenschlichen Beziehungen sofort auf Freiheit, Offenheit, Vertrauen und Ehrlichkeit neu festlegen.

Energieverbindungen werden grundsätzlich von Personen gelegt, die entweder

- kein Vertrauen zu sich selbst haben,
- bewusste oder unterschwellige Ängste leben oder
- eigennützig, egoistisch und besitzergreifend sind.

Energieverbindungen werden also entweder aus Schwäche oder aus selbstsüchtigen Motiven gelegt, in jedem Fall stellen sie gegenüber der schwächeren Person ein indirektes Machtbewusstsein dar.

Die Lektion mit den energetischen Verbindungen muss bewusst körperlich wahrgenommen werden, sodass sie im innersten Wesen verstanden und gelernt wird. Sie werden Herr über den eigenen Körper, denn Sie erlangen durch das Bewusstwerden energetischer Verbindungen die Meisterschaft über Ihren physischen Körper. Frei zu sein von energetischen Verbindungen bedeutet für den Körper, dass die Chakras harmonisch miteinander arbeiten. Mit dem Verstehen dieses göttlichen Gesetzes im irdischen Leben fließt geistiges Licht in den Körper. Durch Ihre geistige Weiterentwicklung helfen Sie auch der anderen Person, zu wachsen.

- Wiederholen Sie nach der energetischen Ablösung in den nächsten fünf Wochen wenigstens zweimal täglich folgende Affirmationen und visualisieren Sie zu jeder Affirmation ein für Sie passendes Bild:

„Ich hole mir die Befreiung zurück."
„Ich hole mir meine Standfestigkeit zurück."
„Ich bin bereit, mein eigenes Potenzial und meine Fähigkeiten wieder voll auszuschöpfen."

Derjenige, der durch energetische Verbindungen ständig unter Druck gesetzt wird, bekommt vom Partner in der Regel noch Ratschläge und Anweisungen, die ihm tägliche Disziplin abverlangen und zu noch mehr menschlichen Konflikten führen.

Übt ein Partner seine Macht aus, indem er nonverbal nicht sichtbare, aber spürbare Energieverbindungen legt, verliert der andere unaufhaltsam die Kontrolle über sich und bemerkt nur, dass er mit der Zeit immer mehr blockiert ist. Die Person fühlt sich erschöpft, haltlos, energielos und unterlegen. Unbewusst wird man in die Opferrolle gedrückt und beherrscht, da der Partner versteckt und nicht fassbar seine Macht auslebt. Diese Einschränkung hat nicht nur Auswirkungen auf das körperliche Wohlbefinden, sondern auch auf die Seele.

Eine Partnerschaft, ob es sich um die Liebe oder um eine geschäftliche Beziehung handelt, sollte niemals binden und schwächen. Das menschliche Drama beginnt immer dann, wenn der eine vom anderen Besitz ergreift. Es ist der Anfang einer leidvollen Beziehung, gleichzeitig ein karmischer Lernprozess.

Nur durch die Entfaltung des Höheren Selbst und die gedankliche Ausrichtung auf Gott bleibt man bei sich. Sobald Sie auf Ihre Intuition hören, sind Sie ehrlich sich selbst gegenüber. Die wahre, von Herzen kommende Liebe wirkt befreiend und macht stark. Nur in machtfreien Beziehungen kann die Liebe harmonisch und wunderschön gelebt werden.

Freiheit wird nicht mit dem Streben nach Freiheit, sondern mit dem Streben nach der Wahrheit erlangt. Freiheit ist kein Ziel, sondern eine Folge.

Lew N. Graf Tolstoj

Sie können die Chakras durch Meditation und tägliche Energiearbeit effektiv unterstützen. Die erste Voraussetzung ist, dass Sie die Chakra-Arbeit regelmäßig durchführen. Ausreden jeglicher Art sind negative Einflüsse, die Sie vermeiden sollten, weil Sie sich dadurch selbst Hindernisse in den Weg stellen. Diese Übungen sind keine zusätzliche Belastung für Sie. Nehmen Sie sich jeden Tag einige Minuten Zeit, um Ihren Wunsch nach Veränderung zu realisieren. Lassen Sie das Alte los und gehen Sie ins Neue. Jeder Tag ist erneut ein kleiner Schritt hin zur Veränderung. Gehen Sie in die Selbstliebe, dann siegt der Wunsch nach Veränderung über die negativen Gefühle.

2. Richtiges Atmen ist die Voraussetzung zur Erhaltung der Gesundheit

Die Aufgabe der Lunge und der Atemwege ist, dafür zu sorgen, dass den Körperzellen immer ausreichend Sauerstoff zur Verfügung steht. Ohne Sauerstoff ist menschliches Leben nicht möglich. Die Atemwege sind die Verbindung zwischen der Außenluft und der Lunge. Sie reinigen die Atemluft von Schmutzpartikeln. Den oberen Atemwegen werden die Nase und der Rachenraum zugeordnet, den unteren Atemwegen der Kehlkopf, die Luftröhre und der Bronchialbaum. Beim Einatmen gelangt die Luft in die Luftröhre, die sich in zwei große Bronchien aufteilt. Die Bronchien sehen aus wie die Äste eines Baumes. Die kleinsten Äste des Bronchialbaumes enden in den Lungenbläschen, auch Alveolen genannt. Beim Einatmen findet im Bruchteil einer Sekunde ein Gasaustausch statt. Die Alveolen füllen sich mit Sauerstoff, in sie hinein wird beim Ausatmen Kohlendioxyd abgegeben. Die Atmung wird im Gehirn vom Atemzentrum gesteuert.

- Machen Sie bewusst Atemübungen in das Wurzelchakra, am besten an der frischen Luft oder in einem ruhigen Zimmer. Legen Sie dabei beide Hände auf das Wurzelchakra.

- Drücken Sie die Zunge hinter die vorderen Schneidezähne an den Gaumen. Konzentrieren Sie sich auf Ihren Atem. Nun atmen Sie langsam tief durch die Nase in das Wurzelchakra ein, bis sich Ihr Bauch wölbt und die Lunge mit Luft voll gepumpt ist. Sagen Sie sich gedanklich beim Einatmen:
  „Ich atme Licht ein."

Durch die Macht der Gedanken können Sie sich einen göttlichen Lichtstrahl vorstellen, der durch Ihren Körper bis zum Wurzelchakra führt.

- Beim Ausatmen durch den Mund lockern Sie die Zunge wieder. Sagen Sie sich gedanklich: *„Ich atme Licht aus."*

- Versuchen Sie das Ein- und Ausatmen harmonisch und fließend miteinander zu verbinden. Stellen Sie sich vor, wie sich das Chakra öffnet. Wieder holen Sie diese Atemübung siebenmal hintereinander. Danach integrieren Sie diese Atemübung, wie Essen und Trinken, wenigstens einmal täglich in Ihren Tagesablauf, bis Ihr Wurzelchakra dauerhaf geöffnet bleibt. In der Anfangsphase ist es ratsam, nicht zu tief einzuatmen oder den Atem anzuhalten. Falsches Atmen könnte Schwindelgefühle hervorrufen.

Fangen Sie langsam an, dann steigern Sie allmählich Ihre Atemübungen.

Besonders diejenigen, die in Großstädten leben, hetzen gestresst durch den Tag und sind häufig außer Atem. Sie haben den Eindruck, durch die tägliche Arbeit oft überfordert und überlastet zu sein. Viele Menschen verabschieden sich von dieser Welt vor der eigentlichen, vorbestimmten Zeit, weil der Körper durch das Einatmen von unreiner Luft und falschem, ungenügendem Ausatmen die Giftstoffe in der Lunge festhält. Nur wenige Menschen sind sich wirklich bewusst, wie lebenswichtig richtiges Atmen ist. Diese Menschen atmen bewusst gänzlich aus, um auf diese Weise die Lungen von Schadstoffen zu leeren.

Zu wissen, wie man richtig atmet, ist die Voraussetzung zur Erhaltung der Gesundheit und eine Hilfe, Krankheiten zu überwinden. Die meisten Menschen haben die Angewohnheit, flach zu atmen. Somit bleibt der größte Teil der unreinen Luft in der Lunge hängen. Machen Sie es sich zur Gewohnheit, richtig zu atmen. Atem ist Leben. Lernen Sie mit der Zeit, tief ein- und vollständig auszuatmen. Mit jedem Atemzug entspannt sich der Körper ein bisschen mehr, gleichzeitig auch der Geist. Das richtige Atmen bringt Ruhe und Frieden, beruhigt die angespannten Nerven, löst körperliche und seelische Verspannungen. Durch die Sauerstoffzufuhr beruhigt sich der Körper, der Geist klärt sich und das Bewusstsein erweitert sich. Bewusstes Ein- und Ausatmen stärkt die Organe, erneuert die Zellen und stimuliert den Stoffwechsel.

Der menschliche Organismus besteht aus vielen Zellen, deren Aufgaben untereinander abgestimmt sind. Die Zelle besteht aus zwei Untereinheiten, dem Zytoplasma und dem darin liegenden Zellkern. Er stellt das eigentliche Kraftzentrum dar. Die Zellen empfangen Informationen und senden sie gleichzeitig weiter. Die aus der Nahrung gelösten Stoffe werden aufgenommen, umgebaut, verwertet, transportiert und ausgeschieden. Die Zellen sind in sich wie eine eigenständige „Werksanlage“. Sie wachsen und teilen sich und wehren Eindringlinge ab. Jeder sollte Kenntnisse über die wichtigen Funktionen des Körpers haben. Die täglichen Eindrücke gelangen über das Nervensystem in die Gehirnzellen, somit auch in das Bewusstsein. **Durch richtiges Atmen erweitert sich unsere Bewusstseinsebene.** Es lohnt sich, wenn Sie sich zukünftig fest vornehmen, zweimal pro Woche – wenigstens eine halbe Stunde lang – in die Natur zu gehen. Das Wichtigste ist, dass Sie bewusst auf Ihren Atem achten.

3. Affirmationen

- Wiederholen Sie laut oder in Gedanken mehrmals täglich die positiven Affirmationen.
- Dabei achten Sie konzentriert auf das Atmen in das Wurzelchakra.
- Zu jeder Affirmation stellen Sie sich das passende, positive Bild vor. Dadurch bekommen Sie eine positive Einstellung sich selbst und dem Leben gegenüber.

Die beiden nachfolgenden Affirmationen betreffen das Wurzelchakra. Wenn Sie diese positiven Sätze bewusst in sich aufgenommen haben, führt Sie die Macht Ihrer Gedanken einen Schritt weiter auf Ihrem Weg zu einem positiven Leben. Bekräftigen Sie mit intensivem Gefühl und Überzeugung die gedanklich gesprochenen Worte:

- *„Ich hole mir die Kraft zurück, mein eigenes Leben zu leben."*
- *„Ich hole mir die Gelassenheit dem Leben gegenüber zurück."*

Wenn Sie die Kraft Ihrer Gedanken für diese Affirmationen konstruktiv nutzen, können Sie Ihr Leben positiv beeinflussen. Alle Dinge sind möglich, wenn Sie mit fester Überzeugung daran glauben. Durch die Kraft der positiven Gedanken kommen die göttlich positiven Eigenschaften zum Wirken. In Ihrem Leben werden Wunder geschehen. Durch die Gedanken, über die Sie die positiven oder negativen Emotionen leben, werden die Weichen für Ihre Zukunft gestellt.

Aufgrund eines kosmischen Gesetzes wird im Geist durch die Gedanken die Zukunft programmiert, die sich in Ihrem Leben konkretisiert. Machen Sie sich bewusst, dass die Seele aus dem Geistigen kommt, dass jede Seele göttlich ist und Sie Geist sind. Die größte Macht des Menschen ist seine schöpferische Kraft und das Vorstellungsvermögen ist die Eingangstür. Die innere Kraft ist die Kraft Gottes. Wer im Licht leben möchte, sollte sich mit positiven Gedanken der eigenen inneren Welt zuwenden, denn dort ist der Ort des Geistes.

Es gibt nichts Machtvolleres als das Denken.

Menander

4. Farben

Unsere sieben Hauptchakras mit dem jeweiligen Körperbereich zeigen sieben verschiedene Farben auf. Farben sind Energien, Energien sind Licht und das Licht ist in sieben farbige Strahlen eingeteilt. Farben haben eine universelle Sprache. Jedes Chakra-Zentrum kann, wie bereits erwähnt, durch

- richtiges Atmen
- Affirmationen
- Meditation, zum Beispiel farbige Chakra-Meditation
- entsprechende Farben der Kleidung
- durch die Licht- oder Umgebungsfarben

stark unterstützt werden.

Mit den Augen erkennen wir zahlreiche Farben, aber mit dem Höheren Bewusstsein werden weitaus mehr Farben wahrgenommen. Die nicht sichtbaren Farbanteile der Farbe, die wir sehen, haben nämlich auch einen direkten Einfluss auf uns, da sie auf der gleichen Wellenlänge des sichtbar bestehenden Farbstrahls schwingen. Jeder Mensch schwingt auf seinem eigenen Farbstrahl.

Jeder, der sich für die geistige Welt öffnet, kann sich der Licht- und Farbstrahlen des kosmischen Christuslichts bedienen. Von jedem der sieben Hauptfarbstrahlen geht eine andere Heilschwingung aus. Farben können helfen, den Körper und die Seele zu beeinflussen und zu therapieren. Jede Farbe gibt eine Energie ab, in der verschiedene Informationen enthalten sind. Farbe schwingt durch sämtliche Ebenen unseres Wesens. Die Informationen der Farben von der körperlichen Ebene sind die, welche im Moment an der Oberfläche sichtbar sind. Die Farben von unserer seelischen und geistigen Ebene zeigen unseren bisher erarbeiteten Entwicklungsstand an. Die Summe aller Farben-Anteile in uns führt uns zum ganzheitlichen Aspekt, es ist der Weg zu Gott. Die anderen Farben sind über die vielen Inkarnationen hinweg noch überlagert, aber auch sie werden durch geistige Entwicklungsprozesse sichtbar.

Die Emotionen, die wir gerade leben, stehen in direktem Zusammenhang mit den Farben, für die wir uns instinktiv entscheiden. Dies zeigt sich in unserer täglichen Bekleidung, in der Ernährung, sogar in der Wohnungseinrichtung. Farben sind eine Hilfe und Unterstützung, da jede Farbe eine andere Bedeutung hat. Die Information einer Farbe ist entweder anregend oder beruhigend. Außerdem kann eine Farbe positive Aspekte auslösen und/oder negative Aspekte auflösen. Farben suchen wir aus entsprechend unserem Seelenleben und unseren Empfindungen.

Die Aura ist unser Energiefeld, es ist der Lichtschein um den menschlichen Körper. Wir sind durch unsere Aura in Farben eingehüllt und durch die Natur, die Umwelt und unser Zuhause von Farben umgeben. Unser jeweiliger Gemüts- und Gesundheitszustand, genauso wie unsere Lebensgewohnheiten verändern unsere Aura. Anhand der ausgesuchten Farben können wir uns selbst erkennen und unser Seelenleben analysieren.

Die Hände, Füße, Beine und der Unterleib zählen zum Wurzelchakra und gehören der Farbe Rot an. Tragen Sie zur Unterstützung des Wurzelchakras rote Kleidung, beispielsweise

- rote Socken
- rote Hausschuhe
- rote Schuhe
- rote Unterhose
- rote Hose
- roten Rock

Farben sind der Ausdruck unseres Seins

Gott ist Liebe und Licht und geistiges Licht enthält alle Farben

Farbe ist die Sprache Gottes

Farbe	positiver Aspekt	negativer Aspekt
Weiß:	Reinheit Licht Klarheit und Erkennen	Perfektionist
Violett:	unterstützende Begleitung im Heilungsprozess Verbindung zum Höheren Selbst Einssein mit allem, was lebt	Leiden die Erdung fehlt
Blau:	Frieden Einsicht inneres Gleichgewicht Gedankenkontrolle	Verlorenheit Reserviertheit Härte
Grün:	im Herz sein und Gefühle zeigen Offenheit Mitgefühl	Gefühl, eingeengt zu sein. Kann Gefühle nicht ausdrücken
Gelb:	Weltzugewandtheit Freude Leichtigkeit des Seins	Gelassenheit fehlt Leere Ehrgeiz nervliche Überreizung Isolation
Orange:	sich einfach gut fühlen Ausdehnung das Leben sinnvoll gestalten	Unruhe Angst haben Ignoranz als Selbsttäuschung
Rot:	Energie Aktivität Enthusiasmus	Erschöpfung Müdigkeit Aggression

5. Ernährung

Bevorzugen Sie bei Ihrer Ernährung eine abwechslungsreiche und leichte Kost. Zur Erhaltung der körperlichen und der geistigen Gesundheit und Leistungsfähigkeit gehört eine ausgewogene Ernährung. Bewusste, gesunde Ernährung zeigt eine Wirkung im Körper. Während der Mahlzeit sollten Sie mit Bedacht langsam und gründlich kauen, weil damit die Aufspaltung der Nahrungsstoffe bereits eingeleitet wird. Die lebenswichtigen Bestandteile der Nahrung werden vom Organismus verwertet, aufgeschlossen und abgebaut.

Achten Sie beim Kauf von Obst, Gemüse und anderen Nahrungsmitteln auch auf die Farben. Denn Sie können sich auch über die Ernährung in allen sieben Chakra-Bereichen unterstützen. Während der Arbeit mit dem Wurzelchakra sollten Sie gezielt auf die Farbe Rot achten.

Zum Beispiel: Gemüse:
roter Paprika
Rote Beete
Tomaten
rote Bohnen
Rotkraut.....

Obst:
Erdbeeren
Himbeeren
Holunder
Kirschen
Johannisbeeren
Granatapfel...

Mit roten Getränken können Sie sich noch zusätzlich helfen. Es gibt eine Vielzahl an roten Säften und roten Kräutertees.

Die meisten Obst- und Gemüsesorten sind erfrischend und erfrischende Nahrungsmittel stärken das Blut. Nahrungsmittel wie zum Beispiel Chili, roter Peperoni oder Glühwein haben eine erhitzende Wirkung auf den Körper.

6. Heilsteine

Heilsteine setzen sich aus Mineralien und Spurenelementen zusammen, die auch im menschlichen Organismus enthalten sind. Deshalb wirken sie positiv auf unseren Körper. Sie haben die gleichen Schwingungen wie wir Menschen. Diese positiven Schwingungen nehmen wir durch das Tragen oder Auflegen der Halbedelsteine in unseren Organismus auf. Physisch wirken sie heilend, harmonisierend und ausgleichend. Psychisch haben sie eine schützende Funktion, deren sich die Menschen schon in früheren Kulturepochen bewusst waren.

Über die Haut und die Chakras werden die Schwingungen in unserem vegetativem Nervensystem und dem endokrinen System aufgenommen. Durch die roten Heilsteine wird die rote Energie, die dem Wurzelchakra zugeschrieben ist, balanciert und harmonisiert. Die negative Energie des blockierten Chakras wird in positive Energie transformiert.

Folgende Edelsteine oder Halbedelsteine haben eine heilende Wirkung auf das Wurzelchakra:

- Achat – da es Achate in verschiedenen Farben gibt, eignet sich der rote Blutachat am besten für das Wurzelchakra
- Granat
- Roter Jaspis
- Hämatit
- Mahagonieobsidian
- Rubin

Sie können den Heilstein direkt auf das Wurzelchakra auflegen oder Sie tragen ihn abwechselnd für mehrere Stunden in der rechten beziehungsweise in der linken Hosentasche.

Nach der täglichen Arbeit mit dem Heilstein sollten Sie ihn unbedingt entladen und reinigen. Entweder legen Sie den Stein über Nacht in Wasser mit Meersalz oder Sie lassen einige Minuten kaltes Wasser über den Stein laufen. Falls der Heilstein sich mit der Zeit in der Farbe verändert, trübe wird oder Risse bekommt, hat er Ihnen bei Ihrer Chakra-Arbeit geholfen und seine positiven Schwingungen an Sie abgegeben. Laden Sie ihn noch einmal in der Sonne auf, geben Sie dann den Stein der Erde zurück und ersetzen Sie ihn durch einen neuen.

7. Aura-Soma Equilibrium-Öl

Das Chakra-Set von Vicky Wall enthält sieben farbige Equilibrium-Öle. Die Wirkung der Farben auf die Psyche des Menschen und auf den menschlichen Körper ist schon seit Jahrtausenden bekannt. Farben beeinflussen die menschlichen Emotionen, da jede Farbe eine bestimmte Wellenlänge und Energie hat. Farben fördern das Wohlbefinden auf allen Ebenen. Jede Farbe hat wertvolle Schwingungen, die unser Unterbewusstsein wahrnimmt.

Für jedes Chakra ist ein bestimmtes Equilibrium-Öl zuständig, das Sie in Ihrer Chakra-Arbeit hilfreich unterstützen kann. Die farbigen Equilibrium-Öle bestehen aus natürlichen Substanzen:

- Kräuterextrakten und
- Kristallenergien

Die verschiedenen Farben enthalten wichtige Informationen und gelten als Vermittler zwischen den feinstofflichen Ebenen und der materiellen Ebene.

Sie können die Equilibrium-Flasche Nummer 6 – rot über rot – täglich auf das Wurzelchakra auflegen oder das Equilibrium-Öl, genau nach Gebrauchsanleitung, rundum auf die betroffene Körperzone auftragen. Hier werden die Schwingungen dieser natürlichen Substanzen auch auf den feinstofflichen Ebenen, die Hilfe benötigen, aufgenommen.

Die Energiearbeit für die anderen Chakras

Milzchakra

Energetisches Band: Falls Energieverbindungen im Milzchakra vorhanden sind, lösen Sie diese.

Atemübungen: Atmen Sie bewusst mehrmals in das Milzchakra ein und denken Sie dabei:

„Ich atme Entspannung ein."
„Ich atme die Anspannung aus."

Affirmationen: „Ich hole mir den Willen, leicht zu leben, zurück."

Durch die Macht der positiven Gedanken erschaffen Sie sich eine neue Welt.

Farbe: Unterstützen Sie sich bei dieser Chakra-Arbeit mit der Farbe orange. Das Tragen einer orangefarbenen Brille ist eine zusätzliche Hilfe.

Ernährung: Integrieren Sie in Ihren täglichen Speiseplan Lebensmittel mit der Farbe orange. Zum Beispiel:

Gemüse: Kürbis, Karotten, Kartoffeln....
Obst: Aprikosen, Pfirsich, Nektarinen, Datteln, Feigen, Rosinen, Papaya, Mango....
Getränke: Malzbier, Maishaartee, Apfelsaft....

Heilsteine:
Heliotrop
Feueropal
Karneol

Aura-Soma-Öl:
Equilibriumflasche
Gelb über Rot

Solarplexus

Energetisches Band: Falls Energieverbindungen im Solarplexus vorhanden sind, lösen Sie diese.

Atemübungen: Atmen Sie bewusst mehrmals in den Solarplexus ein und denken Sie dabei:

„Ich atme Freude ein."
„Ich atme Traurigkeit aus."

Affirmationen: „Ich will und ich kann."
„Ich hole mir die Zufriedenheit zurück."

Stellen Sie sich durch die Kraft Ihrer Gedanken Ihr Leben positiv und gesund vor. Sie erschaffen sich im Geiste bildlich Ihre neue Welt.

Farbe: Unterstützen Sie sich bei dieser Chakra-Arbeit mit der Farbe gelb. Das Tragen einer gelben Farbbrille ist ebenfalls eine Hilfe.

Ernährung: Integrieren Sie in Ihren täglichen Speiseplan gelbe Lebensmittel. Zum Beispiel:

Gemüse: Mais, Karotten, gelber Paprika, Sellerie, Champignons, Hirse....
Obst: Honigmelone, Ananas, Mango, Zitrusfrüchte, Bananen, Kaki.....
Getränke: Orangensaft, Multivitaminsaft, Kamillentee, Lavendelblütentee....

Heilsteine: Citrin
Bernstein
Orangencalcit
Gelbe Jade

Aura-Soma-Öl: Equilibriumflasche
Gelb über Gold

Herzchakra

Energetisches Band: Falls Energieverbindungen im Herzchakra vorhanden sind, lösen Sie diese.

Atemübungen: Atmen Sie bewusst mehrmals hintereinander in das Herzchakra ein und sagen Sie sich:

„Ich atme Liebe ein.“
“Ich atme das Unglücklichsein aus.“

Affirmationen: „Ich hole mir die Freiheit des Herzens zurück.“
„Ich hole mir das Gefühl, geliebt und respektiert zu sein, zurück.“

Sehen Sie sich in Gedanken in Harmonie und Frieden.

Farben: Unterstützen Sie sich bei dieser Chakra-Arbeit mit den Farben pink oder grün. Die entsprechende Farbbrille ist eine zusätzliche Hilfe.

Ernährung: Integrieren Sie in Ihren Speiseplan Lebensmittel mit der Farbe grün. Zum Beispiel:

Gemüse:	Zucchini, grüner Paprika, Spinat, Chicoree....
Obst:	Trauben, Birnen, Kiwi, Äpfel....
Getränke:	Grüner Tee, grüne Obstsäfte....

Heilsteine:
Rosenquarz
Malachit
Olivin (Peridot)
Smaragd
Rosa Kunzit
Rhodochrosit

Aura-Soma-Öl:
Equilibriumflasche
Blau über Grün

Kehlkopfchakra

Energetisches Band: Falls Energieverbindungen im Kehlkopfchakra vorhanden sind, lösen Sie diese.

Atemübungen: Atmen Sie bewusst mehrmals in das Kehlkopfchakra ein und aus und denken Sie dabei:

„Ich atme Freude und Ausgeglichenheit ein.“
„Ich atme die Unausgeglichenheit aus.“

Affirmationen: „Ich hole mir die Entspannung zurück.“
„Ich hole mir das eigene Denken und das eigene Sprechen zurück.“

Stellen Sie sich in Gedanken Dialoge mit bestimmten Personen vor. Sprechen Sie in der Konversation das aus, was Sie denken, und sagen Sie, was Sie schon immer dem anderen sagen wollten. Realisieren Sie die neue Veränderung im Alltag!

Farbe: Unterstützen Sie Ihr Kehlkopfchakra mit einem blauen Halstuch oder tragen Sie einen blauen Rollkragenpullover. Eine weitere Hilfe ist das Tragen einer hellblauen Farbbrille.

Heilsteine:
Chalzedon
hellblauer Saphir
Dumortierit
Aquamarin
blauer Topas

Aura-Soma-Öl:
Equilibriumflasche
Blau über Blau

Stirnchakra

Energetisches Band: Falls Energieverbindungen im Stirnchakra vorhanden sind, lösen Sie diese.

Atemübungen: Atmen Sie bewusst mehrmals täglich in das Stirnchakra ein und denken Sie dabei:

„Ich atme Entspannung ein."

und beim Ausatmen:

„Ich atme Anspannung aus."

Affirmationen: „Ich hole mir die Klarheit sowie mein eigenes Denken zurück."

Entspannen Sie Ihren Geist und lassen Sie all die belastenden Gedanken abziehen.
Stellen Sie sich vor, wie eine Wolke, die voll gefüllt mit Ihren negativen, sorgenvollen Gedanken aus Ihrer Stirn in Richtung Sonne fliegt. Daraufhin visualisieren Sie, wie durch die Lichteinwirkung der Sonne die negative Wolke wie ein Feuerwerkskörper explodiert und nun Lichtfunken auf die Erde fallen.

Farbe: Blaue Kleidung wirkt beruhigend auf das Stirnchakra. Das Tragen einer blauen Farbbrille unterstützt noch zusätzlich die Chakra-Arbeit.

Heilsteine: Sodalith
Azurit
Lapislazuli
Saphir

Aura-Soma-Öl: Equilibriumflasche
Blau über Tiefmagenta

Kronenchakra

Atemübungen:

Beim Einatmen denken Sie:
„Ich atme Frieden ein."
beim Ausatmen denken Sie:
„Ich atme Unzufriedenheit aus."

Affirmationen:

„Ich hole mir das Wissen, göttlich geführt zu sein, zurück."

Stellen Sie sich in Gedanken vor, wie ein göttlich weißes Licht um Sie herum erstrahlt. Benutzen Sie die positive Kraft des Geistes und der Gedanken. Sehen Sie sich auf Ihrem lichtvollen Lebensweg von Ihrem Schutzengel göttlich beschützt und geführt.

Farbe:

Unterstützen Sie sich in dieser Chakra-Arbeit mit der Farbe violett. Eine violette Farbbrille ist eine zusätzliche Hilfe.

Heilsteine:

Amethyst
Violetter Fluorit
Violette Jade
Lavendelquarz
Sugilit

Aura-Soma-Öl:

Equilibriumflasche
Königsblau über Tiefmagenta.

Die Equilibrium-Flaschen helfen, die eigene Identität zu finden.

Es ist sehr wichtig, dass Sie nach jedem Befreiungsprozess sieben Tage lang täglich zweieinhalb bis drei Liter Wasser trinken. So helfen Sie den Nieren, Giftstoffe, die der Körper nicht mehr verwerten kann, aus dem Blut zu filtern und über den Urin auszuscheiden. Zur weiteren Entgiftung des Körpers eignen sich Mineralsalz-, Meersalz- oder Algenbäder. Bei gesundheitlichen Bedenken fragen Sie vorher Ihren Arzt oder Heilpraktiker.

Öffnen Sie Ihre Chakras langsam, damit Sie den Wachstumsprozess auch verarbeiten können. Mit dem Beginn des Prozesses werden Sie sich immer mehr entdecken. Die eigene innere Realität wird Schritt für Schritt mehr bewusst. Gewinnen Sie neue Erkenntnisse über Ihr Leben und über sich selbst. Die Gefühle, die durch die Umwandlung freigesetzt werden, sollten Sie erst einmal emotional verarbeiten. Sie sind in einem Transformationsprozess, da Sie bereit sind, sich auf eine tiefere Bewusstseinsebene einzulassen, um Ihr Leben positiv zu verändern. Nur mit Selbstdisziplin und Standhaftigkeit können Sie das Ziel erreichen.

Bei geistigen Entwicklungsprozessen sind immer Engel anwesend. Es ist der Plan Gottes, dass sich der Mensch in seiner Entwicklung der Anwesenheit der Engel und Erzengel bewusst ist, denn sie stehen uns zur Unterstützung jederzeit zur Verfügung. Jeder Mensch hat nach der Geburt einen Schutzengel und erleuchtete Wesen aus der geistigen Welt an seiner Seite, die ihn durch das Leben begleiten. Derjenige, der den Sinn und das Wissen vom universellen Plan Gottes erkannt hat, weiß, dass er jederzeit Hilfe aus der geistigen Welt bekommen kann. Nur durch die Meditation mit der geistigen Welt fließt Licht in die Seele ein und durch die meditativen Erfahrungen werden der Geist und das ganze Sein mit Licht durchflutet.

Die Seele kann durch die Kommunikation mit den Engeln wachsen. Das Bewusstsein entfaltet sich. Durch die geistige Entfaltung und die Einhaltung der geistigen Gesetze finden wir den Frieden in uns selbst.

Nichts ist dem Geist erreichbarer

als das Unendliche

Novalis

Die Namen und Aufgaben der Erzengel

Die Erzengel warten nur darauf, uns Menschen helfen zu können. Kommen Sie zur Ruhe. Bringen Sie durch bewusstes Atmen, durch die Beherrschung der Gefühle und durch das Loslassen der eigenen Vorstellungen den eigenwilligen Verstand unter Kontrolle. Dann kann die seelische Gelassenheit einkehren. Durch die schöpferische Vorstellungskraft können Sie aus der emotionalen Gedankenwelt austreten und sich mit den Erzengeln verbinden. In der Stille in sich selbst finden Sie den Schlüssel, um das Tor in die göttliche Welt aufzuschließen. Diese innere Welt ist die Heimat der geistigen Helfer. Durch Meditation kann Ihr Bewusstsein die höheren Sphären erreichen und Sie bemerken, dass Sie den Himmel, der Wirklichkeit ist, in Ihrem Inneren finden.

Erzengel Michael setzt sich für das Gute und Positive ein. Er steht uns bei, unsere Ängste zu bezwingen. Wenn wir in einer negativen Situation in Schwierigkeiten geraten, können wir Erzengel Michael um Hilfe bitten. Die Lage entspannt sich und wird einen positiven Ausgang haben. Er unterstützt uns, die Vergangenheit und unsere Ängste loszulassen und einen neuen Weg zu beschreiten.

Erzengel Jophiel hilft uns, unsere Ideen in die Tat umzusetzen, sodass wir unsere Bedürfnisse selbst erfüllen können. Sobald wir uns der eigenen Intuition öffnen, unterstützt er uns. Erzengel Jophiel vermittelt uns, dass Geben und Nehmen im Gleichgewicht sein sollten.

Erzengel Chamuel gibt uns das Gefühl des Geliebtseins und der Geborgenheit, sodass wir voll Vertrauen und sicher durch das Leben gehen können. Erzengel Chamuel unterstützt uns, die Liebe zu leben, die unsere Seele berührt. Außerdem vermittelt er uns die Energie der Liebe. Wir spüren, dass wir wertvoll und der Liebe wert sind.

Erzengel Gabriel steht uns bei, dass wir unsere gesetzten Ziele auch erreichen können. Auf unserem Lebensweg gibt er uns Licht, um klarer zu sehen und zu erkennen. Erzengel Gabriel hilft gezielt, dass wir unser Leben positiv verändern können.

Erzengel Raphael hilft uns, auf körperlicher, geistiger und seelischer Ebene in die Balance zu kommen. Bei unserer spirituellen Weiterentwicklung führt er uns auf neue Wege und in ein höheres Bewusstsein. Wir erkennen, dass wir ein Teil des Ganzen sind. Durch das Verstehen der universellen Gesetze bekommen wir eine positive Einstellung zum Leben.

Erzengel Uriel zeigt uns den Weg ins Licht, um unser Leben mit ganzem Einsatz positiv zu meistern. Er gibt uns Zuversicht und Optimismus, sobald wir uns mit ihm in der geistigen Welt verbinden. Er durchdringt die tieferen Schichten unseres Bewusstseins, sodass wir die Schwierigkeiten unseres Daseins mit eigener Kraft auflösen können.

Erzengel Zadkiel unterstützt uns, die täglichen Schwierigkeiten, die uns belasten, gelassen anzunehmen und aufzulösen. Wenn durch emotionale Stimmungen etwas in Bewegung gerät, weil eine Veränderung ansteht, hilft er mit seiner Energie, die negativen Emotionen in positive zu verwandeln. Dadurch können wir wieder die eigene Intuition wahrnehmen und uns für die Informationen, die wir aus der geistigen Welt erhalten, erneut öffnen.

Erzengel Metatron hilft uns, in unsere Stärke zu kommen, damit wir uns erneut für die Kraft der Liebe öffnen. Er steht uns unterstützend bei, unsere Schwierigkeiten zu verstehen. Indem wir die innere Sicht schärfen, können wir die negativen und veralteten Standpunkte loslassen.

Es gehört zum großen Plan Gottes für die Entwicklung der Seele, dass sich die unguten, oft schmerzlichen Erfahrungen, die wir aufgrund unseres Lernprozesses in diesem Leben machen müssen, problemlos lösen lassen, sobald wir die geistige Welt um Hilfe bitten.

Durch Selbsterkenntnis zur Selbstverwirklichung

Verbinden Sie sich bewusst mit der geistigen Welt, denn sie ist die Sphäre des Bewusstseins. Die geistige Welt ist in jedem von uns. Wer in der Meditation nach innen geht, kann sich mit der geistigen Welt verbinden. Durch die Berührung mit den Lichtwesen spüren Sie den göttlichen Einfluss, der eine Umwandlung mit sich bringt. Die Meditation hilft durch das Christuslicht, Gott in der eigenen Seele zu begegnen. Gott ist die wahre Quelle, aus der positives Leben entspringt. Je nach Stand der geistigen Entwicklung werden durch die bewusste Vereinigung mit der geistigen Welt Gesundheit, Liebe und Glück gelebt, da die göttlichen Strahlen das Leben auf der Erde positiv beeinflussen. Nur aufgrund der eigenen Gedankenwelt, durch das festgefahrene, sich immer wiederholende negative Denken, erliegt man der Selbsttäuschung. Wenn Sie Ihre emotionalen Gedanken loslassen, finden Sie Frieden in sich, da in der Seele ein geistiges Innenleben existiert.

Lassen Sie sich in der Meditation fallen und empfangen Sie das Christuslicht. In der hellen Astralebene wird Herzenswärme reflektiert. Liebe ist die größte Macht, die es im Universum gibt. Gott, Christus und die anderen geistigen Helfer sind jederzeit in der Meditation erreichbar. Im Inneren der Seele ist die Gegenwart Gottes zu fühlen und zu spüren. Durch die Arbeit mit dem Licht können Sie die eigenen inneren Welten, je nach Bewusstseinsgrad, in allen Einzelheiten erfahren und als wirklich erleben. Um die inneren geistigen Kräfte zu entfalten, sollten Sie regelmäßig meditieren. Der wichtigste Aspekt ist, dass Sie die Wahrheit wirklich wissen möchten, um Ihre Schwierigkeiten verstehen zu können. Voraussetzung für erfolgreiches Meditieren ist, dass Sie sich ohne Zwang regelmäßig bemühen.

Jeder Mensch, wenn er wirklich will, ist fähig, sein Bewusstsein zu erweitern und sich geistig zu entfalten. Um ein positives Leben führen zu können, sollten wir bewusst zum Ausgangspunkt des Lichtes und der Weisheit hinarbeiten. Vorausgesetzt wir leben in unserem Alltag positive Emotionen, werden wir mit Freude, Glück und Zufriedenheit das Leben meistern. Leben wir hingegen negative Emotionen wie Ärger, Wut und Verdruss, werden wir immer wieder mit Widrigkeiten und Schwierigkeiten konfrontiert. Jeder von uns erschafft sich selbst den Himmel auf Erden oder die Missstände, die er durchleben muss. Obwohl die Schwierigkeiten unseres heutigen Lebens aus dem negativen Karma der vergangenen Leben hervorgehen und wir durch die in früheren Inkarnationen gemachten Fehler beengt und eingeschränkt werden, haben wir dennoch die Kraft und die Macht, unsere heutigen Probleme zu überwinden. Somit können wir unsere Zukunft in diesem Leben und auch das Leben für die nächste Reinkarnation besser gestalten.

Wie oft hört man, wenn jemandem ein großes Leid widerfahren ist, dass derjenige selbst oder andere Menschen in seinen Umfeld sagen: *„Wie kann Gott das nur zulassen!"* oder *„Ich glaube nicht mehr an Gott, weil so viel Leid auf der Welt passiert."* Durch solche Sätze nimmt man selbst die Verbindung zu der niederen mentalen Ebene auf. Wer den Sinn der Reinkarnationen versteht, der kann widrige Umstände dankbar annehmen, um einen geistigen Entwicklungsprozess zu machen. Alles ist göttliche Führung und allem liegt das Gesetz von Ursache und Wirkung zugrunde. Nur über das Leid kann der Mensch die absolute Vollkommenheit erreichen.

Wir reinkarnieren immer wieder mit den Seelen, die wir verletzt haben oder von denen wir verletzt wurden, bis alles Unrecht aufgelöst ist. Jeder Mensch muss das gleiche Leid, das er anderen angetan hat, selbst erfahren und spüren. Das sind unsere irdischen Lektionen, die wir in unserem Innersten verstehen müssen. Hinter jedem einzelnen Menschen steht die Existenz der göttlichen Macht, die den systematischen Ablauf von Ereignissen hervorruft. Die vermeintliche Ungerechtigkeit, die tiefe Wunden und Narben in unserer Seele hinterlassen hat, ist die Auswirkung des karmischen Gesetzes. **Wir selbst haben die Ursache gelegt!** Die Auswirkungen der göttlichen Gesetze sind unwandelbar.

Selbst Persönlichkeiten mit großem Intellekt sind aufgerufen, sich um weitere Fortschritte im Geistigen zu bemühen. **Auch „große" Männer und Frauen, die in der Öffentlichkeit stehen und sich in Politik oder Wirtschaft um ihr Land bemühen, sollten sich unbedingt die Zeit nehmen, einen geistigen Seelenprozess zu machen.** Jeder Mensch ist irgendwann aufgerufen, was auch immer die tägliche Arbeit sein mag, der Wahrheit zu folgen. Die Ernte eines geistigen Seelenprozesses werden Sicherheit, Harmonie und Freude sein, sodass das tägliche Leben mit Leichtigkeit zu bewältigen ist. Die Kraft der Liebe wird durch die geistige Höherentwicklung bewusst. Verletzungen von außen haben keine Bedeutung mehr, da jeder sich mit dem Urquell von Liebe und Glück in der Meditation verbinden kann, aus dem die gesamte Menschheit entstanden ist.

Es ist unglaublich wichtig, das Wissen und die Erkenntnisse der kosmischen Gesetze zu erlangen. Jeder der inkarniert ist und um den Sinn seiner Inkarnation weiß, möchte dem göttlichen Prinzip gerecht werden und sich geistig und seelisch weiter entwickeln, um Karma abzuarbeiten und sich dadurch aus den irdischen

Begrenzungen zu befreien. Zu wissen, dass in den nachfolgenden Inkarnationen das Gleichgewicht der Seele wiederhergestellt werden kann, ist von großer Bedeutung. Für eine geistige Höherentwicklung brauchen wir unglaublich viel Zeit, über unsagbar viele Inkarnationen hinweg. Sobald wir erkennen, dass wir die Schuld für unsere eigene Misere nicht anderen anlasten dürfen, können wir verstehen, dass jede Krise in unserem Leben eine Prüfung von höherer Stelle darstellt und sich für uns eine Möglichkeit bietet, negatives Karma aufzuarbeiten und somit abzubauen.

Durch das Annehmen der Weisheit göttlicher Gesetze stellen wir fest, dass die eigene Seele sich die Situation, in der man gerade feststeckt, angezogen hat, um erneut Karma abarbeiten zu können. Bei jedem Problem, mit dem wir konfrontiert werden, sollten wir nur uns selbst anschauen und uns fragen: *„Welche spirituelle Bedeutung hat diese Situation für mich?"* Probleme, die das negative Karma mit sich bringt, sind dazu da, um eine Lösung nicht über den Verstand zu suchen, sondern über den höheren Verstand zu finden. Nehmen wir dankbar diese Gelegenheit an, erweitert sich unser Bewusstsein. Lassen wir die emotionalen negativen Verhaltensweisen los (siehe Seite 178-186), beginnt für uns ein neues Leben. Durch die positiven Emotionen bauen wir uns ein neues Verhaltensmuster auf. Dadurch vermeiden wir eine noch schwierigere Karmaverarbeitung.

In einem Interview im Deutschen Fernsehen wurde das geistliche und weltliche Oberhaupt von Tibet, der XIV. Dalai Lama, von der Reporterin gefragt, ob er auch Probleme habe. Er lachte herzlich und antwortete: *„Probleme? Die meisten Menschen haben doch nur Probleme,* – dabei hielt er seine Hand direkt vor die Augen – *weil alles aus dieser Sicht gesehen wird. Jeder Mensch sollte versuchen, seine Probleme,* – daraufhin zeigte er mit dem Finger in eine Zimmerecke – *dahinten in eine Ecke zu stellen. Dann ist das Problem kleiner geworden, weil wir es aus einer anderen Perspektive sehen."* Mit anderen Worten, hat man seine Schwierigkeiten nicht ständig vor Augen, sondern lässt los, steht man über den Dingen und kann seine Situation emotionslos anschauen. Sobald Sie sich bemühen, aus der ganzheitlichen Sicht die Dinge zu betrachten, erkennen Sie die Wahrheit.

Niemand erwartet von uns, dass wir diese Weisheit sofort umsetzen können. Wer sich mit sich selbst befasst, fragt sich, wie man sich von den irdischen Einengungen und von den begrenzenden Gedanken befreien kann. Aufgrund körperlicher oder seelischer Einschränkungen werden uns das Gesetz des Karmas und das dazugehörige Gesetz der Gelegenheiten, die sich uns zum Aufarbeiten bieten, da die geistigen Helfer Hand in Hand miteinander arbeiten, erst richtig bewusst. Sobald wir die Übereinstimmung unseres Lebens mit den göttlichen Gesetzen spüren, sind wir auf dem geistigen Weg. Nur wenn wir den geistigen Wert unserer momentanen Schwierigkeiten erkennen, können wir die Probleme lösen. Das Annehmen der universellen höheren Gesetze befreit von Leid. Letztendlich können wir dann ein positives, glückliches Leben führen, wenn wir das Göttliche in uns erkennen und danach leben.

Wir sollten bewusst wahrnehmen, dass wir eine Lernaufgabe, die wir in früheren Inkarnationen nicht positiv verarbeitet haben, in Form von Leid immer wieder neu gestellt bekommen, bis wir emotionslos der Situation gegenüberstehen. Durch Schulbildung und Studium haben wir uns zwar viel Wissen erarbeitet, das jedoch für die seelische und geistige Entwicklung nicht maßgebend ist. Denn nur über den höheren Verstand sind wir offen für die göttlichen Weisheiten und die geistigen Wahrheiten. Lassen wir uns in den göttlichen Prozess des Lebens ein und hören wir achtsam auf unsere innere Stimme, so werden wir negativen Situationen und negativen Menschen zukünftig emotionslos gegenübertreten können. Dadurch werden wir uns und unser Leben positiv verändern.

Das Leben ist im Grunde so einfach, wenn wir nach den universellen Gesetzen leben. Leben wir positive Emotionen, geht es uns gut, wir fühlen uns wohl, das Leben ist lebenswert. Leben wir hingegen negative Gefühle, ziehen wir Negatives an, dann fühlen wir uns schlecht, nichts will uns so recht gelingen. Wenn wir über einen längeren Zeitraum negative Emotionen leben, blockiert das für diese Emotionen zuständige Chakra. Da der Sitz eines jeden Chakras der Eingang für die kosmische Energie ist, ziehen die Chakras, je nach gelebten Emotionen, entweder positive oder negative Energien ein. In jedem Augenblick unseres Seins können wir den Kontakt zu der göttlichen Welt, somit zu der Kraft des Lichts, herstellen und davon Gebrauch machen. Die göttliche Welt ist die einzige Realität, denn nur durch die Verbindung mit dem Licht können wir ein lichtvolles Leben auf der Erde leben.

Jeder Mensch hat die Wahl und die Kraft,
ab sofort – in diesem Augenblick –
zu beschließen, positive Emotionen zu leben.

Wir sollten uns der Tatsache bewusst werden, dass wir uns über die Emotionen, die wir leben, entscheiden, mit welcher Macht wir uns verbinden. Viele Menschen sind der Meinung, leben bedeutet leiden oder sie glauben, es ließe sich nichts an Ihrem Leben positiv verändern. Durch diese festgefahrene einseitige Denkweise begrenzen sie nicht nur sich selbst, sondern auch ihre Kinder und Enkelkinder.

Der Mensch hat drei Bewusstseinsebenen: den Körper, die Seele und den Geist.

Die erste Ebene betrifft den Körper:

Der Körper vermittelt alle Lebenserfahrungen, indem er Glück oder Leid, Schmerz oder Wohlbefinden, positive oder negative Emotionen wahrnimmt. Ebenso zeigt er die physischen Belange an wie Hunger / Durst oder Sättigung, den Zustand von Schlafen oder Wachsein und so weiter.

Die Vergebung menschlicher Schwächen uns selbst und anderen gegenüber, stärkt uns und unseren Körper. Nur wir selbst beeinträchtigen ihn durch die eigene Intoleranz, durch negatives Beurteilen oder die Voreingenommenheit gegenüber Menschen in unserem Umfeld, anstatt das göttliche Licht durch uns wirken zu lassen. **Jedes Mal, wenn uns alles zuviel wird und wir das Leben als Last empfinden, können wir die Fesseln, die wir uns selbst durch negativ gelebte Gefühle angelegt haben, durchbrechen.** Ein Mensch, der noch die negativen und niederen Emotionen wie Gier und Neid, Unbeugsamkeit und Hass, Selbstsucht und Manipulation, Rücksichtslosigkeit oder krankhafte Sexualität lebt, muss noch viele negative irdische Erfahrungen machen, um eine Läuterung zu erfahren.

Das Ziel ist, Macht über sich selbst, über die negativen Gefühle und Gedanken sowie über die Materie zu bekommen. Die weltlichen Umstände und Erfahrungen fördern das Verstehen der göttlichen Gesetze. Das Verständnis der Seele erwacht durch das Leiden, weil die Seele sich durch die negativen Erfahrungen im Leben entwickelt. Allein nur durch die eigenen Erfahrungen können wir die Wahrheit erkennen.

Die Wunder der göttlichen Macht können den Menschen nicht mit Worten nahe gebracht werden, weil die göttlichen Geheimnisse nicht mit dem Verstand erfasst werden können, sondern nur über das Herz. Der Schlüssel für ein positives Leben ist deshalb nur im Herzen eines jeden Menschen zu finden. Die Selbstliebe führt uns auf den Weg, sie bringt uns die göttliche Liebe. Wo Liebe ist und Liebe gelebt wird, ist man im Einklang mit der geistigen Welt und kann die Wahrheit sehen. Die Liebe kann auf verschiedene Art und Weise ausgedrückt werden. Erst wenn der Mensch von der Liebe Gottes berührt wird, fühlt er sich frei. Die Liebe und die Wahrheit stehen in Beziehung zu den drei höheren Aspekten: Es ist die göttliche Macht, die göttliche Weisheit und die göttliche Liebe.

Die zweite Bewusstseinsebene betrifft die Seele:

Die Augen sind die Fenster der Seele, die Leber ist das Haus der Seele. Der Körper ist der Tempel der Seele. Die Seele besteht aus einem höheren und einem niederen Teil. Der niedere Teil ist eng mit dem physischen Körper verknüpft und löst sich nach dem Ableben auf. Der höhere Teil der Seele, der mit Gott verbunden ist, wird von dem „Seelenkörper" aufgenommen. Eine jede Seele geht auf dem Weg der Läuterung durch sehr viele Inkarnationen, um letztendlich zum Christusgeist zu gelangen. Die Seelenqualität des Menschen ist das Ergebnis aller Erfahrungen, welche die Seele an Bewusstsein aus früheren Inkarnationen in jede neue Reinkarnation mitbringt. Das wahre Leben findet nach dem Tode in der geistigen Welt statt. Die Seele kommt in die dritte Sphäre himmlischen Lebens. Hier tritt ihr innerstes Selbst zutage. Die Seele ist emotionslos und nimmt Abstand von sich selbst. Nun kann sie sich mit dem universalen Geist verbinden und ist somit ein Teil der einzigen universalen Lebenskraft.

Wenn der Mensch seine Stärke erkannt hat und weiß, dass hinter allem Leben die universale Schöpfungskraft steht, führt er ein achtsames Leben in Harmonie, Gesundheit und Glück. Wer die verschiedenen Religionen als ein Ganzes betrachtet, weiß, dass alle eins sind mit dem Pulsschlag Gottes.

Es ist die Wahrheit Gottes!

Die uralte Weisheit der Hindus und das Christentum, welches auf den Lehren des Meisters Jesus beruht, verbinden die Seelen der Menschen mit der mentalen, astralen und dem universalen Geist. Die geistige Kraft, die jedem Menschen innewohnt, befähigt ihn zu Lebzeiten, sich das Leben nach dem Tod im Himmel zu erschaffen. Die eigene Wahrheit betrifft nur die eigene Seele und ist nicht die Wahrheit eines anderen Menschen. Die Wahrheit gehört zu den subtilen Lektionen, die das Leben uns abverlangt und ist eine Herausforderung für uns. Die Seele kann nur durch geistiges Wachstum die Wahrheit erkennen.

Außer Gott gibt es nichts, was die Seele wirklich sättigen kann;

Gott ist das Brot der Seele,

wird ihr dies genommen, so verhungert sie.

Alexandre Vinet

Die dritte Bewusstseinsebene betrifft den Geist:

Der Sitz des Geistes ist im Herzen. Um eine Entwicklung der Seele und die Entfaltung des Geistes machen zu können, wurde von Anbeginn des Menschen der geistige Same als ein kleiner Funke göttlichen Lichts in sein Herz gelegt. Die Verbindung mit der geistigen Welt ist eine Synthese mit dem Licht. Das Licht bringt uns in die Liebe. Sobald wir uns für die Kraft der Liebe wieder öffnen, erheben wir uns über das bisherige Niveau und können das Leben genießen.

Das tägliche Dasein mit Bewusstsein nach dem Plan Gottes zu leben, leitet die geistige Höherentwicklung ein. Mit der Selbsterkenntnis kommt die Sinnesänderung. Diese Wendung ist der Weg zur Transformation des Seins.

Die physische Materie ist die dichteste Substanz im Universum. Die Schwingung der Erde ist deshalb die härteste und grobstofflichste, sie reflektiert die Schwingungen der Menschen, die hier auf der Erde leben. Das tägliche Ziel eines jeden Menschen sollte sein, sich mit dem Geist auf die höheren Ebenen einzustimmen. Durch die Verbindung mit der geistigen Welt erheben wir uns auf die Ebene des reinen Geistes. Die Verbindung mit der geistigen Welt beschert uns das Gefühl der Sicherheit, ein Glücksempfinden und die Harmonie mit dem Leben. Unsere Lebensqualität verbessert sich.

Die göttlichen Energien beleben unseren Körper und unsere Seele. Der Mensch, der den göttlichen Geist lebt, ist sich Gottes bewusst und stets in Harmonie mit Körper und Seele. Um mit sich selbst in Harmonie zu kommen und das eigene Wesen erfassen zu können, sollte meditiert werden. Derjenige, der sich in der Meditation fallen lassen kann, spürt keine irdischen Begrenzungen mehr, sondern wird von der Liebe, die in der geistigen Welt vorherrscht, berührt. Nur in der Kontemplation finden wir Gott.

Die Frucht aber des Geistes
ist Friede

Galaterbrief 5,22

Meditation – die Wahrheit liegt im eigenen Herzen

Um Gott zu finden, müssen wir uns bewusst mit dem Christuslicht in uns verbinden. Während der Meditationsübungen erlangen wir das Bewusstsein, ein Teil des gesamten universellen ewigen Lebens zu sein. Was ist das Ziel von Meditation? Die Meditation ist der Schlüssel, der in unserem Herzen liegt, um die Tür zum Himmel zu öffnen, damit wir den Himmel auf der Erde leben können. Um das göttliche Licht, das unsichtbar wirkt, in unserem Leben zu manifestieren, sollten wir regelmäßig meditieren.

Der Weg ist einfach, aber wir brauchen Durchhaltevermögen. Viele Menschen fragen sich, wie man richtig meditiert, um mit den Engeln oder Meistern in Kontakt zu kommen. Die Reise zur Seelenebene ist eine Reise ins Licht. Das Wichtigste ist, dass Sie fest entschlossen sind, die Seelenebene zu erreichen, um mit der geistigen Welt Kontakt aufzunehmen. Durch die Verbindung mit den Meistern der geistigen Welt in der Meditation bekommen wir Trost und Hoffnung, wenn wir depressiv und niedergeschlagen sind. Wir erhalten Kraft und Energie, wenn wir müde und abgearbeitet sind, und wenn wir leiden, weil wir krank oder verzweifelt sind, sind wir danach auf alle Fälle in einer besseren Verfassung. Bei Angst und Nervosität werden wir ruhig und bekommen wieder Sicherheit und Vertrauen. Wenn wir uns allein und einsam fühlen, empfangen wir Liebe.

Durch die tägliche Meditation öffnen wir das Herzzentrum, es ist der wahre Weg, um das höhere Bewusstsein zu entfalten und sich geistig zu entwickeln. Sehr wichtig für die Meditation ist, **keinen negativen Gedanken zuzulassen**, damit wir den Punkt der Stille in unserer Seele finden, der zugleich der Zugang zu den Meistern in der geistigen Welt ist.
Richtiges Meditieren heißt, jenseits allen Denkens und hinter die Gedanken zu kommen, um uns mit unserem höheren Selbst zu verbinden. Der wahre Sinn des Lebens bedeutet, das eigene innere Licht zu entdecken und dieses Licht in die Welt zu bringen, um Dienst an den Mitmenschen und der Erde zu leisten. Das Ziel der Meditation ist, sich nach dem Christusideal zu entwickeln, die Strahlung des Christuslichts zu erkennen und hierfür offen zu werden.

Das Wichtigste ist: im Leben, im Denken und im Handeln ehrlich zu sein,

denn dadurch entwickelt sich das Christusbewusstsein. Licht ist Liebe und der Mensch, der ein liebevolles, offenes Herz hat, dem sind auch die Augen geöffnet, denn er kann die Wunder des Himmels erfahren.

Die Stille im Innersten des eigenen Selbst

Vorschlag für eine einfache und wirkungsvolle Meditation

Finden Sie das Tor zu dem Tempel in Ihrer Seele! Diese Aufforderung rational für jeden verständlich zu machen, setzt voraus, dass Sie die Kontrolle über das Leben und über alle Gemütsbewegungen loslassen, um mit der eigenen Seele in Kontakt zu treten. In der Meditation machen Sie einen Entwicklungsprozess, um das geistige und höhere Bewusstsein zu entfalten. Sie berühren mit der Seele das Licht, durch das Sie das überwältigende Gefühl der Liebe empfinden können. Wer sich mit dem Licht verbindet, zieht sich von der äußeren Welt zurück, um mit der geistigen Welt eins werden zu können. Dadurch können Sie das Herzchakra öffnen. Wenn Sie in Ihre „innere Welt“ eintreten, werden die irdischen Begrenzungen durch eine spirituelle Kraft beiseite geschoben. Meditieren heißt infolgedessen nach innen gehen, dorthin, wo der Sitz des Tempels Ihres eigenen Selbst ist, denn da ist die Macht des Göttlichen. Sobald das Herzzentrum erweckt ist, kann man die Liebe der Erleuchteten in der geistigen Welt empfangen.

Falls Sie jetzt soweit sind, sich mit Ihrer Seele zu verschmelzen, um Ihr Herzzentrum zu erwecken und zu öffnen, bereitet sich Ihre Seele schon darauf vor, sich mit Gott zu vereinen. **In der Meditation gelangt der Mensch zu dem Bewusstsein, dass er aus dem Geist Gottes geboren ist und deshalb ein Teil des universellen, ewigen Lebens ist.** Sie erheben sich vom normalen Bewusstsein ins höhere Bewusstsein, um den verschleierten Punkt im Solarplexus wachzurufen. Ungefähr fünf Meter über jedem Menschen erstrahlt ein Licht, es ist das höhere Selbst des Menschen. Die Liebe aus den höheren Sphären, mit denen Sie sich täglich verbinden können, bringt Wunder.

Sie fragen sich jetzt vielleicht: „Wie kann ich mit diesem Licht arbeiten?“ Lenken Sie im Geiste das Licht in Ihr Herz, im Wissen und Verstehen, sich mit der Weisheit aus höheren Sphären zu verbinden. Während der Meditation wiedererwecken Sie Ihr „inneres Licht“ und verbinden es mit Ihrem „höheren Selbst.“

Nun sind Sie bereit, mit den Erleuchteten und den Lichtwesen in der geistigen Welt zusammenzuarbeiten. Erkennen Sie die irdischen Begrenzungen und erleben Sie die Grenzenlosigkeit der geistigen Welt.

Meditation:

- Achten Sie darauf, dass Sie während Ihrer Meditation nicht gestört werden. Atmen Sie mehrere Male ruhig ein und aus. Mit jedem Atemzug entspannen Ihr Körper und Ihr Geist immer mehr. Verbinden Sie dabei Ihre Atemzüge so miteinander, dass zwischen dem Ein- und Ausatmen keine Pausen entstehen.

- Schließen Sie die Augen. Gehen Sie in Gedanken alle stressigen Begebenheiten des heutigen Tages durch und lassen Sie danach alle negativen Gefühle los. Atmen Sie solange die Anspannung aus, bis Sie eine tiefe Entspannung in Ihrem Körper wahrnehmen.

- Wenn Sie das Gefühl haben, entspannt zu sein, begeben Sie sich im Geiste an den Ort, wo Ihr Solarplexus ist. Öffnen Sie in Gedanken das Tor in Ihrer Seele. Schauen Sie, ohne zu denken, in die Seelenflamme und sehen Sie, wie dieses göttliche Licht in Ihrem Innern wächst und groß wird.

- Erst wenn Sie Ihr „Niederes Ich" dem „Wahren Ich" untergeordnet haben, werden Sie das weiße Christuslicht sehen. Wenn das der Fall ist, dann bleiben Sie mit diesem Christusstrahl verbunden.

Dieser Strahl erfasst den Christusgeist in jedem von uns, denn er ist der einzige, all-eine Weg für jeden Menschen auf dieser Welt. Weder der Glaube noch die Nationalität spielen eine Rolle. **Allein der Geist der Menschen heilt die Nationen untereinander.** Es gibt nur diesen Weg, es ist der einzige Weg für die Welt und für die Menschen in dieser Welt.

- Falls Sie am Anfang der Meditation jedoch viele bunte Farben sehen, die Farben aber nicht in den einen weißen Strahl übergehen, können Sie sich das geistige Licht vorstellen. Verwenden Sie hierauf Ihre volle Konzentration und Aufmerksamkeit. Wenn es nicht gleich klappen sollte, versuchen Sie nicht, den göttlichen Strahl herbeizuzwingen, sondern lassen Sie sich dann von Jesus Christus unterstützen.

- Erblicken Sie Jesus Christus gedanklich in dem Licht. Verbleiben sie bei diesem Bild. Nehmen Sie ihn in sich auf, Sie geben sich dadurch Gott hin. Sobald sich Ihr Geist mit dem Christuslicht verbindet, treten Sie in die geistige Welt ein. In diesem Augenblick öffnen Sie eine Tür in der eigenen Seele und die Himmelswelt steht für Sie offen. Hier ist Gott zu finden.

Sämtliche Religionen entspringen dieser göttlichen Quelle. Die verschiedenen Religionsarten vermitteln alle die Aspekte esoterischer Wahrheiten. Es sind die Gesetze Gottes. Gott hat im Fische-Zeitalter durch die Geburt seines Sohnes Jesus der Menschheit eine Hilfe gegeben, sodass die Menschen, die Gott suchen, in der Energie des geistigen Christuslichts Gott wieder erkennen und erneut finden können. Das Leben des Meisters Jesus vermittelt bis heute alle Weisheiten.

Der einzige Weg für die Welt, in Frieden und Harmonie miteinander zu leben, ist, dass die Menschen auf dieser Erde sich mit dem Christuslicht verbinden. Der Meister Jesus offenbarte auf der physischen Ebene dieses göttliche Christuslicht, indem er aus dem Inneren seines Herzens die Liebe in die Menschen auf der Erde strahlen ließ. Seine Liebe zeigte sich in dem Geist der Demut, sie symbolisierte die Einheit mit Gott. Er brachte den Menschen erneut ins Bewusstsein, dass das irdische Leben nicht nur mit dem Intellekt gelebt werden soll, sondern dass das Verständnis und das Einhalten der geistigen Gesetze die Voraussetzung für ein gutes Leben in Liebe, Gesundheit und dauerhaftem Glück sind.

- Fühlen Sie den Frieden und die Liebe in sich. Hier können Sie das ewige Leben wahrnehmen. Indem Sie sich in die geistige Welt erheben, erweitert sich das irdische Bewusstsein. Der Frieden und die Liebe, die Sie in der geistigen Welt erhalten, transformieren alles.

- Verbinden Sie sich jetzt mit den Meistern und Lichtwesen Ihrer Wahl. Empfangen Sie die Liebe aus der geistigen Welt. Alle Meister und die Lichtwesen bilden zusammen die „große weiße Bruderschaft". Geben Sie sich der geistigen Welt hin.

- Nach dieser Meditation kommen Sie langsam wieder zu sich.

Jeder Mensch ist ein Teil des universalen Geistes. Alles was wichtig ist für Erhaltung, Gesundheit und Heilung, basiert im universalen Geist. Jede meditative Verbindung mit der geistigen Welt setzt positive Energie frei, die Sie im irdischen Leben in die Tat umsetzen können. Das geistige Licht spendet nicht nur Geborgenheit und Liebe, sondern offenbart auch die Wahrheit. Der Wahrheit auf den Grund zu gehen bedeutet, in der Meditation das **„Tor der Selbstliebe"** in der Seele zu öffnen. In ihr ist Leben und das wahre Licht zu finden. Im wahren Licht liegen die Geheimnisse des Universums verborgen.

In diesem Licht können Sie Ihr höheres Selbst erkennen und die Wahrheit über sich selbst erfahren. **Die Kraft des Lichts ändert die sichtbaren und die nicht sichtbaren Umstände.** Unser Bewusstsein sollte zum Ausgangspunkt des Lichtes und der Weisheit hinarbeiten, dadurch können kranke Körper und von Kummer beladene Seelen langsam gesunden.

Der Mensch, der sich in seinen mannigfachen verschiedenen Erdenleben Bewusstsein erwirkt hat, festigt sein kosmisches Bewusstsein auf den vielen inneren Lebensstufen. In der Meditation steigt er zu jener Ebene der inneren, göttlichen Welten auf, die er sich bis jetzt erarbeitet hat.

Durch regelmäßige Meditation entwickeln Sie sich seelisch weiter. Sie lernen das Wichtige vom Unwichtigen zu unterscheiden. Eine positive Einstellung sich selbst, anderen Menschen und allem Sein gegenüber verändert merklich das Leben. Sich selbst und sein Dasein zu lieben, ist eine Würdigung des eigenen Ichs und die Entscheidung, die Schattenseiten der Seele in Licht zu transformieren.

Die Seele sehnt sich immer danach,
etwas zu tun.

Cicero

Durch die eigene Intuition die höheren Wahrheiten verstehen

Wer den Nebel des Karmas beiseite schieben kann, sieht die Wahrheit. Hinter dem karmischen Nebel befindet sich die Welt, in der die Liebe gelebt wird. Ein Beweis für das Leben nach dem Tod liegt in der eigenen Seele. Da wir das ewige Leben aber nicht mit unserem irdischen Verstand, nicht mit dem Intellekt erfassen können, sollten wir über die Meditation die Kommunikation von Geist zu Geist entwickeln. Die Möglichkeit der geistigen Kommunikation zeigt uns, dass das Leben in der geistigen Welt mit dem irdischen Leben ineinander übergreift. Alles in allem ist eine Gemeinschaft.

Nach dem Tod lebt die Seele in der astralen Welt weiter. Es steigt die Seele auf, die vom göttlichen Geist durchdrungen wird. Die Seelen, die durch den Tod plötzlich getrennt werden, sollten imstande sein, das Richtige, das Reale und das Wahre vom Falschen, vom Unwirklichen und vom nicht Wahren zu unterscheiden. Wer die Notwendigkeit des Verlassenwerdens von einer geliebten Person akzeptiert, lernt, sich dem Willen Gottes unterzuordnen. Sobald die Wahrheit der anderen Seele, die fortgegangen ist, mit dem höheren Verstand gesehen wird, ist der Hinterbliebene auch in der Lage, die Situation mit dem Geist zu erkennen. Es wird uns bewusst, dass das physische Leben nur ein Teil des ganzen Lebens darstellt, da das irdische Leben stets nur eine begrenzte Zeit andauert.

Sobald wir uns für die geistige Welt öffnen, erkennen wir die geistigen Gesetze Gottes.

Wer im Leben gelernt hat, im Geist zu leben,
nimmt die Realität hinter der irdischen Situation wahr.

Wer die geistigen Gesetze nicht intellektuell, sondern mit dem höheren Verstand sieht und versteht, erwacht. Der Geist ist die göttliche Substanz im Menschen. Derjenige, der an ein Leben nach dem Tod glaubt, sieht das Leben und den Tod mit anderen Augen an.

Wahres Glück ist,
seinen Geist frei zu entfalten.

Aristoteles

Das Leben geht immer weiter

Das subjektive Gefühl, nach dem Tod eines Menschen nicht frei zu sein, kann sich auf verschiedene Art und Weise im System des Menschen manifestieren. Trauern Sie nicht weiter um Personen, die in die geistige Welt hinübergegangen sind.

Mitunter müssen wir schwere Prüfungen bestehen. Wenn wir durch einen Unfall plötzlich einen geliebten Menschen verlieren, erfahren wir unsagbar viel Schmerz und großes Leid. Sobald wir jedoch das Leid ertragen, weil wir wissen, dass es uns auferlegt ist, um einen Teil unseres Karmas aufzuarbeiten, erhalten wir die Chance, unseren Eigenwillen dem Willen Gottes zu beugen und unser Herz letztendlich zu heilen. Wer verstanden hat, dass schwere Schicksalsschläge karmische Prüfungen sind, geht einen Weg, der ins Licht führt. Anstatt mit der Emotion *„Ungerechtigkeit"* zu reagieren, sollten wir die ganze Wahrheit erkennen.

Wir Menschen sind alle Teilaspekte des Geistes des kosmischen Christus. Deshalb ist das Ziel unseres Bewusstseins, unbewusst in allen Inkarnationen zu dieser Schwingung emporzusteigen. Als ein Teil der gesamten Schöpfung sind wir alle von dem einen Geist. Auf dem Weg der geistigen Entfaltung wirkt der Einfluss des kosmischen Christuslichts und gibt uns positive Kraft. Diese göttliche Kraft wirkt durch uns.

Wir erhalten Segnungen, welche die Herrlichkeit Gottes und der geistigen Welt reflektieren, die uns hier auf der Erde Freude, Glück und Harmonie bescheren. Göttliches Licht strömt in unser Leben aus. Wir erleben die positive Resonanz in unserem Leben, gleichzeitig erhöht sich unser Bewusstsein. Wir öffnen uns für das Ausströmen und geben gleichzeitig die positiven Schwingungen weiter. Es vollzieht sich eine Veränderung in uns und im selben Augenblick auch durch uns.

Die Seele nimmt vieles auf, sie ringt immer zwischen dem höheren Selbst und dem niederen Selbst. Dauerhaftes Glück in der materiellen Welt leben zu können, hängt von der Qualität des Bewusstseins ab, das heißt, von den erlangten geistigen Erkenntnissen. Allmählich verstehen wir, dass sich das Licht Gottes auf der Erde durch uns ausdrückt. Der Tod ist als ein langer, immer fortwährender Lebenszyklus anzusehen. Er ist stets eine Wiedergeburt und bedeutet immer Leben. Nach dem Leben auf der Erde folgt ein Leben in der geistigen Welt. Die Unsterblichkeit der Seele beinhaltet alle Leben davor, um die eigene negative Vergangenheit in den Leben danach zu verarbeiten.

Aus der Opferrolle aussteigen

Wir reinkarnieren immer wieder mit den Menschen, mit denen wir schwierige Situationen zu bewältigen haben, die uns Frustrationen, Enttäuschungen und Leid gebracht haben. Seelischer Schmerz verhilft uns auf den Weg, einen geistigen Entwicklungsprozess zu machen. In jeder neuen Inkarnation auf der Erde sollte der Mensch seinen Wachstumsprozess vervollkommnen. Leidvolle Erfahrungen auf der Erde bringen dem Menschen bei positiver Verarbeitung Licht für die Seele. Das Licht in der geistigen Welt können nur diejenigen erblicken, die einen geistigen Wachstumsprozess zu Lebzeiten gemeistert haben.

Anstatt zu leiden, weil wir uns in der Opferrolle sehen, sollten wir uns darauf konzentrieren, die karmischen Gesetze anzuerkennen und uns um unsere geistige Entfaltung kümmern. Gelebtes Leid schränkt uns ein, weil unser Körper über unsere negativ gelebten Emotionen die Energien aus der dunklen Astralwelt durch die Chakras einzieht. Eine Aufladung mit reiner, positiver Lebensenergie kann nicht mehr stattfinden und was an bisheriger positiver Lebensenergie vorhanden war, wird durch die negative Verhaltensweise aufgebraucht. Ihr Selbstbild spiegelt Ihre Lebensumstände und den gesundheitlichen Zustand Ihres Körpers, der durch die Trauer blockiert ist, wider.

Sobald die Seele in die geistige Welt hinübergeht, löst sie sich aus dem Körper, um den Erdenkörper mit einem astralen Körper auszutauschen. Genauso findet der Wechsel vom bisherigen Erdenleben in das geistige Leben statt. Wird eine Seele aus dem irdischen Leben weggeholt und in das neue Dasein gebracht, können wir in unserer Meditation der Seele wieder begegnen.

Wenn eine Seele durch den Tod in die Himmelswelt eintritt, findet sie die einzige Realität vor, die wirklich zählt. Die Seele muss sich das vergangene Leben auf der Erde anschauen. Alle ihre einstigen menschlichen Schwächen und Selbsttäuschungen werden aufgezeigt. Deshalb ist es so wichtig, das Leid über die Meditation aufzulösen, denn nur so wird sich die Seele der ganzen Wahrheit bewusst. In der geistigen Welt können wir sämtliche Ungerechtigkeiten der göttlichen Gerechtigkeit überlassen.

Sobald wir nach der ersten Trauerphase den Alltag wieder leben, sollten wir auch in Harmonie mit allem Leben kommen. Wenn wir uns zur Meditation aus der äußeren Welt zurückziehen, wird der festgefahrene Schmerz gelöst, weil wir den Tod des physischen Körpers nicht mehr wahrnehmen. Die Kommunikation mit den Verstorbenen in der geistigen Welt aktiviert, durch die Strahlung göttlicher Liebe, das Herzchakra. Das durch den Schicksalsschlag bedingte Leiden fordert die Seele auf, die eigene Seelenentwicklung fortzuführen. In der Meditation erfahren wir, wie sich die Seelenkräfte wieder entwickeln und sich unser Leid auflöst.

Die Meditation sollten wir in unser alltägliches Leben integrieren. Während wir in der Kontemplation die Verbindung mit der geistigen Welt haben, dringen wir in unsere innere, feinstoffliche Welt ein. Das geistige Licht hat beeinflussende Schwingungen für uns, es beschwingt unseren Körper und die Seele. Daraufhin dringt die Energie des feinstofflichen Lebens in unser physisches Leben ein. Deshalb wird auch unsere Umgebung von dem göttlichen Licht durchdrungen.

Unser Blickfeld im irdischen Leben ist von der Klarheit des Geistes abhängig. Alles hängt von den erlangten geistigen Kenntnissen und dem erarbeiteten Seelenprozess ab. Seelengröße und Charakterstärke sind eine geistige Entwicklung. Unser materielles Leben schwingt auf der Ebene der universalen Energie, mit der wir uns unbewusst durch die gelebten Emotionen verbinden.

Unser Bewusstsein verstärkt sich, denn wir lernen zu verstehen, dass das Leben immer weitergeht, bis göttliches Licht vollkommen die Seele durchdringt.

Die Dauer des menschlichen Lebens ist nur ein Augenblick,

sein Wesen ist wie ein beständiger Strom.

Marc Aurel

Wagen Sie einen Neuanfang – finden Sie das innere Gleichgewicht wieder

Fühlen Sie sich – durch die Verbindung mit der geistigen Welt – im Einssein mit allem Leben.

Der Sinn eines Lebens ist, das geistige Licht, das jedem Menschen zur Verfügung steht, durch eine geistige Entwicklung zum Leuchten zu bringen. Jenseits aller menschlichen Vorstellungen gibt es die kausale Himmelswelt. Hier gibt es keine Formen mehr, sondern nur im Rosa der Liebe sind noch ein paar wenige vorhanden. In dieser Welt sind nur noch Farben, Klänge und Licht in höchster Harmonie.

Durch mentale Fähigkeiten können Sie sich den Sohn Gottes, Jesus Christus, menschlich vorstellen und ihm nahe kommen. Die geistige Kraft ist in jedem Menschen latent vorhanden. Für Hinterbliebene, die in großer Trauer sind, ist es eine große Hilfe, sich mit Christus meditativ oder im Gebet zu verbinden.

Lösen Sie durch den folgenden Befreiungsprozess Ihren Verlassensschmerz ab. Lassen Sie Ihre verletzten Gefühle an die Oberfläche kommen. Während Sie sich von dem Schmerz befreien, können Sie sich von Selbstmitleid, dem Trennungsschmerz, der Einsamkeit, dem Gefühl der Isolation und der Unsicherheit verabschieden. Dadurch führen Sie eine positive Veränderung für sich herbei. Es ist Ihr freier Wille, den wahren Sinn des Lebens zu erkennen und sich zu bemühen, einen geistigen Entwicklungsprozess zu machen. Denn dadurch werden Sie wieder konstruktive Gedanken bekommen und in Ihrem Leben einen neuen Sinn sehen.

Eine Veränderung kann nur erreicht werden, wenn Sie dies auch möchten, weil Sie erkennen, dass die äußeren Lebensumstände dem Innenleben Ihrer Seele entsprechen. Sehr wichtig ist, dass Sie aufhören, sich selbst oder die Seele, die gegangen ist, zu kritisieren. Kritisieren ist eine negative Emotion, die körperlichen Stress und somit auch Probleme im täglichen Leben verursacht. Nehmen Sie die Weisheit göttlicher Gesetze an, lassen Sie alle Ängste und Frustrationen los. Erkennen Sie die tiefe Wahrheit, dass Sie hier auf der Erde mit der Seele, die Sie verlassen hat, in der geistigen Welt in Verbindung treten können.

Es braucht seine Zeit, um Trauer zu verarbeiten. Aber denken Sie daran, Ihr Leben spiegelt Ihre Gedanken wider und zeigt, ob der niedere Verstand oder der höhere Verstand dominiert. Nicht Sie, aber die Seele, die in die geistige Welt hinübergegangen ist, hat schon im Voraus gewusst, was kommt und was geschieht. Die Seele geht ein in die Sphäre, wo sie den Platz erhält, den sie sich durch einen geistigen Seelenprozess erarbeitet hat.

Werden Sie Kanal für die geistige Welt. Legen Sie die Opferrolle ab, schlüpfen Sie während der Ablösung für kurze Zeit in die Retterrolle. Indem Sie sich um sich selbst kümmern, helfen Sie gleichzeitig auch der Seele, die in der geistigen Welt lebt. Das kosmische Licht schließt alle Wunden.

Lösen Sie den Verlust- und Verlassensschmerz ab, der durch den Tod eines geliebten Menschen entstanden ist.

Sie haben jetzt die Gelegenheit, geistig zu wachsen!

- Lesen Sie zuerst die Seite 187 durch!
- Atmen Sie Entspannung ein, atmen Sie Anspannung aus. Machen Sie einige Minuten lang diese Atemübungen, bis Sie merken, dass Sie ruhig und gelassen sind. Überlegen Sie noch einmal, ob Sie eine Veränderung wünschen, denn der Wunsch muss von Ihnen selbst kommen.
- Nehmen Sie in Gedanken Verbindung mit Ihrem geistigen Helfer auf. Bitten Sie auch Meister Hilarion um Unterstützung, sodass beide Sie während Ihrer Innenschau begleiten. Sind Sie bereit, sich von der Vergangenheit und der Trauer zu lösen?
- Versuchen Sie, sich Situationen mit der Person, die gestorben ist, aus der Erinnerung heraus visuell vorzustellen. Empfinden Sie noch einmal die Gefühle, die Sie damals spürten.
- Lassen Sie das Erlebte wie einen Film vor Ihrem geistigen Auge ablaufen. Reden Sie mit der anderen Seele über die Dinge, die Ihnen noch auf dem Herzen liegen und beide Seelen noch belasten. Be- und verurteilen Sie auf keinen Fall die andere Seele.

Da die Seele sich schon vor der Geburt entschieden hat, wann sie wieder in die geistige Welt zurückkehrt, hat sie auch den Zeitpunkt des Todes selbst gewählt. Die Seele in der geistigen Welt sieht die tiefe Wahrheit ohne Emotionen.

- Für Sie ist es jedoch in Ordnung, Emotionen wie Verzweiflung oder Wut zu spüren. Da die meisten unter Ihnen diese Gefühle unterdrückt haben, kommen unvermeidlich Traurigkeit oder Ärger hoch.

Da viele Menschen ihre Gefühlswelt leugnen, wird eine gefühlvolle Zuwendung durch die Personen, die Trost spenden möchten, meistens schon im Vorfeld blockiert. In der Meditation erhalten Sie aus der geistigen Welt Trost und Kraft.

- Konzentrieren Sie sich auf den Dialog. Hören Sie, was die andere Seele Ihnen mitteilt. Versuchen Sie, den Tod in einem neuen Licht zu sehen, im Wissen, dass der Tod das Leben nach dem Leben ist. Akzeptieren Sie die Situation so, wie sie ist. Jetzt wissen Sie, dass der geliebte Mensch, der gestorben ist, immer weiterlebt.

Ihre Seele erfährt durch diese Meditation eine Bewusstseinserhöhung, weil Sie auf die geistige Lebensebene, auf der sich die andere Seele befindet, aufgestiegen sind. Hier können Sie die Realität der Unsterblichkeit erkennen. Durch den Dialog mit der verstorbenen Seele können Sie kosmisches Bewusstsein erlangen. Nun haben Sie die Chance, Ihr Leben wieder positiv zu verändern. Inwendig in Ihnen ist der Schlüssel für ein neues Leben. Nehmen Sie die Tatsache an, dass der Tod eine Notwendigkeit für die geliebte Seele war, um Karma abzuarbeiten, weil es Gottes Wille war und die Seele selbst es auch so wollte.

Der alles bis in die kleinste Einzelheit umfassende Plan Gottes enthält das ewige Leben, somit das Leben jedes einzelnen Menschen. Sobald Sie diese geistige Wahrheit erkannt haben, dass alle Menschen und alles Leben aus derselben Energie und derselben Quelle des Universums Gottes entstammen, erkennen Sie auch den sich immer wiederholenden Zyklus als Sinn geistiger Weiterentwicklung. Sobald Sie sich nach den göttlichen Gesetzen richten und danach leben, reflektiert der Körper die spirituelle Seinsebene, die Sie sich bisher geistig erarbeitet haben.

Schalten Sie Ihren niederen Verstand aus, dann wird der höhere Verstand Sie führen. Sie sind in Kontakt mit dem geistigen Licht, denn Sie haben sich Ihrer inneren Welt zugewandt. Hier ist die Eingangstür zu der Quelle des Lebens. Lassen Sie sich jetzt auf die geistige Welt ein.

- Versuchen Sie, die Wahrheit, die Sie durch die verstorbene Seele wahrnehmen, mit dem Herzen zu fühlen. Betrachten Sie den Rückzug des Lebens aus der Familie als Wunder, denn dadurch kann für die Seele eine geistige Entwicklung und Entfaltung stattfinden.

- Vergeben Sie nun der Seele, falls Sie sich verletzt fühlen. Haben Sie die andere Seele verletzt, bitten Sie diese von ganzem Herzen um Verzeihung.

- Durch die Vergebung strömt Licht in das Herz ein. Verabschieden Sie sich nun in Liebe von der Seele und bedanken Sie sich bei Ihren geistigen Helfern für den Beistand.
- Bitte beachten Sie die Seiten 91-92, Punkt 1-8

Dem Geborenen ist der Tod gewiss, dem Gestorbenen die Geburt; darum darfst du über eine unvermeidliche Sache keine Trauer empfinden.

Bhagavadgita

Bei Vorwürfen wegen Fehlgeburt oder Abtreibung

Das Gleiche gilt auch bei Fehlgeburten oder Abtreibungen. Es dauert seine Zeit, bis die Frau eine Fehlgeburt (Abort) oder eine Abtreibung seelisch verarbeitet hat. Selbst ein Abort in den ersten Wochen kann einen karmischen Lernprozess auslösen, das heißt, aufgrund dieser negativen Situation wurde das negative Karma, das in dieser Inkarnation zu verarbeiten ist, reaktiviert. Je nach Karma und Lernprozess können dieser Vorgang und der nachfolgende leidvolle Prozess um Bewältigung, der für andere Personen oft überhaupt nicht nachvollziehbar ist, mitunter über viele Jahre andauern. Das innere Gleichgewicht geht dabei verloren. Der Kampf um eine neue Schwangerschaft beginnt!

Auch in diesem Fall kann sich das äußere Leben erst ändern, wenn die Betroffene nach innen geht und mit Hilfe der geistigen Welt die Blockade auflöst. Wer diese schmerzhafte Situation als Karmaprüfung erkennt, kann durch die Blockadelösung, welche die Befreiung vom Schmerz über den Verlust einer geliebten Seele erst ermöglicht, die innere Stärke und die alten Kräfte wiedererlangen.

Verdammen Sie sich nicht, falls Sie früher einmal eine Abtreibung vorgenommen haben. Im Falle einer Abtreibung, bei der kein gesundheitlicher Grund vorlag, sollten Sie ebenso über diese Korrektur die abgetriebene Seele um Verzeihung bitten, da Sie gegen ein geistiges Gesetz Gottes verstoßen haben. Sehen Sie die Abtreibung von damals als karmische Situation und Prüfung an, die Ihnen jetzt die Chance für eine geistige Höherentwicklung bietet. Ein Schwangerschaftsabbruch ist ein Eingriff in den natürlichen Rhythmus. Es ist eine Eigenverletzung, die einen negativen Einfluss auf Ihre linke Körperhälfte hat. Sie sollten Ihre linke, intuitive, weibliche Körperseite, die dadurch verletzt wurde, mit der rechten, männlichen Körperhälfte wieder ins Gleichgewicht bringen. **Lösen Sie entweder die innere Verweigerung und Verleugnung oder die Selbstverurteilung auf.**

- Wie auf Seite 157 beschrieben, beginnen Sie zuerst mit Punkt 1, den Atemübungen, dann gehen Sie zu Punkt 2 über und verbinden sich mit einem geistigen Helfer Ihrer Wahl und bitten ihn um Unterstützung.
- Verbinden Sie sich diesmal in der Meditation mit der Kinderseele, die abgetrieben wurde. Reden Sie mit ihr, warum sie durch Sie nicht inkarnieren konnte und sagen Sie ihr, dass es Ihnen inzwischen sehr leid tut, was damals passiert ist. Bitten Sie mit ganzem Herzen um Vergebung.
- Sehr wichtig ist, dass Sie auch dem Arzt vergeben, der damals die Abtreibung durchgeführt hat und eventuell auch der Schwester, die dabei war.
- Nachdem Sie die karmische Kinderseele, die durch Sie reinkarnieren wollte, um Verzeihung gebeten haben, können Sie nunmehr die Traurigkeit, den Verlassensschmerz sowie die negativen Gedanken loslassen.

Die Frauen, die nach einer Fehlgeburt oder nach einem Abgang nicht mehr schwanger werden, haben wahrscheinlich zu der Kinderseele, die wegen des Karmas nicht inkarnieren sollte, eine energetische Verbindung aufgebaut.

- Spüren Sie in sich hinein, ob auch bei Ihnen noch eine energetische Verbindung zu der nicht inkarnierten Kinderseele besteht. Weil Sie diese Kinderseele nicht loslassen können, ist das Milzchakra blockiert.
- Fühlen Sie sich gedanklich in das Milzchakra ein und bitten Sie Meister Hilarion um Beistand. Stellen Sie sich visuell die energetische Verbindung vor und schneiden Sie diese jetzt durch. Sie sollten danach auf jeden Fall vor Ihrem geistigen Auge die Verbindung durchgeschnitten sehen. Beide, Sie und die Kinderseele, haben nunmehr die Freiheit wiedererlangt.
- Zum Schluss wünschen Sie der Seele alles Gute und verabschieden sich von ihr. Bedanken Sie sich bei Meister Hilarion für die Hilfe und kommen Sie langsam wieder zu sich. Beachten Sie die Seiten 91 / 178-186.

Selbsterkenntnis führt zur Demut und zur Gerechtigkeit.

Johann Peter Hebel

Die tägliche Innenschau

Der Mensch, der sich der Liebe und des Lichts bewusst ist, der kann all seine Schwächen überwinden. Der Weg ist die Liebe und die Erlösung kommt nur über diesen einen und einzigen Weg: die Christus-Liebe. Den Christusgeist täglich zu leben, bedeutet: **Ein Leben im Geist!**

Geistiges Erwachen bedeutet geistiges Wachstum.

Sobald Sie auf der Suche nach spirituellem Bewusstsein sind, werden Sie im Licht und in Liebe leben. Über Liebe und Freundlichkeit und die Strahlkraft, die aus dem Herzen kommt, wird Ihr inneres Licht nach außen hin sichtbar. Ab dem Zeitpunkt, an dem Sie anfangen, das Leben zu lieben und es nicht als schwierig anzusehen, wirkt eine göttliche Kraft in Ihnen. Sie kommen ins Gleichgewicht. Wer im Gleichklang mit dem göttlichen Gesetz lebt und mit der geistigen Welt arbeitet, der kann sich aus seinem Leid befreien.

Der Mensch, der sich entscheidet, göttliche Gesetze zu leben und somit den spirituellen Weg zu gehen, dessen Körper reflektiert Harmonie, Gesundheit und Wohlbefinden. Über den Körper kann das wahre Leben Gottes gezeigt werden. Geistiges Licht erweckt die Seele und der Mensch erfährt durch seine Seelenentfaltung, dass das Leid als Teil eines zu vollendenden Planes die Seele in Richtung Erlösung und spiritueller Wahrheit führt.

Beleben Sie Ihre Gefühle und geben Sie ihnen Raum. Sie tun es für sich und Ihre Gesundheit. Auch Sie können sich durch Imagination ein erweitertes Bewusstsein erarbeiten. Wer in Harmonie mit sich selbst und dem Leben sein möchte, hat jetzt die Möglichkeit, sich zu befreien von privatem oder beruflichem Stress und Ärger, der entstanden ist durch Überlastung oder wegen des Gefühls, die oft **unmenschliche Härte im Berufsleben** nicht mehr ertragen zu können. Alles Nötige für die Gesundheit kann durch die Verbindung mit dem Universalen Geist erwirkt werden. Der höhere Geist kontrolliert den unbewussten Geist, denn der höhere Geist schwingt im Einklang mit Gott.

Es ist eine Herausforderung an sich selbst, sein inneres Gleichgewicht zu finden, indem man das niedere emotionale Ego loslässt. Sobald Sie bereit sind, in die Selbstliebe zu gehen und sich durch die innere Sichtweise Ihren Gefühlen stellen, führen Sie eine positive Veränderung herbei und lösen sich aus bisherigen Abhängigkeiten. Jeder kann in seinem Leben Gesundheit erlangen und sein Leben schön gestalten.

Alle schöpferisch tätigen Menschen verstehen es, durch Imagination die Hilfe der ihnen innewohnenden Christuskraft in Anspruch zu nehmen. Sämtliche Inspirationen kommen aus dem Herzen heraus.

Derjenige, der sich auf gute und konstruktive Gedanken konzentriert und in Liebe handelt, ist im Gleichgewicht. Wer nicht liebevoll denkt, redet und handelt, kommt in Disharmonie, da man sich mit den negativen Schwingungen verbindet, die zerstörerisch wirken. Durch die Energie der unbewussten Gedanken verbinden wir uns mit unterschiedlichen Schwingungen aus verschiedenen Ebenen. Wie der Mensch denkt, so wirken die Schwingungen der Gedanken im Gehirn auf bestimmte Stellen. Positives Denken bringt den Körper in Harmonie. Negative Gedanken wirken durch die negativen Schwingungen im Gehirn auf spezielle Punkte ein, sodass sich Disharmonie und letztendlich Krankheit im Körper einstellen.

Disziplinieren und kontrollieren Sie Ihr Denken.

Das ist ein wichtiger Schritt, um ein positives Leben führen zu können, da jeder Mensch durch Selbstdisziplin Zutritt zu der in ihm vorhandenen Christuskraft hat. Alle sieben Farben des Spektrums sind in dem einen weißen Strahl – dem Christuslicht – enthalten. Es ist der Strahl schöpferisch heilender Kraft.

In jeder Seele ist der göttliche Funke vorhanden, er ist der Schlüssel zu der göttlichen Wahrheit. Sehen Sie das Leben aus einer anderen Perspektive. Der göttliche Funke ist der Punkt, an dem der irdische Verstand ausgeschaltet ist, wo man jedoch die innere Stimme Gottes hören kann. Tief im Inneren empfangen Sie die Liebe, die Sie dann durch das Ein- und Ausatmen verströmen. Die Liebe ist das Licht, das man ein- und ausatmet. Die Liebe im Denken, Reden und Handeln ist eine göttliche Kraft, die unaufhörlich alles Leben durch unsichtbare Strahlen positiv beeinflusst.

Achten und lieben Sie das Leben.

Lasst uns unser Leben wie ein Kinderspiel ansehen,
in welchem nichts ernsthaft ist als die Redlichkeit.

Immanuel Kant

Worte und Gedanken sollten positiv, liebevoll und urteilsfrei sein

Wir spüren eine Harmonie in unserem Herzen, sobald wir positiv und liebevoll denken. Mit erweitertem Bewusstsein wissen wir, dass jeder Gedanke Liebe beinhalten sollte. Was wir denken, hat Einfluss auf uns selbst und auf die Menschen, an die wir denken. Sobald wir Verständnis für andere aufbringen, wirken die positiven Gedanken und stärken die andere Person auf der Ebene des bewussten Geistes, denn positive Gedanken bringen Licht. Wir schwingen im Einklang mit den Energien der Gedanken. Auf der Ebene des bewussten Geistes können negative Gedanken auf die Zellen im Körper einwirken, den Menschen schwächen, ihn sogar krank machen.

Jede körperliche Disharmonie zeigt sich auch im Ätherkörper und im Mentalkörper der Aura. Der Mensch hat drei Mentalkörper. Ein Mentalkörper steht über das Denken mit dem Gehirn in Verbindung, der andere steht über das Wunschdenken mit den Emotionen in Verbindung und der dritte bezieht sich auf den universalen Geist. Aufgrund dessen sollte auf die verschiedenen Ursachen der Krankheiten, die mit den Mentalkörpern zusammenhängen, eingegangen werden. Nicht immer liegt die Ursache im heutigen Leben durch negatives Denken oder falsche Lebensweise. Manchmal ist der Ursprung der Krankheiten im Unterbewussten, das auf das physische Zellbewusstsein einwirkt. Die Ursache kann sogar in einer früheren Inkarnation gelegt worden sein.

Die drei Mentalkörper zeigen stets den Ursprung der Krankheiten auf, die sich auf den bewussten Geist, auf das Unterbewusstsein oder auf den vorbewussten Geist beziehen. Der erste Mentalkörper befindet sich in den ersten sieben Auraschichten, während der zweite und dritte Mentalkörper in den höheren, feinstofflicheren Auraschichten zu finden sind. Diese Weisheit können Sie nicht mit dem Intellekt verstehen, sondern nur durch die Höherentwicklung des Geistes offenbart sich Ihnen diese Wahrheit.

Unser ganzes Leben besteht aus unterschiedlichen Schwingungen und wird von diesen verschiedenen Schwingungen beeinflusst. Nicht unser Bewusstsein, sondern unser Unterbewusstsein reagiert auf diese Schwingungen. Wir ziehen durch die jeweiligen Gedanken und Worte entweder positive oder aber negative Energien an. Jede positive Schwingung zeigt eine Farbe an. Wenn Sie **ab jetzt** auf Ihre negativen Gedanken und Ihr Reden achten und sie **sofort mit positiven Gedanken und Worten ersetzen,** werden die negativen Schwingungen, die dunkle Energien sind, durch positive farbige Schwingungen ersetzt.

Wer die Liebe lebt, erkennt auch die Kraft der Liebe. Je höher sich der Mensch geistig weiterentwickelt, je mehr lebt er die geistigen Gesetze. Eine erwachte Seele überträgt mit jedem Gedanken Liebe und kümmert sich um das Wohl anderer Menschen. Wenn wir uns im Inneren verändern, wird sich ebenfalls in unserem Äußeren etwas verändern. Erst wenn wir bereit sind, nach innen zu gehen, können positive Vorsätze eine wirkliche Veränderung bringen.

Bereits nach dem Aufwachen sollten wir uns in Gedanken positiv auf den Tag einstimmen. Freuen wir uns auf den Tag, erhöht sich durch die Kraft der positiven Gedanken die Schwingung. Je mehr positive Gedanken in die Welt geschickt werden, desto mehr erhöhen sich auch die Schwingungen für die Welt. Liebevolle Gedanken bringen uns für den Tag Glück, Freude und Harmonie. Wir reflektieren vollkommene Harmonie, wenn Körper, Geist und Seele in Einklang sind, da unser Körper und unser Aurakörper im rhythmischen Einklang mit der spirituellen Seinsebene schwingen. Analog zum irdischen Leben werden auch die Seelen, die in der geistigen Welt sind, durch die Schwingungen unserer Gedanken beeinflusst.

Das Denken erschafft die Welt

in jedem Augenblick neu

Marcel Proust

Die Kraft der Gedanken klar erkennen

Nur sehr wenige Menschen wissen Bescheid über das genaue Ausmaß der Macht der Gedanken. Die Kraft negativer Gedanken beeinflusst nicht nur die Person negativ, an die gedacht wird, sondern man ist gleichzeitig derselben negativen Energie ausgesetzt. Es ist deshalb von ganz großer Bedeutung, dass Sie niemals negativ über andere reden und denken, denn positive oder negative Gedanken haben immer einen positiven oder negativen Einfluss auf Körper und Seele.

Jedes gesprochene Wort und jeder Gedanke ergeben Schwingungen, diese Schwingungen sind Energien. Der Kernpunkt aller Wahrheit, die das ganze Sein der Menschen und der Erde umfasst, ist die Wahrheit der Vergeistigung allen Lebens. Die realen Lebensbedingungen kommen über positive Gedanken und Worte, durch das aufgenommene Licht, in Harmonie und ins vollkommene Gleichgewicht.

Negative Gedanken werden, gleichgültig ob Sie diese nur gegen sich selbst oder gegen eine andere Person richten, stets im mentalen und gleichzeitig im emotionalen Aurakörper sowie im Wunsch- oder körpereigenen Elementarwesen, das mit dem physischen Körper eng verbunden ist, als Verwünschungen manifestiert. Durch viel negatives Denken bekommt das Wunsch-Elementarwesen große Macht. Es bringt den Menschen Probleme, die einen Hang zum Negativen haben oder noch negative Emotionen leben und menschliche niedere Triebe ausleben, weil sie sich weigern, sich geistig weiterzuentwickeln. Die entstandene Macht des Wunsch-Elementarwesens können Sie nur besiegen, indem Sie sich disziplinieren, Ihr niedriges Selbst beherrschen und das höhere Selbst entwickeln.

Jeder Mensch, der auf der Erde inkarniert, ist für die unsichtbaren, geistigen Kräfte lediglich ein Vermittler, um entweder positive oder negative Energien weiterzugeben. Wir Menschen haben den freien Willen zu entscheiden, mit welchen der durch uns wirkenden Kräfte wir uns verbinden. Jeder von uns hat die Freiheit, zu wählen. Disziplin im Denken verhindert, dass Sie durch Unbedachtheit und Unwissenheit leichtfertig sich selbst oder andere Personen, über die Sie gerade negativ denken, programmieren.

Dieser göttlichen Weisheit, dass Sie durch negative Gedanken sich selbst und andere Personen negativ beeinflussen, sollten Sie sich bewusst werden, da Sie sich bei Nicht-Einhaltung dieses göttlichen Gesetzes das Leben unnötig schwer machen.

Meistens geschieht es nur aus emotional niederen Beweggründen: aus einer schlechten Laune, einem kurzfristigen Ärger oder aus einem Wutanfall heraus. Versuchen Sie, sich zu beherrschen, um die negativen, aufbrausenden, zerstörerischen Emotionen zu verhindern.

Während des ganzen Lebens auf der Erde wird durch Gedanken und Taten, durch Reaktionen und Handlungen die menschliche Aura beeinflusst und geprägt. Nur durch die Entwicklung des inneren Lichtes können Sie sich der Wahrheit bewusst werden.

Der Edle hat edle Gedanken und beharrt bei Edlem.

Jesaja 32.8

Die sieben Schichten der Aura

Alle Anlagen des physischen Körpers sind in den ersten sieben Schichten der Aura enthalten. Unsere Aura hat sieben niedere Körper und sieben höhere, feinstoffliche Ebenen. In unserem physischen Körper sind alle Elemente des Universums programmiert. Teile des Körpers wie Kopf, Arme und Hände, Beine und Füße stehen in Verbindung mit den entsprechenden Planeten und Sternenkonstellationen. Zu den sieben niederen Aurakörpern des Menschen zählen unter anderem der Astralkörper der Wünsche, der Mentalkörper des Eigensinns und der Emotionalkörper der Gefühle, die gegen das göttliche Prinzip arbeiten, weil es noch an den göttlichen Eigenschaften „Disziplin“ und „Charakterstärke“ mangelt.

Der Ätherkörper ist die erste Schicht in unserer Aura und besteht aus zwei Teilen. Der feinere Teil des Ätherkörpers, als Teil der Seele, erhebt sich zum ewigen Leben, während der andere Teil beim Ableben ebenfalls stirbt und sich auflöst wie der physische Körper. Der Ätherkörper hat die gleiche Beschaffenheit wie unser physischer Körper und ist mit unserem Nervensystem verbunden. Da alle Elemente des Universums nicht nur im Körper, sondern auch in der Aura zu finden sind, wirkt sich auch hier eine inkonsequente Lebenshaltung aus. Die Giftstoffe werden im Ätherkörper festgehalten, die dann den Ätherkörper und unseren Körper blockieren. Der Ätherkörper empfängt auch Schall- und Lichtwellen.

Der Emotionalkörper, die zweite Schicht in der Aura, hat mit unseren Gefühlen zu tun. Hier drücken sich die positiven Empfindungen wie zum Beispiel Liebe, Zufriedenheit und Ehrlichkeit aus, genauso aber auch die negativen Emotionen wie Groll, Wut, Zorn oder Ängste. Sie betreffen meistens das eigene Selbst.

Der Mentalkörper, die dritte Schicht des menschlichen Energiefeldes, hat mit den alltäglichen Gedanken und unseren Ideen zu tun. Konzentrieren wir uns auf negative, sich immer wiederholende Gedankenmuster, entwickelt sich diese Grübelei zu einer mächtigen negativen Kraft. Positive Reflexion führt uns Energie zu und hat somit eine positive Macht.

Der Astralkörper ist die vierte Schicht in unserer Aura. Positive oder negative Emotionen werden hier ausgesandt und empfangen. Unser Wunschdenken steht in direkter Beziehung zu unserem Astralkörper. Die Lebensumsttände, die sich durch unser Denken, durch die Erfahrungen und durch das Karma maßgebend auf unser Leben auswirken, sind im Astralkörper programmiert. Hier zeigt sich auch, wenn keine Disziplinierung im Leben und in der Ernährung stattfindet. Dadurch wird der Astralkörper grob und seine Farbe dunkler.

Der Körper der **fünften Auraschicht** ist die Ebene in der Aura, in der die Schwingungen bereits feinstofflicher sind. Dieser feinere Ätherkörper durchdringt die unteren Schichten der Aura bis hin zur ersten Ätherschicht, gleichzeitig auch die feineren Aurakörper. Er ist die Mitte und die Verbindung zwischen den niederen und höheren Aurakörpern. Die Struktur des ganzen Energiefeldes und der höhere Wille sind hier angesiedelt.

Die sechste Ebene im Energiefeld ist der **atmische Aurakörper**, auch **himmlischer Körper genannt**. Es ist der reinste Aurakörper des Menschen. Durch die geistige Entwicklung und die Kraft der Seele, die uns in die Weisheit und in die Liebe bringen, sind wir mit dem Universum und dem Licht verbunden. Die Farben der Aura werden über das Denken und Fühlen beeinflusst und verändern sich bei wechselnden Gedanken. Positive und negative Gedankenwellen werden hier unbewusst aufgenommen. Positive Gedanken sind Licht bringend, denn sie ziehen heilende Farben an, negative Gedanken ziehen dunkle Farben oder sogar Wesen aus der dunklen Astralwelt an. Was jeder durch sein mitgebrachtes Karma und die ihm für dieses Leben angebotenen Möglichkeiten erreicht, zeigt sich als Wachstum und Entwicklung im atmischen Aurakörper, da hier die Intuition einströmt.

Die siebte Ebene in der Aura ist **der Kausalkörper.** Er enthält die Lebensgeschichte für die heutige Inkarnation. Außerdem sind hier gleichzeitig noch Reste vergangener Inkarnationen programmiert. Es ist die stärkste Ebene unseres Energiefeldes. Der siebte Aurakörper ist unsere äußerste Schutzhülle und gleichzeitig das Verbindungsglied für die sieben noch höheren Aurakörper.
Es besteht eine Verbindung zwischen dem Ätherkörper und dem Stirn-, Kehlkopf- und Herzchakra sowie dem Solarplexus, dem Milzchakra und der Kundalini am Steißbein. Jeder Mensch sollte ein Kanal für das Licht werden. Seine positiven Energien gelangen über die sieben Chakras in die sieben Auraschichten. Es sind die Energiestrahlen der geistigen Sonne. Die geistige Sonne, das göttliche Licht, auch Christuslicht genannt, liegt hinter der sichtbaren Sonne und verströmt Strahlen aller sieben Farben durch die Menschen und alle Geschöpfe.

Die Verantwortung Ihrer Seele gegenüber

Nur durch eigene Erfahrungen können wir lernen, die fehlende Liebe und Unkenntnis göttlicher Weisheiten in Gottesbewusstsein und Weisheit umzuwandeln, um ein Leben im Licht und in Liebe führen zu können.

Allein das göttliche Licht löst alle Probleme.

Der negative Aspekt des Menschen, der sich in jeder negativen Erfahrung, in zweifelnden Gedanken oder irdischen Problemen zeigt, sollte durch unbeirrbares Vertrauen in das göttliche Licht und durch das Erkennen der kosmischen Gesetze wieder in Harmonie mit allem Leben kommen. Die Wahrheit ist immer in der Seele zu finden.

Die Seele findet nur über die Liebe und durch das Bewusstwerden und Einhalten der geistigen Gesetze die Erlösung.

Erst durch die Inkarnation auf der Erde ist es uns Menschen möglich, die Seele zu erlösen. Das Leben ist ein Geschenk Gottes. Gott steht uns zu jeder Zeit bei. Gebete an Gott zeigen einen Suchenden an, der offen und empfänglich ist für die Liebe und die göttliche Führung seiner unsichtbaren himmlischen Helfer. Alles was passiert, geht auf die vollkommene Gerechtigkeit Gottes zurück, die für das Gleichgewicht des Karmas sorgt. Die gesammelten Erfahrungen aus früheren Inkarnationen machen sich schon während der Schwangerschaft bemerkbar. Alles was ab dem Zeitpunkt der Zeugung passiert, hat die Ursache im mitgebrachten Karma.

Ein Mangel an Liebe ist die Hauptursache menschlichen Leids. Da es verschiedene Qualitäten der Liebe gibt, ist die menschliche Liebe der Beginn der göttlichen Liebe. Die Mehrzahl der Menschen sehnen sich nach Liebe und anstatt zu lieben, ist ihr größter Wunsch, geliebt zu werden. Im Einklang zu sein mit der Liebe ist in Wahrheit der Schlüssel für ein Leben mit göttlichen Segnungen, die sich im Irdischen zeigen. Wer Bescheid weiß über die Lernaufgaben seiner Seele für diese Inkarnation, der kann sein Leben konstruktiv in positive Bahnen lenken und ins Gleichgewicht bringen. Derjenige, der seine mitgebrachten Lernaufgaben, die auf der Seele programmiert sind, im Laufe des Lebens aufarbeitet, entfaltet seinen Geist und öffnet sich für die Liebe. Nur durch einen geistigen Prozess verändert sich unser Leben positiv. Gute Vorsätze allein bringen keine Veränderung. Der Zustand des Bewusstseins der Seele zeigt die Charakterstärke an. Denn wer von der Wirkung des karmischen Gesetzes weiß, kann den Sinn und Zweck seiner Schwierigkeiten verstehen und das Leid auflösen. Wir inkarnieren auf der Erde, um negatives Karma abzuarbeiten. Jeder Mensch möchte ohne Anstrengung ein schönes Leben auf der Erde haben. Um dieses Ziel zu erreichen, sollten wir uns zuerst über unseren Lernprozess für diese Inkarnation bewusst werden, damit wir uns geistig weiterentwickeln können.

Die Erfahrungen auf der Erde bringen der Seele die Chance für einen Wachstumsprozess. Wenn irgendwann der Wechsel in die geistige Welt ansteht, werden wir uns in der astralen Ebene wiederfinden, die dieselben Bedingungen darstellt wie auf der Erde. Falls wir uns charakterlich, seelisch und geistig im Leben nicht weiterentwickelt haben, werden uns auch im Jenseits die Grenzen aufgezeigt. Dort zählen nur die Qualität des Bewusstseins und die Charaktergröße. Das geistige Leben ist genauso Realität wie das irdische Leben.

Die physische Materie hat stets ihr Gegenstück in der astralen Welt. Durch materielle Habgier können Menschen in einer glücklichen Familie oder seelenverwandte Menschen, die sich eigentlich lieben, getrennt werden. Materieller Besitz ist jedoch die falsche Weltanschauung. Weder Materie noch der Intellekt haben im Jenseits Bedeutung, sondern einzig die erworbene Charakterstärke und Herzensgröße.

Der Sinn des Lebens ist Wachstum und Entfaltung der Seele und des Geistes.

Immer wenn wir tief in uns eintauchen, finden wir eine Kraft, die in uns steckt und die nicht von dieser Welt ist. Nach vielen Inkarnationen lernen wir, dass unsere Seele und unser Geist die göttliche Kraft in unserem Inneren aufnehmen, um sie in unserem äußeren Leben scheinen zu lassen. Das Leben, das einen geistigen Aspekt hat, entzündet den göttlichen Funken, der die Verbindung zu Gott, der wahren Quelle, darstellt.

Das höchste Gut des Geistes ist die Erkenntnis Gottes, und die höchste Tugend des Geistes: Gott zu erkennen.

Baruch de Spinoza

Nicht verzeihen zu können, ist ein Mangel an Selbstliebe

Sie erniedrigen sich nicht, wenn Sie nachsichtig sind und den Menschen, von denen Sie verletzt wurden, verzeihen. Der größte Fehler, den Sie machen können, ist die Aussage: „Ich kann nicht verzeihen." In diesem Satz zeigt sich Ihre mangelnde Selbstliebe. Es ist die hundertprozentige Gewährleistung dafür, dass Sie der Seele, von der Sie im heutigen Leben verletzt wurden, in einer Ihrer folgenden Reinkarnationen wieder begegnen werden. Durch das Nicht-Vergeben-Können halten Sie das alte Schmerzmuster fest. Sie behindern Ihren eigenen Wachstumsprozess! Infolge Ihres Selbstmitleids machen Sie sich hilflos. **Befreien Sie sich deshalb aus der selbstgerechten Verbitterung.**

Die Ursache vieler Krankheiten liegt in der Tatsache, dass Sie den Menschen, von denen Sie irgendwann einmal verletzt wurden, nie von ganzem Herzen und aus tiefster Seele verziehen haben. Sobald Sie gedanklich an die Quelle der „Verletzung" zurückgehen, sollten Sie den Zusammenhang der damaligen psychischen Verletzungen mit Ihrem heutigen physischen und psychischen Zustand sehen.

Die innere Stimme – der höhere Verstand – weiß, dass es sich bei jeder Verletzung um eine karmische Prüfung handelt. Aber die Stimme des niederen Verstandes – des Intellekts – lässt Sie emotional reagieren. Die negativ gelebten Gefühle zeigen sich nicht nur durch Krankheiten im physischen Körper, sondern beherrschen zudem den astralen, den mentalen und den kausalen Aurakörper. Durch die emotionale Reaktion wird die Tatsache verdrängt, dass nichts geschieht, was nicht in Gottes Plan gehört, damit die Seele geistig wachsen kann. Jede negative Erfahrung sollte lediglich als Chance zur Vervollkommnung der eigenen Seele gesehen und begriffen werden.

Lassen Sie sich von Ihrer inneren Stimme sagen, ob die Verletzung auf der Seele immer noch vorhanden ist. Versuchen Sie, die Wahrheit im Herzen zu fühlen. **Wenn Sie jetzt richtig verzeihen, sodass es Ihre Seele berührt, werden Sie Ihr Leben in eine neue Richtung lenken.** Falls Sie wegen der Situation, in der Sie verletzt wurden, schon an sich gearbeitet haben, werden Sie die Verletzungen und Ereignisse durch eine andere Lebensanschauung bereits akzeptieren. Um irgendwann nicht dieselben negativen Erfahrungen erneut machen zu müssen, sollten Sie mit ganzem Herzen der Person, von der Sie verletzt wurden, verzeihen, damit Ihre Seele die Verletzung nicht mehr programmiert hat. Sobald Sie diese tiefe innere Wahrheit mit dem Verstand aufgegriffen haben, können Sie verzeihen. Durch das Vergeben spüren Sie, dass jeder nicht nur für sich allein, sondern für alle arbeitet und alle für jeden wirken. Ihr Herz heilt, weil die Vergebung Ihre Seele berührt. **Verzeihen ist ein geistiges Gesetz,** um einen Lichtprozess auf der Seele machen zu können.

Sie sollten den Sinn des Lebens – sich geistig weiterzuentwickeln – erkennen und diese Tatsache als Herausforderung annehmen. Beruhigen Sie Ihren Geist und hören Sie auf Ihre innere Stimme. **Ihre Seele möchte befreit werden**. Sie allein sind fähig, sich selbst zu helfen. Es ist ein Zeichen von Stärke, seine eigenen Schwächen anzuschauen. Die meisten Menschen drücken ihre seelischen Schmerzen weg, weil sie unbewusst Angst davor haben, ihre Verletzbarkeit zu zeigen. Es ist von außerordentlicher Wichtigkeit, sich Gefühle der Verletztheit einzugestehen und sie an die Oberfläche kommen zu lassen. Je mehr die Gefühle unterdrückt werden, desto weiter entfernt man sich von Gott.

Durch bestimmte Verhaltensmuster, die in einer Familienstruktur schon vorhanden sind, werden durch die Familienmitglieder die Schutzmechanismen vorgelebt und weitergegeben. Durch diesen Verdrängungsmechanismus fällt es den Menschen schwer, die höheren Wahrheiten zu erkennen.

Die Mehrzahl der Menschen sind Gefangene der Materie, weil sie der beruflichen Karriere Priorität einräumen. Anstatt in Harmonie mit den geistigen Gesetzen zu leben, um sich auf diesem Weg von den irdischen Begrenzungen zu befreien, versuchen sie, sich den Himmel auf der Erde materiell zu erschaffen. Da der Mensch nur die Oberfläche seines wahrhaftigen Seelenlebens kennt, kann er psychisch und physisch irgendwann dem wirtschaftlichen Druck nicht mehr standhalten.

Die wahre Kraft ist eine göttliche Kraft, die in jedem von uns vorhanden ist. Diese geistige Kraft lässt Erfolg grenzenlos werden, sie ist jedoch nicht mit dem Intellekt in seiner irdischen Begrenztheit fassbar. Die Menschen, die sich die Kraft in der geistigen Welt holen und den Wert der geistigen Gesetze anerkennen, sind im göttlichen Fluss des Lebens.

Wie du am Ende deines Lebens wünschst gelebt zu haben, so kannst du jetzt schon leben.

Marc Aurel

Vergebung und Dankbarkeit sind zwei Wesenszüge, die den Menschen auf seinem Entwicklungsweg ein großes Stück vorwärts bringen. Der anderen Person und auch sich selbst zu verzeihen, ist der einzig wahre Weg, um sich dem Positiven, dem Schönen und Guten wieder hinwenden zu können. Tief aus der Seele heraus zu verzeihen, bedeutet, dass Sie den inneren Frieden wiedererlangen. Wer verzeihen kann, anstatt Groll, Selbstzerstörung, Verbitterung oder Unnachgiebigkeit zu leben, wer Liebe zeigt statt Hass, der besitzt bereits eine feine. lichtvolle Seele. Falls Sie sich immer noch die Frage stellen: *„Warum soll ich der Person, die mir soviel angetan hat, verzeihen?“*, dann lautet die Antwort: *„Damit Sie das vorprogrammierte, sich wiederholende negative Zusammentreffen mit dieser Person für die kommende Reinkarnation endlich durchbrechen.“* Sobald Sie geistiges Bewusstsein erlangt haben, möchten Sie die Opferrolle abgeben.

Die Menschheit teilt sich in zwei Gruppen. Der eine Teil hat die Täterrolle übernommen, der andere Teil ist in der Opferrolle. **Nur im Leben auf der Erde können negative Verbindungen gelöst werden**. Im Laufe vieler Inkarnationen wiederholen sich daher die Begegnungen mit denselben Seelen. Sie können davon ausgehen, dass jedes erneute Zusammentreffen einen negativen Ausgang haben wird, wenn kein geistiger Entwicklungsprozess stattfindet, welcher durch das Verzeihen oder um Verzeihung bitten Seele und Herz berührt. Dabei spielt es keine Rolle, ob Sie diese Seelen in einer familiären, freundschaftlichen oder geschäftlichen Konstellation wieder treffen. Sie sollten diese Tatsache mit Ihrem Geist erfassen!

Wer seine Probleme und Schwierigkeiten als Chance sieht, um einen geistigen Entwicklungsprozess zu machen, bei dem erweitert sich das Bewusstsein, denn der Geist erkennt die göttliche Führung. Im Alltag kann diese göttliche Führung täglich beobachtet werden. Denn jeder, der Vertrauen hat auf Gottes Plan, weiß, dass er das Lernen und Einhalten der göttlichen Gesetze beinhaltet, die unser ganzes Sein bestimmen.

Als Teil dieses göttlichen Planes wurde jedem Menschen der freie Wille gegeben, sodass er genau diese Situationen erlebt, die geeignet sind, um Karma abzuarbeiten und die Entwicklung seiner Seele und die Entfaltung des Geistes zu fördern. Das eigene innere Licht zu suchen, zu finden und danach zu leben, das ist der Sinn eines jeden Lebens.

Verzeihen, damit die Seele frei wird

Sind Sie bereit, sich selbst eine Chance zu geben, dann verzeihen Sie jetzt! Es ist der Weg, einen geistigen Lichtprozess zu machen und Licht in die eigene Seele zu bringen. Auch wenn Sie wegen seelischer Verletzungen vielleicht schon an sich gearbeitet haben, sollten Sie nach innen hören, ob Sie damals, während Ihres Aufarbeitungsprozesses, wirklich aus ganzem Herzen verziehen haben. Die meisten Menschen glauben nur, sie hätten verziehen. Falls dies auch in Ihrem Fall so ist, wäre es möglich, dass Sie während des Verzeihens immer noch emotional heftig reagieren. Überlegen Sie sich vorher, ob Sie therapeutische Unterstützung benötigen. Es liegt in Ihrer Eigenverantwortung.

- Entspannen Sie sich, während Sie mehrere Male tief ein- und ausatmen. Jedes Mal, wenn Sie ausatmen, entspannt der Körper ein wenig mehr. Lassen Sie alle negativen Gedanken los. Langsam beginnt sich auch der Geist zu entspannen.

Sind Sie bereit, die Verletzungen, die auf der Seele noch programmiert sind, durch intensives Verzeihen loszulassen, damit Ihr verletztes Herz heilen kann?

- Bevor Sie mit dieser Übung beginnen, bitten Sie in der Meditation den **Erzengel Metatron** um Unterstützung.
- Stellen Sie sich in Gedanken Ihr Herz mit zwei Herzfenstern vor und **öffnen Sie diese**. Sagen Sie sich: **„Ich bin bereit, zu verzeihen.“**
  Auch wenn es Sie wahrscheinlich viel Überwindung kostet, sprechen Sie gedanklich diesen Satz mehrmals aus tiefer Überzeugung.

Aus tiefer Seele und mit ganzem Herzen zu vergeben, macht die Seele frei. Ein Gefühl der Erleichterung tritt bereits während der Vergebung ein und die Befreiung ist sofort spürbar. Durch das Loslassen des bisherigen Schmerzmusters und die Bereitschaft, in die Veränderung zu gehen, werden die Energiebewegungen der Chakras neu festgelegt.

- Sobald Sie das Gefühl haben, Sie sind soweit, der anderen Person wirklich vergeben zu können, stellen Sie sich den Menschen noch einmal vor Ihrem geistigen Auge vor.

Wer will, der kann! Denn jeder hat die Aufgabe seiner Seele gegenüber, zu verzeihen. Wer hindert Sie denn am Verzeihen, außer Sie sich selbst? Gehen Sie in die Selbstliebe.

Tun Sie es, damit Ihre Seele einen geistigen Lichtprozess macht und ein wenig Frieden findet.

- Sie können sich vorher noch einmal mit der Seele unterhalten und ihr in Gedanken mitteilen, wie sehr Sie die damalige Situation verletzt hat. Versuchen Sie, in dieser Meditation die geistige Tatsache zu erkennen, dass die Menschheit eine große Gemeinschaft des Lebens ist und alle von dem einen Geist sind. Wir alle sind ein Teil der ganzen Schöpfung und Gott ist die ganze Schöpfung. Ihr Leben ist im Einssein mit allem Leben, deshalb öffnen Sie Ihr Herz.
- Stellen Sie sich jetzt gedanklich vor, wie Sie Ihre Herzfenster öffnen.
- **Verzeihen Sie jetzt!**

Nachdem Sie aus ganzem Herzen verziehen haben, sollten Sie das Gefühl einer großen Erleichterung verspüren. Bei manchen Menschen ist auch ein tiefer Stoßseufzer zu hören, der befreiend wirkt. Auf jeden Fall müsste Ihnen sprichwörtlich ein Stein vom Herzen gefallen sein.

- Falls dies nicht der Fall sein sollte, haben Sie noch nicht mit der ganzen Kraft der Liebe der anderen Person vergeben. Versuchen Sie es nochmals.

Mit ganzem Herzen zu verzeihen, macht die Seele frei. Sie werden kurz danach schon merken, welche positive Wirkung das „Verzeihen" für Sie hat. Vergebung ist eine der schwierigsten Aufgaben, die jeder Mensch im Leben zu lernen hat. Jede Verletzung oder Ungerechtigkeit, die Ihnen widerfahren ist, wie schwerwiegend sie auch gewesen sein mag, können Sie im Wissen um die göttliche Gerechtigkeit der geistigen Welt überlassen. Eine Person, die bereits weise handelt und Charakterstärke zeigt, rechtfertigt sich nie, sondern überlässt voller Vertrauen die ganze Situation dem göttlichen Gesetz. Die Seele sollte nicht nur vollkommene Gelassenheit erlangen, sondern auch Ruhe in schwierigen Gegebenheiten bewahren, sodass der Mensch im Wissen, göttlich geführt zu sein, stets besonnen und ausgeglichen reagiert.

- Spüren Sie in sich hinein, ob noch energetische Verbindungen am Solarplexus oder/und Wurzelchakra zu der Person bestehen, der Sie nun verziehen haben. Schneiden Sie die Energieverbindungen vor Ihrem geistigen Auge durch. Auch diesmal sollten Sie auf jeden Fall die beiden Enden der durchgeschnittenen Verbindungen vor Ihrem geistigen Auge sehen.

- Zum Schluss bedanken Sie sich bei Erzengel Metatron. Verabschieden Sie sich von ihm und kommen Sie langsam wieder zu sich.

Nach jedem geistigen Entwicklungsprozess

- Sollten Sie zuerst die Emotionen, die für Sie wichtig und stimmig sind, aufschreiben. Lesen Sie Ihre Liste in den darauffolgenden Wochen täglich morgens und abends **intensiv und bewusst** durch.

Sie haben die innerste Quelle allen Seins berührt. Vergebung bringt Licht in die Seele und löst karmische Verstrickungen. Vergebung ist eines der wichtigsten Gesetze der geistigen Welt. Öffnen Sie sich für die universellen Gesetze. Empfangen Sie aus den geistigen Dimensionen die Hilfe, die Sie in Ihrer geistigen Entwicklung unterstützt.

Der Siege Göttlichster

ist das Vergeben

Friedrich von Schiller

Selbstliebe - das Leben über positiv gelebte Emotionen neu programmieren

Unsere Gedanken sind unsere Wünsche und haben Macht. Jeder aggressive, nachtragende Gedanke erzeugt eine negative Schwingung. Positive, wohlwollende Gedanken geben positive Schwingungen ab. Die Ausstrahlung einer jeden Schwingung hat spürbare Kraft. Infolgedessen sind positive oder negative Gedanken entscheidend für die unterschiedlichen Energieströme, die unser Leben positiv oder negativ beeinflussen.

Setzen Sie Ihr Vorhaben, sich positiv zu verändern, in die Tat um.
Es ist der Beginn für ein neues Leben.

Um ein positives Leben führen zu können, sollten Sie ab sofort Ihren Gedanken große Aufmerksamkeit schenken und ihnen eine positive Wendung geben.

- Achten Sie auf Ihr festgefahrenes Denken und Sprechen.
- Schreiben Sie sich nach jedem Befreiungsprozess erneut die Emotionen auf, die auf Sie zutreffen. Lesen Sie diese täglich bewusst durch, am besten, bevor Sie in den Tag starten und abends, bevor Sie schlafen gehen.
- Die Umgestaltung vom negativen Verhaltensmuster ins Positive erfolgt durch die Vorstellungskraft positiver Gedanken.

Das Ziel ist, Erleichterung und Freiheit zu erlangen. Die Arbeit mit den Emotionen muss von Ihrem innersten Wesen realisiert werden. Es dauert nur eine kurze Zeitspanne, bis Ihre neuen Empfindungen auch von den Menschen in Ihrem Umfeld wahrgenommen werden. **Ändern Sie Ihr Verhalten und beginnen Sie, ab sofort nur noch positive Gedanken und Emotionen zu leben.**

Leben Sie positive Emotionen und der Wachstumsprozess für Ihre Seele kann beginnen. Licht durchdringt die Seele, wenn Sie Ihre innewohnenden Kräfte nutzen. Viele Menschen glauben, dass sie zu schwach und unfähig sind, ihr Leben in den Griff zu bekommen. Jeder Mensch auf seiner gegenwärtigen Entwicklungsstufe ist fähig, sein Leben positiv zu verändern! Das einzig Richtige, mit schwierigen Situationen fertig zu werden, ist, nach innen zu gehen und zu meditieren. Gehen Sie voll Vertrauen, mit dem Wissen, göttlich geführt zu sein, in den Alltag. Fließen Sie im Strom des Lebens, reifen Sie an den Erfahrungen der Vergangenheit. Kommen Sie in eine harmonische Übereinstimmung mit dem Leben.

Die positiven und negativen Emotionen und ihre Auswirkungen auf die Organe

MAGEN / PANKREAS

8.00 Uhr bis 10.00 Uhr — Diese Organe sind dem Element Erde zugeordnet.

Am Morgen zwischen 8.00 Uhr und 10.00 Uhr sind laut Organuhr die Meridiane von Magen und Pankreas besonders energiereich.

Die aufgenommene Nahrung wird im Magen gespeichert und mit dem Magensaft durchgemischt. Über das vegetative Nervensystem wird die Magensaftproduktion gesteuert, die nicht nur von der Menge der aufgenommenen Nahrung abhängt, sondern auch durch psychische Faktoren beeinflusst wird. Kohlenhydrate werden recht zügig in den Darm weitergeleitet, fette Speisen hingegen verweilen mehrere Stunden im Magen.

Die Bauchspeicheldrüse produziert Verdauungssäfte und Hormone. Sie gibt lebensnotwendige Hormone wie Insulin und Glukagon in das Blutgefäßsystem ab.

Positive Emotionen — **z u r ü c k h o l e n :**

das positive Denken
das positive Reden
das Vertrauen in die Zukunft
das Zutrauen in die eigenen Fähigkeiten
die Glücksgefühle durch positive Resultate
die eigene Wertschätzung
die Wertschätzung für andere Menschen
die Bereitschaft, gesund zu werden
die Bereitschaft, verzeihen zu können
die Freude am Leben
die Leichtigkeit des Seins
die Unbeschwertheit
die Einfühlung
die Klarheit und das Erkennen
die Geborgenheit
das Gefühl der Erfüllung

Negative Emotionen <u>l o s l a s s e n :</u>

die Traurigkeit
die Grübelei
die Kritik
die Depression
die Leere
die Selbstaufgabe
die Angst vor der Zukunft
die Zweifel
das Sicherheitsdenken
das Verhaftetsein mit (Person oder/und Gegenstand)
die Enttäuschung
das Gefühl der Entbehrung
die Übelkeit
den Neid
die Gier
die Verbitterung
die Erpressung

LUNGE / DICKDARM

4.00 Uhr bis 6.00 Uhr Diese Organe sind dem Element Metall zugeordnet.

Sauerstoff sollte den Körperzellen stets ausreichend zur Verfügung stehen. Die Lunge und die Atemwege sorgen dafür, dass genügend Sauerstoff durch das Einatmen über Nase, Rachen und Kehlkopf in die Luftröhre und in die Lungenbläschen gelangt und gleichzeitig das Kohlendioxyd abtransportiert und ausgeatmet wird.

Positive Emotionen **z u r ü c k h o l e n :**

die Toleranz
die Offenheit
die Kraft zum Loslassen
die Befreiung
den Glauben an den eigenen inneren Wert
das Gefühl, geschätzt zu sein
die Bereitschaft, zu sprechen
das Gefühl, urteilsfrei zu sein

Negative Emotionen **l o s l a s s e n :**

die Intoleranz
den Fanatismus
die Ungerechtigkeit
die Traurigkeit
den Kummer
das Gefühl, deprimiert zu sein
das Schweigen
die Gleichgültigkeit
die Apathie
die Vorurteile
die Schuldgefühle
die Selbstbestrafung
die Stagnation
den Hochmut
den falschen Stolz

NIERE / BLASE

16.00 Uhr bis 18.00 Uhr Diese Organe sind dem Element Wasser zugeordnet.

Die Nieren verfügen über ein ausgeklügeltes Gefäßsystem. Sie sind lebenswichtige Organe, deren wesentliche Aufgabe darin besteht, das Blut von Stoffwechselschlacken zu befreien. Sie filtern die Gifte aus dem Blut heraus und scheiden sie über den Urin aus. Bei zu geringem Wassergehalt im Blut scheiden die Nieren weniger Flüssigkeit aus, umgekehrt scheiden die Nieren bei hohem Wassergehalt im Blut mehr Wasser aus. Gesteuert wird dieser Vorgang über das Adiuretin, ein Hormon der Hirnanhangdrüse.

Positive Emotionen **z u r ü c k h o l e n :**

das Urvertrauen
die innere Führung
den Frieden
die Entspannung
den Mut
die Entschlossenheit und die Zuversicht
die Sicherheit im Tun und Handeln
die Offenheit für den Übergang ins Neue
die eigenen Bedürfnisse erkennen und dann handeln
das Wissen, geliebt und beschützt zu sein

Negative Emotionen **l o s l a s s e n :**

die Selbstbestrafung
das Bedauern
die Ängste
die Panik
den Schock
den Schrecken
die tiefe Verzweiflung
die Ruhelosigkeit
die Rücksichtslosigkeit
die schöpferische Unsicherheit
die Angst, keine Überlebenschance zu haben
die Verweigerung dem Leben gegenüber
den Aberglauben

LEBER / GALLE

24.00 Uhr bis 2.00 Uhr Diese Organe sind dem Element Holz zugeordnet.

Als zentrales Stoffwechselorgan hat die Leber mehrere Aufgaben. Sie ist zuständig für die Energie und dient zur Entgiftung körperfremder Stoffe, da sie chemische Substanzen unwirksam macht und abbaut. Bei fettreicher Nahrung hilft sie bei der Bildung von Gallenflüssigkeit.

Positive Emotionen **z u r ü c k h o l e n :**

die Zufriedenheit und den Seelenfrieden
die Geduld
das Gefühl, die innere Stimme hören zu können
und nach der inneren Stimme zu leben
die Wahrheit
Kraft, das eigene Potenzial auszuschöpfen
die Motivation
die Gewissheit, es zu schaffen
den Neuanfang im Leben
die Devise: „ich will und ich kann"
die Vergebung der eigenen Fehlschläge
die Versöhnlichkeit
Kraft, negative Emotionen in positive zu verwandeln
das Gefühl, geliebt und respektiert zu sein
die Gelassenheit dem Leben gegenüber
die Freude, Veränderungen erreichen zu können

Negative Emotionen **l o s l a s s e n :**

die seelischen Verletzungen
den Groll / die Verbitterung / den Hass
das Be- und Verurteilen
die selbstgerechte Empörung
die innere Weigerung, zu sich selbst zu stehen
die Täuschung
den Zorn / die Wut / die Rage / den Kampf
die Angst vor Spiritualität
das schlechte Gewissen
das Gefühl, aufzugeben

HERZ / DÜNNDARM

12.00 Uhr bis 14.00 Uhr Diese Organe sind dem Element Feuer zugeordnet.

Das Herz ist das Antriebsorgan des Blutkreislaufs. Es pumpt ständig Blut aus seinen Höhlen in den kleinen und großen Blutkreislauf. Pro Minute schlägt das Herz durchschnittlich siebzig Mal.

Positive Emotionen **zurückholen:**

die Freude
die Liebe
die Liebe zu sich selbst
das positive Gefühl für sich selbst
das Gefühl, kostbar zu sein
das Wissen, geliebt zu werden und zu lieben
die Wiedervereinigung von Herz und Seele
die Bereitschaft, das Herz wieder zu öffnen
die Sicherheit, göttlich unterstützt zu sein
die vollkommene Glückseligkeit
die Lebendigkeit und die Freude am Leben
die Vergebung (sich selbst oder anderen gegenüber)
die Gesundheit
die Entspannung

Negative Emotionen **loslassen:**

die Traurigkeit
die Selbstzweifel
die Unsicherheit
den Ärger
die Starrköpfigkeit
die Unausgeglichenheit
die Nervosität
das Gefühl, empfindungslos zu sein
die Härte
die Ungerechtigkeit
das Unglücklichsein

KREISLAUF / DREIFACH-ERWÄRMER (Schilddrüse)

20.00 Uhr bis 22.00 Uhr Beide sind dem Element Feuer zugeordnet.

Die Blutgefäße und das Herz bilden zusammen ein geschlossenes System, das Herz-Kreislaufsystem. Das Kreislaufsystem besteht aus zwei Abschnitten, dem kleinen Lungenkreislauf und dem großen Körperkreislauf, und ist dafür zuständig, die Körperzellen mit Sauerstoff und Nährstoffen zu versorgen.
Die Schilddrüse bildet die beiden Hormone für die Entwicklung der körperlichen und geistigen Leistungsfähigkeit sowie für die Regulierung des Energieumsatzes. Mit ihnen reguliert sie die gesamten Stoffwechselvorgänge im Organismus und hält sie im Gleichgewicht. Ein wichtiger Hormonbaustein ist dabei Jod.

Positive Emotionen **zurückholen:**

die Großzügigkeit
den göttlichen Fluss
die Hoffnung
die Bereitschaft, mein Leben zu verändern
das Vertrauen zu sich selbst
das eigene Denken
das Gefühl, wieder zu leben
die Umsicht mit den Mitmenschen
die Ehrlichkeit in Freundschaften

Negative Emotionen **loslassen:**

die Unsicherheit
die Verzweiflung / die Verzagtheit / die Schwere
die Hoffnungslosigkeit
die Einsamkeit und die Abgeschiedenheit
die Hysterie
die Eifersucht und / oder die Rachegefühle
die Schadenfreude
die Demütigungen
den Eigensinn
das Schweigen
die Gewissensbisse
die Krankheit oder den körperlichen Zerfall
die Ablehnung der Vergangenheit

ZENTRALGEFÄSS / GOUVERNEURSGEFÄSS

Hierbei handelt es sich um Meridiane, die keinem Organ zugeordnet werden. Die aufgelisteten positiven und negativen Emotionen betreffen das Wurzelchakra sowie die Mittellinie des Körpers. Der Meridian des Zentralgefäßes verläuft auf der Körpervorderseite vom Perineum (Schambein) in der Mittellinie hoch bis unterhalb der Unterlippe.
Der Anfangspunkt vom Meridian des Gouverneursgefäßes befindet sich auf der Körperrückseite am Steißbein und verläuft ebenfalls in der Mittellinie über das Kreuz, über den Kopf und endet unterhalb der Nase über der Oberlippe. Beide Meridiane haben eine direkte Verbindung zum Gehirn.

Positive Emotionen **z u r ü c k h o l e n :**

die positive Macht
die Gewissheit, sich auf sich selbst zu stützen
die Eigenverantwortung
das innere Gleichgewicht
das eigene Ich
die Kraft, die Situation anzunehmen, so wie sie ist
die Kraft, loslassen zu können
die Balance zwischen Irdischem und Seelenleben
die Basis
das Gefühl, fest auf der Erde zu stehen
die Sexualität
das positive Leben mit einem Partner
die Kraft zur Wandlung
das Denken, alles zu Ende zu bringen
die Gelassenheit dem Leben gegenüber
den Erfolg
den Geldfluss
die Fülle des Lebens
das Gefühl, im Fluss des Lebens zu sein
das Gefühl, wieder zu leben

Negative Emotionen **<u>l o s l a s s e n :</u>**

die Unterdrückung
die Abhängigkeit
die Fremdbestimmung
das Gefühl, angepasst zu sein
das Gefühl der Machtlosigkeit
die Verweigerung dem Leben gegenüber
die Selbstzerstörung
die Wertlosigkeit
das Versagen
das Gefühl, es allen recht machen zu wollen
das Gefühl, getrieben zu sein

Positive Energie durchströmt unseren Körper, wenn wir positiv denken und positive Emotionen leben. Das Licht, mit dem wir uns automatisch durch positives Denken und Reden verbinden, erhöht die Schwingung im Körper. Durch die geistige Aktivität wirken die unsichtbaren Kräfte der geistigen Welt. Gottes Plan und die unglaubliche Organisation in der geistigen Welt funktionieren immer.

Wir verlieren uns solange, bis wir in unseren Erdeninkarnationen, durch die erarbeiteten Bewusstseinserweiterungen zu der klaren Einsicht kommen, dass hinter jedem erschaffenen Bewusstseinsgrad eine gewaltige Geisteswelt steht. Wir erlangen die Erkenntnis, dass wir in allen Lebensebenen mit dem Universalen verbunden sind. Durch das Erwachen wachsen wir. Dieses geistige Wachstum lässt die Einheit mit Gott immer größer werden und das Christuslicht in uns erkennen.

Je mehr wir uns dem Christuslicht zuwenden, umso intensiver führen wir ein geistiges Leben, was in unserem Alltagsleben positiv zum Ausdruck kommt. Die Arbeit mit den Emotionen bringt unserem Körper mehr Gesundheit und lässt unseren Charakter reifen. Der geistige Prozess bewirkt, dass alles in allem zusammenwirkt, denn das alte Leben verabschiedet sich. Die Veränderung lässt ein neues, positives Leben entstehen.

Das Herz öffnen, damit die Lebensfreude wieder erwacht

Sie können sicher sein, dass jeder Befreiungsprozess, der in diesem Buch beschrieben ist, jede Ablösung von aktuellem Alltagsstress und vor allem die Auflösung des bereits lange bestehenden Stresses für Sie jedes Mal ein erreichtes Teilziel bedeutet. Jede Anstrengung, die Sie für Ihre geistige Entwicklung unternehmen, wird stets eine positive Wirkung zeigen. Verzweifeln Sie nicht, nur weil Sie vielleicht ohne die Einhaltung der Verarbeitungszeit schneller weitermachen wollen oder es manchmal vom äußeren Leben her mal ein Hoch, mal ein Tief gibt. Die Tatsachen, dass Sie sich ständig bemühen, unbeirrbar vorwärts zu schreiten, und lernen, auf die innere Stimme zu hören und der geistigen Welt zu vertrauen, zeigen, dass Sie auf dem richtigen Weg sind und geistig permanent wachsen. Schon alleine dadurch wird es Ihnen stetig besser gehen und Sie bekommen langsam aber sicher ein immer besseres Gefühl sich selbst und auch anderen Menschen gegenüber.

Wissenswertes vor dem Befreiungsprozess

Durch die Auflösung des aktuellen täglichen Stresses fühlen Sie sich sofort befreit und können in der Nacht entspannt durchschlafen. Wenn Sie jedoch seit vielen Jahren, vielleicht sogar seit der Kindheit, emotional in noch ungelösten Schocks oder seelischen Verletzungen gefangen sind und deshalb körperlich und seelisch dauerhaft unter Stress stehen, vielleicht deswegen sogar in Behandlung sind, **können Sie selbstverständlich mit Ihrem Arzt, Heilpraktiker oder Therapeuten über diesen Befreiungsprozess sprechen und eventuell um Unterstützung bitten. Es liegt in Ihrem Bewusstsein und ist somit Ihre Entscheidung und Ihre Eigenverantwortung**.

- Überlegen Sie sich zuerst, wer oder welches Thema Ihnen am meisten Stress verursacht.
- Beginnen Sie mit dem Thema, das für Sie Priorität hat.
- Suchen Sie sich immer nur **ein Thema** aus. Nach ungefähr zehn bis zwölf Wochen können Sie dann das nächste Thema angehen.
- Nach jedem Prozess notieren Sie sich die positiven Emotionen, die auf Ihren Gemütszustand zutreffen und die Sie gerne leben möchten.
- Schreiben Sie ebenso die negativen Emotionen auf, die Sie loslassen wollen und lesen Sie diese täglich bewusst durch.
- Vergessen Sie nicht, nach jedem Prozess viel Wasser zu trinken.

Der Energiefluss wird immer durch negativ gelebte Emotionen blockiert. Im Meridianrad der Organe kann man Hinweise finden auf **akuten Stress**, wie kurzfristigen Ärger oder Schmerzen, auf **emotionalen Stress**, der bereits länger besteht, sowie auf **körperlichen Stress** struktureller Art, beispielsweise Fremdkörper oder Narben..., und auf **Dauerstress** durch seelische Blockaden.

Ich hole mir zurück:	Ich lasse los:
Listen Sie hier all Ihre gewünschten positiven Emotionen auf.	Hier schreiben Sie Ihre negativen Emotionen auf.

Nehmen Sie sich täglich wenigstens ein paar Minuten Zeit, um alleine und in Ruhe mit den Emotionen zu arbeiten. Mit jeder Emotion, mit der Sie bewusst arbeiten, berühren Sie Ihre Seele. Durch diese geistige Innenschau sind Sie bereit, in die Veränderung Ihres Lebens zu gehen. Stellen Sie sich zu jeder Emotion in Gedanken ein positives Bild vor, dadurch erschaffen Sie sich eine Kraft, die in Ihnen wirkt.

Durch das Bewusstsein, sich voll auf die unterdrückten und blockierenden Gefühle einzulassen, durchströmt eine neue Lebensenergie Ihren Körper. Wenn Sie alles richtig gemacht haben, zeigt sich bereits nach der ersten Arbeit mit den Emotionen eine positive Veränderung. Eine neue Energie wird in Ihr Herzchakra einfließen. Kommunizieren Sie mit Ihrer Seele und arbeiten Sie zielgerichtet an den Emotionen. Tief in der Seele wird sich etwas Negatives lösen.

Liebe und Vergebung sind die Lösung aller Probleme.
Vergebung bedeutet Freiheit.

Durch die Vergebung werden Sie Ihre bisher negativ gelebten Emotionen loslassen können, weil sie sich aus Ihrem System lösen. Wenn Sie sich jedoch auf die negativen Emotionen einlassen und sich ihnen hingeben, manifestiert sich die negative Energie und Sie erleben eine Trennung von der göttlichen Energiequelle.

- Versuchen Sie ab sofort, Ihre alten negativen Gedanken unter Kontrolle zu bringen und neu zu ordnen.

- Arbeiten Sie regelmäßig mit den besten Absichten an den Emotionen. Durch diese Arbeit machen Sie einen geistigen Entwicklungsprozess.

Das Ergebnis geistiger Arbeit zeigt sich nicht nur im psychischen, sondern auch im physischen Bereich. Alle Krankheiten entstehen immer nur aus Mangel an geistigem Licht. Sie werden die inneren Ängste und das Leid durch die Blockadelösung, durch die Vergebung und anschließend durch die Arbeit mit den Emotionen in Licht umwandeln können.

Es ist nicht genug zu wissen, man muss auch anwenden;

Es ist nicht genug zu wollen,

man muss auch tun.

Johann Wolfgang von Goethe

Die Auflösung von aktuellem Stress

Sie können jetzt die angebotene Gelegenheit wahrnehmen, sich vom Alltagsstress zu befreien. Ihr Bewusstsein wird sich erweitern, wenn Sie die notwendige Kraft des Vorstellens für sich entwickelt haben.

Erste Phase:

- Setzen oder legen Sie sich bequem hin und sorgen Sie dafür, dass Sie auf keinen Fall gestört werden. Um den psychischen Stress leichter abzubauen, sollten Sie mit einer Hand die Stress-release-Punkte (siehe Abbildung auf Seite 105) auf der Stirn berühren.

- Atmen Sie bewusst in alle Chakras mehrmals tief ein und aus. In Gedanken sagen Sie sich bei jedem Atemzug, dass Sie Ruhe einatmen und den Tagesstress ausatmen. Schließen Sie die Augen. Spüren Sie, wie sich bereits nach einigen Minuten Körper, Geist und Seele immer mehr entspannen. **Werden Sie ein Kanal für die positive Energie.**

- Gehen Sie noch einmal gedanklich den ganzen Tag durch. In dieser Meditation arbeiten Sie sich durch die verschiedenen Stressphasen des Tages. Lassen Sie Punkt für Punkt alle unangenehmen oder stressigen Situationen vor Ihrem geistigen Auge ablaufen.

- Schließen Sie die Augen und stellen Sie sich vor, Sie sitzen auf einer Brücke und lassen den Ärger, den Stress und den psychischen Druck durch den Körper, dann aus den Füßen heraus ins Wasser fließen. Lassen Sie solange den Stress abfließen, bis Sie das Gefühl haben, entspannt zu sein.

- Falls Sie zudem noch gedanklich überanstrengt sind, weil sich in Ihrem Kopf ein Gedankenkarussell dreht, stecken Sie die Probleme, die Sie ständig im Kopf hin- und herwälzen, in ein Paket oder in mehrere Pakete und werfen Sie diese ins Wasser. Sehen Sie, wie sie nacheinander untergehen. Die bildliche Vorstellung ist eine Metapher für Ihre Seele und sehr wirkungsvoll. Sie fühlen sich danach leicht und befreit.

Verletzende Worte fallen oftmals aufgrund von verbitterten, empörten und tief verwurzelten Ansichten. Es entsteht sofort eine disharmonische Schwingung. Sich Fehler einzugestehen bedeutet, dass Sie sich selbst anschauen. Dies ist ein notwendiger Schritt zu einem persönlichen Wachstum. Die Meinung anderer dient als Spiegel, um das eigene Bewusstsein zu aktivieren.

Verletzungen durch landläufige Ansichten können Sie ohne Umschweife loslassen und der Person vergeben. Vertrauen Sie auf Ihre Intuition, es kann nämlich genauso gut sein, dass Sie Ihre bisherigen Gedanken und Meinungen revidieren, weil Sie plötzlich die Wahrheit erkennen.

Zweite Phase:

- Sobald Sie allen negativen Stress losgelassen haben, verbinden Sie sich durch Ihre schöpferische Vorstellungskraft mit der geistigen Welt. Mit einem Meister oder Erzengel nach Ihrer Wahl gehen Sie in Gedanken jetzt noch einmal den ganzen Tagesablauf durch.

- Visualisieren Sie diesmal alles, was am heutigen Tag stressig war ins Positive. Dadurch wird das Negative ins Positive umgewandelt und aus Ihrem System gelöscht. Sie werden mit einer gewissen Leichtigkeit des Seins den nächsten Tag positiv beginnen können. Bedanken Sie sich zum Schluss bei Ihrem geistigen Helfer, der Ihnen zur Seite stand.

Der innere Druck und die Spannungen lösen sich auf, weil sich Ihr Geist durch den Kontakt mit der göttlichen Welt beruhigt und höher entwickelt hat.

Nur die Menschen, die für die Weisheit Zeit haben,

sind frei von Unruhe. Sie allein leben.

Seneca

Die Befreiung von dem Stress, der schon jahrelang vorhanden ist

Sind Sie bereit, sich aus Ihrer jetzigen Bewusstseinsstufe zu erheben, um sich weiterzuentwickeln?

Es ist eine Notwendigkeit sich selbst gegenüber, geistige Erkenntnisse und Bewusstseinserweiterungen zu erlangen. Das seelische und körperliche Gleichgewicht können Sie nur finden, wenn Sie bereit sind, sich der eigenen Gefühlswelt zu öffnen, um die verletzten Gefühle aufzulösen. Durch die Auflösung von länger bestehenden seelischen Belastungen werden Sie nachgiebig und aufgeschlossen sich selbst und anderen gegenüber. Während und nach diesem Befreiungsprozess müssen Sie damit rechnen, dass Sie möglicherweise emotional reagieren. Die Auflösung kann nur dann erfolgreich sein, wenn Sie die unterdrückten Gefühle an die Oberfläche kommen lassen. Ihr Leben verläuft in eine neue Richtung, sobald Sie bereit sind, den Schmerz im Herzen und auf der Seele loszulassen.

Fühlen und spüren Sie die negativen Emotionen noch einmal bewusst. Dadurch verabschieden Sie sich endgültig von den hemmenden Gefühlen. Freuen Sie sich über eine emotionale Reaktion. Sie kann Zustände wie Weinen, Angstgefühle oder körperliche Schmerzen für kurze Zeit hervorrufen, die aber, sobald Sie gedanklich die Situation loslassen, wieder verschwinden.

Nehmen Sie sich immer nur ein einziges Thema zur Stressreduktion vor.
Das Leben auf dieser Welt ist durch das kosmische Gesetz geregelt und keiner kann diesem Gesetz von Ursache und Wirkung entgehen. Ihr Leben gewinnt einen neuen Aspekt, wenn Sie die seelischen Verletzungen von früher loslassen. Befreien Sie sich von den negativen Gefühlen von Schmerz und Frustration, damit sich Wut, Hass, Verbitterung oder Trauer auflösen können.

Wichtige Information
Wenn Sie emotional sehr stark reagieren oder krank sind, besprechen Sie die Stressbewältigung vorher mit Ihrem Arzt oder Therapeuten und besorgen Sie sich auf alle Fälle ein Calciumpräparat.

Erklärung
Durch die Auflösung eines schon länger bestehenden Problems kann es eventuell bei einer Person, die dazu neigt, emotional sehr stark zu reagieren, während der Korrektur für kurze Zeit zu einer Störung der Nebenschilddrüsenfunktion kommen.

Da bei gleichzeitigem Ansteigen der Phosphate der Calciumgehalt des Blutes sinkt, ist das Resultat dieser innersekretorischen Drüsenstörung eine krampfbereite Überregbarkeit des Nervensystems. Hinter der Schilddrüse liegen vier winzige, reiskorngroße Nebenschilddrüsen, die eine lebenswichtige hormonale Funktion im Organismus erfüllen. Sie sind es, die durch ihren Wirkstoff den Mineralstoffwechsel, besonders den Calcium und Phosphor-Gehalt des Blutes und der Gewebe entscheidend beeinflussen. Eine Störung des Mineralhaushalts kann sich äußern durch Zuckungen im Gesicht, kribbelnde Empfindungen in den Gliedern, verkrampfte Haltung der Hände oder Atembeschwerden. Beim Auftreten von Zuckungen, Kribbeln in den Gliedmaßen oder bei verkrampfter Pfötchenstellung der Hände unterbrechen Sie die Korrektur und **trinken oder nehmen Sie sofort das Calciumpräparat,** welches Sie, in vorheriger Abstimmung mit Ihrem Arzt oder Heilpraktiker, griffbereit neben sich stehen haben. Machen Sie eine kurze Pause. Die krampfbereite Überregbarkeit des Nervensystems löst sich in kürzester Zeit durch das Einnehmen des Calciums auf.

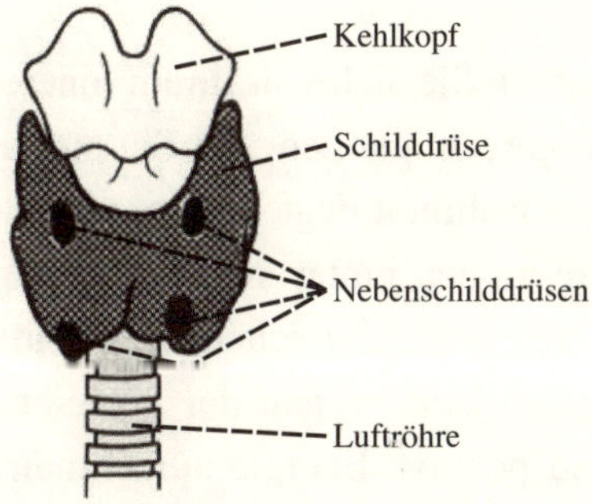

Was Sie vor der Auflösung noch wissen und beachten sollten

- Falls Sie den Wunsch haben, dass Sie von einer neutralen Person oder Ihrem Therapeuten während der Auflösung begleitet werden, dann sprechen Sie vorher mit ihr/ihm die folgenden Punkte durch.

- Bevor Sie beginnen, stellen Sie sich das Calcium-Präparat, die Rescue-Remedy Tropfen und eine Flasche Wasser zum Trinken in greifbare Nähe. Vorab geben Sie drei oder vier Rescue-Tropfen in ein Glas Wasser, das Sie während der Auflösung trinken.
Anschließend verreiben Sie noch einige Tropfen auf dem Solarplexus und je einen Tropfen auf die Stress-release-Punkte (siehe Seite 105).

- Legen Sie sich jetzt hin und sorgen Sie dafür, dass Sie auf keinen Fall gestört werden. Machen Sie es sich bequem, legen Sie ein Kissen unter den Arm, damit Sie, während Sie die Stress-release-Punkte halten, nicht so schnell ermüden.

- Stellen Sie sich nun vor, wie Sie mit jedem Atemzug **Gelassenheit einatmen und die Anspannung ausatmen.** Machen Sie diese Atemübungen solange, bis Sie das Gefühl haben, mit der Auflösung beginnen zu können.

Lassen Sie sich von Ihrem inneren Licht führen. Werden Sie sich bewusst, dass die Ungerechtigkeiten, die Sie so verletzt haben, scheinbar nur von außen existieren. Die Wahrheit liegt verborgen in der Seele. Sie allein haben die Macht, die negativen Emotionen hinter sich zu lassen und die Wahrheit zu erkennen. Wenn Sie diesen Punkt in sich erreichen und es zulassen, dass die Ursache Ihres seelischen Schmerzes gelöst wird, weicht der Schleier der Vernebelung. Danach werden Sie mehr Licht und positive Energie aufnehmen und so wieder empfänglich werden für das Gute und Positive.

- Halten Sie nun mit Daumen und Zeigefinger leicht die Stressrelease - Punkte **während der ganzen Auflösung.** Atmen Sie solange ein und aus, bis Sie eine tiefe Entspannung in Ihrem Körper wahrnehmen.

- Verbinden Sie sich nun meditativ mit Erzengel Michael und zusätzlich noch mit einem Meister nach Ihrer Wahl.

- **Begeben Sie sich gedanklich in die besagte Zeit zurück und durchleben Sie noch einmal im Geiste die damalige negative Situation.** Versuchen Sie in Harmonie, im Wissen des göttlichen Gesetzes von Karma, mit den Personen, die noch immer seit damals mit Ihnen negativ verkettet sind, in Gedanken zu kommunizieren.

- Lenken Sie Ihre Gedanken bereits jetzt schon in positive Bahnen, dadurch bereiten Sie sich den Weg für die positive Veränderung vor.

- Sehen Sie die Zusammenhänge und die Personen von damals vor Ihrem geistigen Auge. Erinnern Sie sich an alles! Falls Sie weinen müssen, weil Sie den Schmerz in der Seele wieder empfinden, dann lassen Sie die Tränen fließen. Lassen Sie Ihre Emotionen heraus!

Wichtig ist, dass Sie die Schwierigkeiten in Ihrem Leben und die zugefügten Verletzungen, die stets eine erneute karmische Prüfung darstellen, als solche erkennen. Sie selbst haben sich diesen Weg für Ihre Karmaverarbeitung ausgesucht.

Auf der geistigen Ebene gibt es weder Raum noch Zeit. Die geistige Kommunikation mit der Seele, von der Sie verletzt wurden, und das Verzeihen sind der Weg in die Freiheit.

- Sobald Sie fertig sind, **verzeihen Sie aus tiefstem Herzen** der Person oder mehreren Personen, von denen Sie damals verletzt wurden. Wenn es nicht klappen sollte, öffnen Sie in Gedanken Ihre Herzfenster. Sagen Sie sich: “Ich bin bereit zu verzeihen“. Verzeihen Sie jetzt noch einmal.

- Vielleicht müssen auch Sie um Verzeihung bitten. **Sehen und spüren Sie nun, wie das weiße kosmische Christuslicht durch Ihren ganzen Körper fließt.**

Das Verzeihen löst die negative und schmerzvolle Vergangenheit für beide Parteien auf. Zusätzlich können wir etwaige Schuldgefühle loslassen. Sobald wir uns selbst oder dem anderen verzeihen, öffnen wir uns für die göttliche Liebe. Nach diesem Prozess können Sie das Licht des Christusgeistes wieder aufnehmen. Durch die Strahlkraft des Christuslichts erarbeiten Sie sich ein besseren Leben. Sie finden Ihr Gleichgewicht wieder.

- Fühlen Sie jetzt erneut in sich hinein oder pendeln Sie vorher schon ab, ob eventuell noch energetische Verbindungen vorhanden sind. Das betrifft auch Personen, die bereits verstorben sind, die Sie jedoch, aufgrund der emotionalen Verletzungen, gedanklich noch nicht losgelassen haben.

- Bitten Sie mental den Erzengel Michael, der Sie während der Auflösung begleitet hat, um Unterstützung. Schneiden Sie die energetische Verbindung zu der Person durch. Sie sollten danach die Energieverbindung vor Ihrem geistigen Auge durchschnitten sehen.

Lernen Sie nun zwischen den Gefühlsregungen des niederen irdischen und des höheren göttlichen Selbst zu unterscheiden. Ordnen Sie den niederen Verstand dem höheren unter. Disziplinieren Sie sich in Ihren Gedanken, sodass sich Ihre bisherige Lebenseinstellung positiv verändert.

- Bei einer Person, die bereits verstorben ist, ist es auch deshalb notwendig, dass die energetische Verbindung gelöst wird, damit für die verstorbene Person die Umwandlung vollzogen werden kann, sodass sie von ihrer irdischen Hülle befreit wird, um ihre Ruhe zu finden.

Nach dieser Arbeit fühlen Sie sich frei, erleichtert und ein wenig müde. Dies war eine tief greifende Ablösung für Sie. Geben Sie sich für die nächste Auflösung genügend Zeit und lassen Sie zehn bis zwölf Wochen verstreichen, da Sie diesen Prozess erst körperlich, geistig und seelisch verarbeiten müssen.

Vergessen Sie nicht

- Schreiben Sie die Emotionen (siehe Seite 178-186), die in Ihrer Situation auf Sie zutreffen, in die Liste (siehe Seite 188). Lesen Sie diese während der ganzen Verarbeitungswochen täglich bewusst durch, damit Sie die positive Veränderung in Ihrem System automatisieren und nach Ende der Verarbeitungszeit dauerhaft leben können.

- Den blockierten Chakras sollten Sie bereits am nächsten Tag durch kontinuierliche Chakra-Arbeit die fehlende Energie zuführen. Mit geringem Zeitaufwand können Sie täglich abwechselnd zwei der sieben beschriebenen Vorschläge (siehe Seite 131-136) für die energetische Arbeit auswählen.

- Sehr wichtig! Achten Sie in den ersten vier Tagen nach diesem Befreiungsprozess darauf, dass Sie täglich zweieinhalb bis drei Liter Wasser trinken, um den Körper zu entgiften. In den nachfolgenden drei Tagen sollten Sie noch zwei bis zweieinhalb Liter Wasser trinken.

In der Anfangszeit der Transformation sind das Wassertrinken für die körperliche Entgiftung, ebenso die tägliche Arbeit mit den Chakras und den Emotionen sehr wichtig, da Sie eventuell viele Jahre lang emotional blockiert waren. Aus diesem Grund sollten Sie die neuen Emotionen ab sofort auch leben, damit das alte, negative Verhaltensmuster durchbrochen wird. Falls Sie irgendwann durch Unachtsamkeit rückfällig werden, liegt es in Ihrer eigenen Macht, sich sofort dem Positiven wieder zuzuwenden. Bitten Sie daraufhin die eigene Seele noch einmal um Verzeihung.

Nach dieser Stressreduktion wird sich die Wahrheit manifestieren, die geistigen Reichtum bringt, da geistige Gesetze bewusst werden. Die Geisteskraft ist der Schlüssel, um sich aus den irdischen Begrenzungen zu befreien. Das körperliche Wohlbefinden ist das Ergebniss von positiver geistiger Kraft. Das Leben und die Liebe gewinnen einen neuen Aspekt. Die Liebe erhöht Ihre Schwingung, was im irdischen Leben spürbar und sichtbar zum Ausdruck kommt. Jedes Mal, wenn eine seelische Weiterentwicklung durch eine Blockadelösung stattfindet, fließt noch mehr Christuslicht ins Herz.

Das Christuslicht bedeutet für alle Menschen, **gleichgültig welchem Glauben sie angehören, das göttliche Licht.**

Hinter jeder Religion gibt es nur eine Wirklichkeit, es ist

die universale Religion der Liebe.

Sobald der Mensch die Wahrheit erkennt, weiß er, dass das erste universelle Gesetz

das Gesetz der Liebe ist.
Die wahre Religion ist die Liebe!

Um sich auf die Energie der kosmischen Liebe einzustimmen, ist eine stille Kommunikation mit Gott förderlich. Die göttliche Liebe lehrt uns, dass die Liebe eine universale Religion ist, dass jeder Mensch und jedes Lebewesen sich vor diesem höchsten Gesetz, vor Gottes Liebe, beugt. Gehen Sie in die Liebe. Lernen Sie, sich selbst und das Leben zu lieben.

Die Liebe ist der Endzweck der Weltgeschichte –
das Amen des Universums.

Novalis

Hinduismus

Jainismus

Judentum

Christentum

Islam

Buddhismus

Chinesisches Universismus

Kapitel III

Gott ist die Seele der Welt

Kleanthes

*Alles **kursiv Gedruckte** auf den Seiten 204–254 sind **Durchsagen des Meisters Maha Chohan,** der aus der Sicht der geistigen Welt **die ganze Wahrheit** zu den Hintergründen der Ereignisse und Entwicklungen der drei westlichen Weltreligionen mitteilt. Auf den Seiten 255–281 finden Sie weitere Erklärungen des Meisters Maha Chohan zu anderen interessanten Themen.*

Die geschichtliche Entwicklung der Weltreligionen

Die Menschen vollzogen in den frühesten Religionen eine zivilisatorische Entwicklung durch religiöse Kultsysteme. Die Entwicklung kulturellen Bewusstseins begann mit einfachen religiösen Ritualen. Gefäße aus Holz und später aus Ton wurden für rituelle Gebräuche benutzt. Sie wurden als Beigabe in Gräber gelegt, was auf ein wachsendes spirituelles Bewusstsein hindeutete. Durch bestimmte rituelle Zeremonien konnten die Menschen in ihr eigenes Unterbewusstsein vordringen, deshalb waren sie sich auch der Tatsache bewusst, dass eine erneute Wiedergeburt folgte. Der Tod gehörte zu einem Lebenszyklus, der nicht unwiderruflich war, sondern ein wiederkehrendes Ereignis darstellt.

In Asien liegt der Anfang der geschichtlichen Religionen. Alle Religionen sind eng mit den Kulturen der Länder und Regionen verknüpft. Die erste und älteste Entwicklung war die vedische Religion. Der Hinduismus in Indien entstand durch die Kulturen der Zivilisation des Industals und der indoeuropäischen Kultur. Aus der Vermischung der Religion der Urbevölkerung und der von den Ariern eingeführten vedischen Religion entwickelte sich der Hinduismus, aus dem wiederum der Buddhismus hervorging. Bei den indischen Philosophien spielt eine wichtige Rolle die Vorstellung, dass das Universum das Zusammenwirken zweier Prinzipien aufweist, es ist das immer wiederkehrende Wechselspiel im Schöpfungsprozess.

Die Religionen dieser Welt teilen sich in zwei Hauptströme – die östlichen und die westlichen Religionen. Die indischen Religionen haben ihre Mystiker, die religiös-philosophische Lehren verbreiten, die chinesischen Religionen haben ihre Weisen, das Judentum, Christentum und der Islam haben ihren Propheten.

Kaiser Fu-shi, der im 3. Jahrtausend v. Chr. in Asien lebte, schuf in dieser prähistorischen Periode den kulturellen Anfang, weil er Einblick in die Zusammenhänge alles Seins hatte. Auf ihn geht das berühmteste Werk – **das Buch der Wandlungen** – zurück, das kosmisches Wissen vermittelt.

Im 2. Jahrtausend v. Chr. wanderten die Arier in Indien ein. Ihre Religion war auf ähnlicher Stufe wie die von Naturvölkern. Das älteste Dokument der indischen Religion und Kultur ist der in Sanskrit geschriebene **Veda,** in dem in der Zeit von 1200-600 v. Chr. das „heilige Wissen“ schriftlich festgehalten wurde. Er ist die Grundlage des **Brahmanismus** (in Sanskrit: brâhmana), von der indischen Priesterkaste, den Brahmanen, abgeleitet, deren religiöse Gedanken in den heiligen Schriften, dem Veda, festgehalten wurden.

Durch die Kontakte mit Einwanderern und anderen Stämmen floss neues Gedankengut ein. Um ungefähr 800 v. Chr. gewinnt insbesondere der Glaube an Reinkarnation große Beachtung, der für die gesamte spätere religiöse Entwicklung von richtungsweisender Bedeutung ist. Bislang den gelehrten Brahmanen fremd, wird nun diese tiefe Lehre von Wiedergeburt und Karma im Veda aufgenommen und verkündet. Diese Urweisheit hatte durch alle Jahrtausende hindurch bedeutsame Folgen für das indische Geistesleben, denn durch den Glauben an die Endlosigkeit des Weltprozesses gibt es die Hoffnung auf Erlösung.

Im Laufe der Zeit hat sich aus dem Brahmanismus der Hinduismus entwickelt. Heute gehört die Mehrheit der indischen Bevölkerung dem religiös-sozialen System des **Hinduismus an.** Die Hindus richten ihr Leben aus nach den heiligen Texten der **Vier Veden,** den in Sanskrit mitgeteilten religiösen Bräuchen, Anschauungen und Mythologien. Der Veda besteht aus vier Sammlungen von Liedern und Sprüchen. Diese sind die Quellen für das Wissen um sittliche Weltordnung, die Rechte und Pflichten der Menschen und die Vergeltung von Taten (Auswirkung des Karmas).

Deshalb wird die indische Religion auch als vedische Religion bezeichnet, die in erster Linie einen ausgeprägt philosophischen Charakter hat, da sie in den diversen Glaubensformen bestimmte transzendente Wahrheiten mitteilt. Den verschiedenen Strömungen innerhalb des Hinduismus gemeinsam ist die Lehre von Karma und Wiedergeburt. Der Glaube an ein Leben nach dem Tode gehörte zur Weltanschauung. Aus dem Rahmen dieser religiös-philosophischen Denkweise, die ungefähr um 1200–600 v. Chr. im Veda belegt ist und die man als Vorform des Hinduismus bezeichnet, ist der **Buddhismus** entstanden.

Der im 6. Jahrhundert v. Chr. entstandene **Buddhismus** brach mit der religiösen Autorität des Veda, übernahm jedoch die Reinkarnationslehre, die Lehre von der Seelenwanderung. Die Grundlagen der buddhistischen Lehren stehen in den „Vier Edlen Wahrheiten“ geschrieben, die Buddha schon in seiner ersten Lehrrede in der „Predigt von Benares“ mitteilte.

Buddha (der Erwachte) lebte von 566–486 v. Chr. Er wurde in einen Palast hineingeboren. Immer wenn er sich außerhalb des Palastes aufhielt, sah er die drei Aspekte des Leidens: Alter, Krankheit und Tod. Die Probleme des Leidens ließen ihn nicht mehr los. Er trat in die Priesterschaft ein, um Antworten für das Leid zu finden.

Er fand sie in den **„Vier Edlen Wahrheiten“:**

Die edle Wahrheit vom Leiden,
von der Entstehung des Leidens,
von der Vernichtung des Leidens
und dem zur Vernichtung führenden Weg.

Die vierte Wahrheit ist der Achtfache Pfad, der hilft, das Ende des Leidens herbeizuführen:

rechte Anschauung,	rechtes Wollen,
rechtes Reden,	rechtes Tun,
rechtes Leben,	rechtes Streben,
rechtes Gedenken,	rechtes Sichversenken.

Der Sinn Buddhas Lehren war das Nirwana (Erlöschen), das Endziel des buddhistischen Heilweges, das Erlöschen des Leidens, der Lebensgier.

Ein gutes Beispiel ist König Ashoka Priyadarshin, der 272–232 v. Chr. fast das gesamte Indien regierte. Seine früheren kriegerischen Eroberungszüge nach Kalinga, die den Menschen viel Leid brachten, versuchte er wegen seiner Schuldgefühle wieder gutzumachen, indem er in großem Ausmaß eine gewaltlose, rein geistige Eroberung für die buddhistische Religion betrieb, die ganz Indien einschließlich des nordwestlichen Grenzgebietes umfasste. Neue Gesetze untersagten zum Wohle der Tiere gewisse Riten und Bräuche. Er gab nicht mehr den irdischen Glücksgütern, sondern dem inneren Seelenfrieden die Priorität.

Zur selben Zeit wie **Buddha** waren auch **Konfuzius** (551 v. Chr.) und **Pythagoras** (um 570 v. Chr.) auf der Erde inkarniert. Um das Wesen der Welt zu erfassen und Erkenntnisse zu erlangen, studierte Konfuzius die große Tradition der Vergangenheit. Ihm verdankt Europa die ersten chinesischen Weisheiten, die katholische Missionare in ihren lateinischen Schriften erwähnten. In der chinesischen Welt gilt Konfuzius (der Weise, der Lehrer) als einer der größten Weisen, die auf der Erde inkarnierten. Konfuzius sammelte die heiligen Überlieferungen der Chinesen. Er lehrte, dass die moralische Qualität des Menschen dazu verpflichtet, sich richtig zu verhalten. Da die klassischen Sprüche von Konfuzius als ideologische Grundlage des Staates angesehen wurden, bezeichnete man in Europa die offizielle staatliche Religion des chinesischen Kaiserreiches als **Konfuzianismus.**

Der Unterschied zwischen Buddhismus und Konfuzianismus liegt darin, dass der Buddhist das Ziel eines Buddhas anstrebt, nämlich in das Nirwana einzutreten, während der Konfuzianer sich darauf beschränkt, ein guter Bürger zu sein und das diesseitige Glück und das Wohl der Nachkommen zu berücksichtigen, nicht aber das Leben nach dem Tode. Neben **Konfuzius** gehört **Lao-tse** (604–517 v. Chr.) zu den eindruckvollsten Denkern, die China je hervorgebracht hat, deren Geist die Chinesen am stärksten beeinflusste. Im Gegensatz zu Konfuzius repräsentierten Lao-tse und seine Nachfolger die mystische Seite.

Bei den Chinesen wie auch bei den Indern dient die Meditation zur Verwirklichung des Seelenfriedens, um höhere Erkenntnisse zu erlangen, indem sie in sich selbst den ewigen Weltengrund vorfinden. Das Bestreben, den innersten Kern des alles Existierenden, das in allem verborgen ist, zu ergründen, zeigt schon immer das philosophische Interesse an. Durch das Ruhigstellen des Bewusstseins, der Gedanken und der Emotionen der eigenen Persönlichkeit findet meditativ ein Sich-Einfügen in den universellen Geist, eine Übereinstimmung und Harmonie mit dem Weltgeist statt. Die Meditierenden sind sich der Wechselbeziehung zwischen dem Kosmos und der Erde, zwischen den himmlischen Mächten und dem Leben der Menschen bewusst, denn sie wissen um die lebendige Wirklichkeit eines universellen Urquells allen Seins. Die Erkenntnisse der östlichen Meister sind, dass Himmel und Erde und der Mensch eins sind. Sie nehmen ein moralisches und natürliches Weltgesetz an, das den endlosen kosmischen Prozess lenkt. Nach Auffassung der Chinesen ist der Kosmos ein riesiger Organismus, der einem fortwährenden Wandel unterliegt.

In allen östlichen Religionen hat die Meditation einen viel höheren Stellenwert als in den westlichen Religionen, weil sie den Religionsanhängern Einblick in die Harmonie der himmlischen Sphären gibt, die in ihrer Gesamtheit ein harmonisches Ganzes und göttliche Weisheit vermitteln. Alle geschichtlichen Ereignisse haben angesichts der unendlichen Ewigkeit nur geringe Bedeutung. Durch ihre Meditationen wissen die Menschen, dass das Leben mit dem göttlichen Pulsschlag und mit allem Leben verbunden ist, dass viele Erinnerungen in mehreren Schichten unter dem heutigen Bewusstsein verborgen liegen, die im früheren Leben ihren Ursprung hatten. In der Gottesvorstellung werden die Gedanken auf das unveränderliche Sein gelenkt, das eine Sein, das ewige Unendliche und Unvergängliche.

Im 4. Jahrhundert n. Chr. lehrte **Asanga** die „Nur-Bewusstseinslehre“ und ging somit einen anderen Weg. Er teilte mit: *„Alles, was in Meditation wahrgenommen wird, ist die Wahrheit, es ist das gespeicherte Bewusstsein, das sich von Leben zu Leben fortsetzt. Dieses kumulierte Bewusstsein setzt sich aus positivem und*

negativem Karma zusammen, dem die Vielzahl der bereits gelebten Persönlichkeitsstrukturen zugrunde liegt".
Die Quintessenz der östlichen Religionen ist, den innersten Zusammenhang zwischen dem Himmel oben und der Erde unten zu erkennen. Man weiß, dass es jenseits der Grenzen unseres sterblichen Lebens das unbeschreibliche Glück eines vollkommenen Lebens gibt. Das Wesentliche einer jeden Religion ist das unbeschreibliche Erleben, dass sich das Bewusstsein im irdischen Leben in der Seligkeit der Erhebung über das Vergängliche offenbart.

Die Menschen der östlichen und die der westlichen Religionen haben unterschiedliche Anschauungen und eine gegensätzliche Auffassung. Die Gläubigen der westlichen Religionen sind durch die geschichtlichen Erzählungen ihrer „Heiligen Schriften" von der Allmacht Gottes überzeugt. Seine Vollkommenheit erlaubt uns uneingeschränkte Selbstständigkeit. Sie nehmen ein Weltbild an von einem Dasein nur einer Erde, dem Ort, an dem die Geschichte der Menschheit vor sich geht. Nach ihrer Auffassung unterliegt Gott allein – in der Zeit zwischen der Schöpfung der Welt und dem Weltende – der Verlauf der Weltgeschichte.

Die Heimat der westlichen Religionen und ihrer geschichtlichen Gottesoffenbarungen ist der Vordere Orient. Nicht nur **Moses** hat die Grundlage gelegt, als er Gott im brennenden Dornbusch am Gipfel des Berges Sinai hörte, wo er für die Menschen die zehn Gebote empfing, sondern auch das nachexilische Judentum ist der Boden, aus dem das Christentum und der Islam erwachsen sind. Allen drei Religionen, **Judentum, Christentum** und **Islam,** ist gemeinsam der Glauben an **einen Gott.** Hier geht es nicht wie in den großen Religionen östlichen Ursprungs um kosmisches Bewusstsein, vielmehr sind sie geprägt von ihren jeweiligen prophetischen Gestalten. **Abraham** spielt als erster eine grundlegende Rolle in allen drei Religionen, er ist das Vorbild aller Propheten und richtungsweisende Leitfigur in der Hebräischen Bibel des Judentums, im Neuen Testament des Christentums und auch im Koran des Islam. In jeder der drei prophetischen Religionen ist Abraham die Symbolfigur für den **Monotheismus,** in dem der Mensch von Gott abhängig, gleichzeitig für sein eigenes Tun verantwortlich ist.

Es gibt viele Glaubensbekenntnisse, aber der Geist ist der gleiche – in mir, in dir und in allen Menschen.

Lew N. Graf Tolstoj

Die geschichtliche Entwicklung der drei westlichen Religionen – Judentum, Christentum und Islam

Das Judentum

Die Frühgeschichte der Israeliten geht auf Abraham (ungefähr 1900–1700 v. Chr.) zurück, der ersten zentralen biblischen Gestalt des jüdischen Volkes. Abraham lehrte bedingungsloses Vertrauen und den Glauben an Gott. Stets war sein Blick fest auf Gott gerichtet. Die Geschichte vom Leben Abrahams zeigt die Tiefe seines Vertrauens, seine Liebe und seinen Gehorsam Gottes Willen gegenüber, denn er wusste um die Güte und Gnade Gottes. Er wusste auch um die geistigen Gesetze und dass nichts zufällig oder außerhalb der göttlichen Ordnung geschieht. Als Mystiker war ihm bewusst, dass nicht sein, sondern Gottes Wille geschehe. Abraham wurde im Alter von ungefähr siebzig Jahren von Gott aufgefordert, nach Palästina in das Land Kanaan zu ziehen, die Heimat des Judenvolkes. Bereit für Veränderungen nahm er das Risiko auf sich und folgte mit Mut und Gottvertrauen den Offenbarungen Gottes. Bei den Verheißungen Gottes wurde der Bund zwischen Abraham und Gott geschlossen, es ist der Anfang der Geschichte des Volkes Israel – die Geschichte des Judentums als Volk und als Religion.

Von Abraham stammen sein Sohn **Isaak** und dessen Sohn **Jakob** (ungefähr 1750 v. Chr.), die Stammväter Israels und **Jesus Christus** ab, außerdem **Ismael**, der Stammvater der Araber und später der Muslime. – *„Bestimmte kosmische Zyklen bringen der Menschheit leidvolle Erfahrungen, sodass sie eine höhere Entwicklungsstufe erklimmen können. Durch* ***Isaak*** *hatte das Volk Israel die Möglichkeit, die höheren Wahrheiten zu erkennen.* ***Gottesbewusstsein ist die wahre Religion!*** *Isaak war sich, wie sein Vater Abraham, Gott-bewusst. Beide verkündeten die Wahrheit der Liebe. Sie wussten, dass Gott Liebe ist, und ordneten sich dem Willen Gottes unter. Abraham war das Leitbild für die drei nachfolgenden Weltreligionen.* ***Jakob*** *war die zentrale Figur für das Juden- und Christentum. Religion unterliegt verschiedenen Glaubensformen, die das wachsende Gottesbewusstsein gläubiger Menschen fördern. Im „Herzen" eines jeden Menschen befinden sich sieben Kammern, damit derjenige, der durch einen tiefen Fall in die Dunkelheit geraten ist, über eine Religion wieder zu Gott finden kann. Damit auch die Araber das Richtige erkennen, sich richtig verhalten und das Richtige tun, empfing* ***Mohammed*** *Allahs Offenbarungen. Er zeigte ihnen den Weg „wohin" und* ***Ismael,*** *der Stammvater und Urahne der Araber, zeigte ihnen ihren Ursprung, ihr „woher" auf."*

Isaak, Jakob und Ismael bildeten die Wurzeln, aus denen die zwölf Stämme des Volkes Israel (von ungefähr 1200–1000 v. Chr.) hervorgingen. Jakob war der Vater von zwölf Söhnen, die wiederum die Väter der Zwölf Stämme des jüdischen Volkes wurden.

Die Zwölf Stämme Israels sind:

Jakob / Lea	Jakob / Bilha	Jakob / Silpa	Jakob / Rahel
↓	↓	↓	↓
Ruben	Dan	Gad	Josef
Simon	Naftali	Ascher	Benjamin
Levi			
Juda			
Issachar			
Sebulon			

„Jeder der zwölf Söhne ***Jakobs*** *gründete einen der Stämme Israels. Sie nahmen sich das Land und liebten einander. Ab dem Zeitpunkt, als die Magd Bilha ihren ersten Sohn gebar, konnte Jakobs erste und meistgeliebte Frau Rahel ihre menschlichen Schwächen – das Gefühl der Demütigung, Verachtung, Groll und negative Gedanken – nicht mehr unterdrücken und überwinden. Aus dem verbitterten Gefühl heraus konnte Rahel ihre mentalen Kräfte nicht mehr disziplinieren und unter Kontrolle halten. Sie verlor die Beherrschung und lenkte ihre Gedanken in die falsche Richtung. Durch die neuen Lebensumstände kam Zwietracht in der Familie auf."*

Jeder der Stämme brachte seine eigenen Traditionen mit, ihre Erzählungen wurden in der Bibel niedergeschrieben. Gemeinsame Heiligtümer und jährliche Feierlichkeiten bildeten den Zusammenhalt der Stämme. – *Rahels Gedanken über Bilhas Sohn Dan bekamen immer mehr destruktive Macht. Ihre Seelenaufgabe war es, die niederen Instinkte zu beherrschen und sich selbst zu disziplinieren. Ihre Gedanken, geleitet durch ihre negativen Gefühle, ermöglichten den Wesen der gröberen und niederen Astralebene den Eintritt. Die Astralwesen nutzten und verstärkten die negativen Energien noch und beeinflussten die Mitglieder des Stammes Dan. Zu einem späteren Zeitpunkt gingen sie auf den Stamm Naftali über. Dadurch vermehrten sich die negativen Gedanken und nahmen ein Ausmaß an, das unvorstellbare und ungeheuerliche Auswirkungen für das israelitische Volk zur Folge hatte.*

Die Israelstele des Pharaos Merenptah aus der Zeit um 1210 v. Chr. ist die erste außerbiblische Bestätigung des Stämmebundes.

Jakob wanderte mit seiner ganzen Familie nach Ägypten aus. Nachdem sich die Israeliten dort angesiedelt hatten, begann die Knechtschaft, sie wurden von den Ägyptern zu Sklaven gemacht und für den Bau ihrer Städte eingesetzt.

Um den Israeliten zu helfen, wurde **Moses,** ein junger Israelit, der am Hofe des Pharao aufgewachsen war, von Gott beauftragt, das israelitische Volk (um 1225 v. Chr.) aus ägyptischer Gefangenschaft zu befreien und in das Ostjordanland zu führen, was ausschlaggebend war für die Geburtsstunde der israelitischen Geschichte, die im Exodus beschrieben ist. Am Berg Sinai offenbarte sich Gott (Jahwe) dem israelitischen Volk durch Moses, der die Verheißungen Gottes empfing. Moses bewirkte als Vermittler der zehn Gebote, die Gebote der Menschlichkeit, dass sich die religiöse Entwicklung der Israeliten **zu dem einen Gott,** der Israel befreite, konzentrierte. Die Menschen erfuhren durch Moses, den Propheten einer Glaubens- und Hoffnungsreligion, **G o t t** als Erretter ihres Volkes. Moses gilt im Judentum bis heute als der bedeutendste Prophet.

Die Israeliten eroberten das Land Kanaan, das heutige Israel. Am Anfang wurde das Volk von Richtern angeführt. Erst als **Saul** von einem Propheten die Bestätigung bekam, **der erste König** (von 1012-1004 v. Chr.) seines Landes zu sein, wurde die Urkonstellation Israels, nämlich die Stammesgesellschaft, in eine Monarchie umgewandelt. **Der zweite Monarch, König David** (1004-965 v. Chr.) aus dem Stamm Juda, ist der bedeutendste König der israelitischen Geschichte. Er setzte sich über die Autonomie der Stämme hinweg und erschaffte einen Einheitsstaat mit der Hauptstadt Jerusalem als politisches und religiöses Zentrum. Er hatte eine ganz besondere Beziehung zu Gott (Jahwe). Auf der einen Seite war er das Oberhaupt – ein Herrscher –, auf der anderen Seite war er ein Vorbild als frommer Mensch, der betet und Buße tut. Weit über zweitausend Jahre blieb das Reich Davids für die Juden der Inbegriff des Ideals:

- einen Klerus, der staatlich integriert ist
- nationale Identität durch das Gefühl der Zusammengehörigkeit
- das Judentum als Religion

Auch David wird als prophetische Leitfigur gesehen. Durch seinen tiefen Glauben brachte er seine Frömmigkeit vor Gott in Gedichten zum Ausdruck. Als genialem Dichter und tief gläubigem Menschen wurden ihm die Psalmen zugeschrieben.

Der Davidstern, das Symbol der Herrschaft von König David, in der Stadtmauer von Jerusalem sichtbar, ist auch das Symbol für die Seele. Der Stern symbolisiert eine erwachte, bewusste, reife Seele, einen Menschen, der anderen Halt gibt, da er Stärke und Licht ausstrahlt. David hatte ein höheres Bewusstsein. Er lebte im Stern-Bewusstsein, denn er wusste, dass Gottes Plan vollkommen ist. Die sieben Spitzen stehen für die sieben Tage, in denen Gott die Welt erschuf, die zwölf Kanten des Sterns stehen für die zwölf Stämme des Volkes Israel. Der Stern zeigt an, dass das Licht des Geistes das Bewusstsein transformiert, sodass das tägliche Leben aus einem höheren Blickwinkel gesehen werden kann.

Nach dem Tod König Davids regierte sein Sohn **Salomo** (965–926 v. Chr.) das Land. Anfänglich führte er sein Volk noch im Sinne seines Vaters. Da er sich durch die diplomatischen und wirtschaftlichen Beziehungen mit den Ägyptern, den Arabern und den Phöniziern eng verbunden fühlte, öffnete er sich zu sehr und ließ sich von Personen und fremden Kulten beeinflussen. Im Gegensatz zu seinem Vater begann er, wie ein orientalischer Potentat, mit großem Harem zu leben. – *„Als Salomo geboren wurde, war er wie ein strahlender Brillant. Durch seine Erfahrungen mit der äußeren Welt kam er in einen Zustand, der ihm innere Konflikte einbrachte. Seine strahlende innere Welt prallte mit der negativen äußeren Welt aufeinander, weil er sich Menschen anpasste, die kein spirituelles Leben führten. Die Energien, die von außen auf ihn einströmten, durchdrangen irgendwann das Innere. Ab diesem Zeitpunkt hatte er keine Verbindung mehr zu Jahwe. Salomo erkannte die Wahrheit nicht mehr und verlor sein wahres eigenes ICH."* Da er auch nicht mehr in Liebe für sein Volk gedacht und gesprochen hat und die Menschen das göttliche Gesetz der geistigen Entfaltung und des Wachstums nicht mehr leben konnten, veränderte sich die Energie.

König Salomo ließ den **ersten Tempel in Jerusalem** (957 v. Chr.) mit Hilfe phönizischer Baumeister errichten. Er wurde dem E i n e n G o t t geweiht. Aber seine Prunksucht – er liebte die Pracht und frönte den irdischen Gütern – brachte den Menschen durch hohe Steuerzahlungen die Verarmung und durch den Zwang zu harter Fronarbeit viel Leid. Das Volk lebte durch den Dauerdruck in großer Angst. Der Bau des ersten Tempels (auch salomonischer Tempel genannt) dauerte sieben Jahre. Eine Priesterschaft verrichtete den Tempel- und Opferdienst. Der Opferdienst war zentraler Gottesdienst und wurde nach den Vorschriften der Heiligen Schriften vollzogen. Die Priesterschaft war eng mit der Monarchie verbunden.

Das Nordreich Israel trennte sich nach dem Tod Salomos von dem Südreich Juda. Danach lebten die beiden Reiche entweder nebeneinander oder gegeneinander, bis beide Reiche untergingen. Nur 400 Jahre dauerte die Königszeit des zuerst vereinten, danach geteilten Reiches. Diese Zeit ist zugleich die Zeit der Propheten, die mutig – durch ihren Glauben – gegen Könige und Priester in Konfrontation gingen. Um die Ungläubigen in ihrer Selbstgerechtigkeit zu treffen, mahnten die Propheten und sprachen öffentlich Kritik aus.

Große Propheten waren **Jesaja, Jeremia** und **Ezechiel.** Sie empfingen die Weisungen Gottes und gaben diese an das Volk weiter. Der Prophet Jeremia warnte die Menschen vor dem sinn- und nutzlosen Aufstand gegen die babylonische Weltmacht, die jedoch nicht auf ihn hörten. Das bedeutete das Ende des davidschen Königtums, es war das Ende dieser Epoche und für das Judenvolk bedeutete es für über zweitausend Jahre den Verlust der politisch-staatlichen Selbstständigkeit. Zunächst folgten fast 50 Jahre babylonisches Exil (586 – 538 v. Chr.).

Nachdem 586 v. Chr. von den Babyloniern auch ihr Tempel zerstört worden war, wurde erst nach dem Exil der Juden der **zweite Tempel** errichtet und in der Folgezeit eine ganze Tempelhierarchie. Jerusalem war jetzt das alleinige Zentrum.
Inzwischen besaß das israelitische Volk eine bestimmte Anzahl von **Heiligen Schriften**, die zum verbindlichen Gesetz wurden und das Judentum zu einer Buchreligion werden ließ. **Die Hebräische Bibel (Tenach)** wird nach den Anfangsbuchstaben gebildet aus:

thora	-	Gesetz / Weisung
newiim	-	Propheten
ketuwim	-	Schriftstellern

Der Zusammenhalt des jüdischen Volkes hat mit der jüdischen Religion zu tun. Nachdem ihr Tempel und Jerusalem 70 n. Chr. von den Römern erneut zerstört wurden, gab es anstatt:

des Tempels	-	die Synagogen
des Altars	-	die Thora-Rollen
des Tempelkultes	-	das Studium der Thora und Gebete

Die Priesterschaft wurde durch die Schriftgelehrten, die Rabbiner ersetzt. Die Rabbiner, Thora und Synagogen sind die Grundsäulen für die Gläubigen des Judentums. Da der Glaube bis heute für die Juden sehr wichtig ist, haben sie überall ihre Synagogen. Seitdem der Rabbiner Judah das jüdische Gesetz in der Mischna niederschrieb, die von da ab zusammen mit der Gemara den Talmud bildete, ist sie neben der Thora das wichtigste Buch im Judentum.

Du besitzt alles, so du Wissen besitzt;
Dir fehlt alles, wenn dir Wissen fehlt.

Talmud – Nedarim

Das Christentum

Die Zeit des Wartens auf Jesus Christus

Gott ermöglicht es, dass immer wieder große Seelen – sie alle sind Wesenheiten aus der geistigen Sonne – auf der Erde inkarnieren, um der Menschheit zu helfen. Im 8. Jahrhundert vor Christus machte bereits der Prophet **Jesaja** die Vorankündigung, dass die Gedanken des Menschen nach dem Stand seines Geistes die schöpferische Kraft eines jeden sind, die entweder durch die Macht Gottes aufbaut oder aber viel Leid über viele Inkarnationen mit sich bringt. Es ist ein Gesetz Gottes und somit ein Gesetz des Lebens. Jeder hat die Gesetze Gottes zu lernen. Seht und erkennt den Zusammenhang zwischen der Erdensphäre und den geistigen Sphären. Ferner verkündete er, dass eine Frau aus der Nachkommenschaft Davids einen Sohn gebären werde, der Israel erlösen und den Menschen das Heil bringen wird. Diese Prophezeiung wurde fester Bestandteil des jüdischen Glaubens.

Viele Juden emigrierten im Laufe der Zeit wegen politischer und wirtschaftlicher Schwierigkeiten aus Israel. Dadurch entstanden große jüdische Gemeinden im Ausland, die **Diaspora.** Diejenigen, die außerhalb Israels lebten, setzten sich mit der griechischen und römischen Kultur auseinander. Man sprach zwei Sprachen und die **Hebräische Bibel** (für die Christen das **Alte Testament**) wurde ins Griechische übersetzt. Die Großzügigkeit der griechisch-römischen Kultur sahen nicht nur die Sadduzäer, die Familien der Priesteraristokratie, als Bedrohung an, sondern auch die Pharisäer, die sich aus den Rabbis zusammensetzten. Zudem formierte sich eine kleine Gruppe aus den Reihen der Pharisäer, die Zeloten, die sich zum Ziel setzte, den Römern bewaffneten Widerstand entgegenzubringen, um die Ankunft des erwarteten Messias vorzubereiten. In diese Zeit hinein wurde **Jesus von Nazareth** geboren.

Das **nachexilische Judentum und der Hellenismus** sind die beiden Quellen, aus denen das **Christentum entstanden** ist. Das frühe Christentum setzte sich geistig mit der jüdischen und hellenistisch-römischen Kultur und Philosophie auseinander und durch die Verschmelzung von Elementen aus vielen Traditionen erwuchs das Christentum.

Das Leben des Jesus von Nazareth

Der Stern von Bethlehem verkündete die Geburt Jesus, des Sohnes Gottes, der geboren wurde in vollkommener Einheit und Christusbewusstsein und die drei Aspekte Liebe, Weisheit und göttliche Macht in sich trug. Jesus inkarnierte bei Maria und Josef, dessen Stammlinie zu dem Geschlecht des Königs David führte. In die Regierungszeit von König Herodes (37– 4 v. Chr.) wurde Jesus hineingeboren. Seine Eltern lebten in Nazareth in Galiläa, sein Vater war Zimmermann. Die Einfachheit seines Handwerkerdaseins wurde durch die gelebte Spiritualität ausgeglichen. Das Judentum prägte Jesu schon recht früh und er gewann Vertrautheit mit den hebräischen Schriften, auch befasste er sich mit den Worten der Propheten, die damals in Galiläa lebten.

Im Christentum gilt **Johannes der Täufer** als Vorläufer und Wegbereiter für die bevorstehende Ankunft des Messias. Gedanklich stimmten sich viele Juden zu dieser Zeit auf einen baldigen Weltuntergang ein. Deshalb hörten sie dem Propheten Johannes zu, der in seinen Lehren das baldige Kommen des Himmelreiches verkündete und suchten bei ihm Hilfe. Als geistiger Führer lehrte er die Geschichte menschlichen Lebens, dass sich der Heilige Geist in den Lehren des kommenden Propheten offenbart. Dass in seiner Lehre dann ein jeder die Geschichte menschlichen Lebens finden kann, in der sich den Menschen das Wesen der Seele und des Geistes enthüllt, sowie die alles Leben führenden göttlichen Gesetze – die Gesetze von Reinkarnation und Karma – und die Offenbarung des Heiligen Geistes, jenes göttliche Licht, durch dessen Kraft der Mensch wiedergeboren wird. Johannes der Täufer teilte mit, dass für jede Seele Gott der Vater ist, alle aus Gott geboren sind und nur durch den Geist der Mensch wieder zu Gott emporgehoben werden kann. Auch wenn die Geburt des physischen Körpers sowie des Seelenkörpers durch den Geburtsvorgang bereits stattgefunden hat, erfolgt die Geburt im Geiste erst bei der göttlichen Taufe.

Seine Hilfe bestand darin, die Menschen zu bekehren und sie dahin zu führen, Buße zu tun. Nach einem öffentlichen Sündenbekenntnis taufte er sie dann am Jordanufer als Symbol der geistigen Läuterung und Wiedergeburt. Auch **Jesus** fühlte sich von dem Licht, das der Prophet Johannes ausstrahlte, angezogen und ließ sich ebenfalls im Jordan taufen. Johannes der Täufer hatte viele Anhänger und Jesus wurde einer seiner Jünger. Johannes Tod war für Jesus der Anlass, nach Galiläa zurückzukehren und selbst als Wanderprediger tätig zu werden. Jesus veränderte jedoch die Botschaft von Johannes, indem er vom Reich Gottes predigte, das schon auf Erden angebrochen sei. Als Jesus seine öffentliche Tätigkeit aufnahm, war er ungefähr dreißig Jahre alt. Begleitet von seinen Jüngern und Anhängern zog er in Galiläa und Umgebung umher. Er vermittelte die Wahrheit Gottes in Form von Gleichnissen, die eine unglaubliche Tiefe geistigen Verstehens und Wissens zeigten. Er unterwies seine Jünger in den großen Wahrheiten des Lebens, sodass auch sie die Gabe hatten, Wunder zu vollbringen wie Jesus, der nicht nur kranke Körper heilte, sondern auch die von Kummer und Ängsten beladenen Seelen. Er demonstrierte auf diese Weise die Christuskraft, die in jedem vorhanden ist mit den Worten:

„Der Vater, der mir innewohnt, vollbringt alle Werke.
Ich und der Vater sind eins."

Jesus brachte den Menschen Segen und gab ihnen das Gefühl, geliebt zu werden. Er offenbarte ihnen, dass alle Menschen Kinder des einen Gottes sind, von diesem einen Geist kommen und alle dem gleichen Geist angehören. Jesus teilte die Lehre des Geistes in beispielhafter Form von Gleichnissen mit. **Alle seine Gleichnisse waren Botschaften des Geistes.** Ob es sich um das Gleichnis „Kluge und törichte Jungfrauen" (Matthäus 25, 1-13) oder „Pharisäer und der Zöllner" (Lukas 18, 9-14) handelt, beide Gleichnisse stellen eine Bestätigung der Reinkarnation dar. Jedes Mal gibt es noch sieben weitere Deutungen, die sich auf sieben verschiedene Bewusstseinsebenen beziehen.

Als Jesus sich entschloss, seine Botschaft nach Jerusalem zu bringen und dort zu predigen, mitten im Herzen des religiös-politischen Zentrums des Landes Israels, handelte er intuitiv. Im Bewusstsein, sein Schicksal zu besiegeln, ging er mit seinen Anhängern nach Jerusalem. Als er in den Vorhöfen des Tempels zu predigen begann, erreichte er eine weit größere Anzahl von Zuhörern. Jesus versuchte auf die Herrlichkeit des Christuslichtes aufmerksam zu machen. Er übermittelte ihnen das Wissen, dass durch wachsendes Gottesbewusstsein gleichzeitig die innere Kraft wächst und ein jeder dadurch Halt, Trost, göttliche Führung und das Gefühl der Geborgenheit erlebt.

Die Lehren Jesus beeinflussten die Menschen, weil durch ihn als menschlicher Kanal das kosmische Christuslicht wirkte, dieses Licht leuchtete durch ihn. Ob es nun seine Wortgewandtheit war, die Verkündung des Reiches Gottes und die Auslegung des Willens Gottes oder ob es der Vorfall im Tempel war, als er einen Geldwechsler aus dem Tempel warf, auf jeden Fall erregte Jesus die Aufmerksamkeit der religiösen und politischen Autoritäten der Stadt Jerusalem, die darauf bedacht waren, ihre Macht zu behalten.

Die Ziele, die Jesus vorschwebten, waren, die vom Weg abgekommenen Schafe aus dem Hause Israel auf den rechten Weg zurückzuführen (Matth. 15,24).
– *„In der Zeit zwischen 930-722 v. Chr. hatten viele biblische Propheten dem Volk Israel eine bevorstehende Katastrophe prophezeit. Die Prophezeiung trat ein! Denn nachdem die Assyrer im Jahre 721 v. Chr. das nördliche Königreich zerstört hatten und es die zehn Stämme von da ab nicht mehr gab, verloren jene Israeliten ihre religiöse und nationale Identität!"*

Bei den Wundern, die Jesus vollbrachte, ging es um das Heil der Menschen an Körper und Seele. Im Judentum war dies jedoch nur Gott alleine vorbehalten. Obwohl Jesus das Volk Israel von der Versklavung ihres niederen Selbst erlösen wollte, befürchteten Jesus Gegner, wenn sie ihm folgten, würden sie entgegen ihrem Glauben handeln. – *„Jesus Worte waren geistige Erkenntnisse, die er durch sein erweitertes Bewusstsein hatte, weil er im Licht war. Den Gegebenheiten entsprechend bestand seine besondere Aufgabe darin, das Volk Israel wieder hinzuführen an die reine, wahre Quelle, der Liebe, Licht und Heilung entspringen.*
Jesus bemühte sich um das Volk Israel. Er wollte die Israeliten aus den irdischen Lebensbedingungen befreien, die sie sich durch die Macht der negativen Gedanken selbst erschaffen und dadurch-symbolisch gesprochen-die eigene Kreuzigung herbeigeführt hatten. Durch ihre Gedanken, die nicht schöpferisch waren, lebten sie Ängste und seelische Schmerzen."

In der Stadt Jerusalem gab es damals eine Anzahl unterschiedlicher religiöser Gruppen. Eine Gruppe waren die Sadduzäer, die davon ausgingen, dass die Seele mit dem Körper zusammen stirbt und dass nur die Erfüllung des Gesetzes das Reich Gottes bringt. Sie hatten keine Probleme mit Jesus. Die größte religiöse Gruppe waren die Pharisäer, die dagegen das Reich Gottes erwarteten, sobald sich die Juden allesamt nach den Geboten Gottes richten würden. Eine weitere Gruppe waren die Zeloten, zu denen nicht nur die Menschen aus den ärmeren Schichten gehörten, sondern auch die religiösen Fanatiker, die, wenn es sein musste, auch gewalttätig handelten. Die Zeloten waren davon überzeugt, dass das Reich Gottes bald kommen wird und hielten ihren Begründer Judas Galilaios für den Messias.

Der Hohe Rat (der Sanhedrin) unter der Leitung des Hohepriesters hatte den Vorsitz und somit die führende Rolle im Judentum. Der Hohe Rat, der sich aus Priestern, Schriftgelehrten und den jüdischen Ältesten zusammensetzte, umfasste 71 Mitglieder, die über eine lange Zeit nicht nur die oberste politische Instanz, sondern auch das oberste Gericht darstellten. Jedoch hatten sie zur Zeit Jesus nicht das Recht, über Leben und Tod eines Menschen zu entscheiden.

Als Jesus verkündete: „Ich bin der Weg, die Wahrheit und das Leben."
„Glaubt an mich und ihr werdet errettet werden."
„Ich bin die Auferstehung und das Leben."
„Ich bringe euch ewiges Leben."

war er eins mit Gott seinem Vater und erfüllt vom Heiligen Geist. Durch seine Verkündigung des Reiches Gottes rüttelte er an den Grundmauern des Judentums, an der Autorität der Religionsführer, an der Thora. Seine Gegner fanden es anmaßend, dass Jesus im Namen Gottes redete und handelte, sie sahen es als Gotteslästerung an. – *„Die umstrittene Vorgehensweise von Jesus fand auch bei der kleinen Gruppe der Zeloten eine immer größere Beachtung. Nach außen hin zeigten sie sich dem Judentum zugehörig, aber innerhalb der Gruppe haben sie im Geheimen dagegen gewirkt, weil sie durch einen dunklen Schleier sahen. Ihre Gedanken bildeten die Ursache und gingen auf die Seele der Nation über. Einen der zwölf Apostel von Jesus, Judas, brachten sie dazu, Jesus durch einen Kuss zu verraten."*

Der Hohe Rat erhob öffentlich Anklage gegen Jesus wegen des Anspruchs, der Messias zu sein, und überstellte diese an den römischen Stadthalter Pontius Pilatus, da sie selbst keine Berechtigung mehr hatten, das Todesurteil zu vollstrecken. Am höchsten jüdischen Pessachfest wurde Jesus auf Befehl des römischen Stadthalters Pontius Pilatus zum Tode verurteilt und durch Kreuzigung in Jerusalem hingerichtet.

Alle, die berufen sind, erfahren in Christus Gottes Macht und sehen in ihm Gottes Weisheit.

1 Korintherbrief 1,24

Die Ausbreitung des Christentums

Von Jerusalem und Galiläa aus begann die Jesusbewegung und Missionare verbreiteten ihre Berichte über das Leben und die Verkündigungen Jesus. Sie gingen in den größeren Städten in die jüdischen Gemeinden im ganzen Römischen Reich. **Saulus von Taurus**, ein eifriger Anhänger des Pharisäertums und Verfolger der Christen, wurde durch eine plötzlich gesehene Vision des gekreuzigten und auferstandenen Jesus zu **Paulus** und fortan zu einem Missionar der Christenlehre in den griechischen Metropolen des östlichen Mittelmeerraumes. Während früher das Warten auf das zukünftige Gottesreich der Hauptgedanke der Menschen war, verbreitete Paulus nun die Lehre von der geschehenen Erlösung und dem gegenwärtigen Heil. Bereits einige Jahrzehnte nach Jesus Tod war aus dem Christentum eine religiöse Tradition geworden.

Das Christentum verbreitete sich sehr schnell und bereits Mitte des 2. Jahrhunderts entstanden in weit entfernten Provinzen des Römischen Reiches christliche Gemeinden. Dem dauerhaften Konflikt zwischen der Römischen Regierung und den Christen trat Kaiser **Konstantin I.** entgegen, als er im Jahre 313 das **Mailänder Edikt** unterzeichnete, welches das Recht freier Religionsausübung gewährte und die Verfolgung der Christen offiziell beendete. Er selbst konvertierte zum Christentum und setzte sich aktiv für dessen Förderung ein, indem er Geld spendete und prächtige Kirchen in Rom und später in Konstantinopel bauen ließ. Das Christentum wurde zu einer gesetzlich anerkannten Religion.

Er wollte alle Gemeinden in seinem Reich zu einer zentral verwalteten Organisation zusammenschließen. Jedoch entstand im Jahre 324 eine große theologische Kontroverse, weil es kein einheitliches Gefüge christlicher Lehraussagen gab. Es kam zum ersten ökumenischen **Konzil in Nicäa** und alle Bischöfe des Reiches sollten eine einheitliche Lehraussage und somit ein Glaubensbekenntnis erarbeiten. Bei der theologischen Auseinandersetzung ging es um die zentrale Frage der **„Göttlichkeit Jesu“** oder **„War Jesus von göttlicher Art und stand unter Gott?“** Im 4. Jahrhundert wurde das Christentum die Staatsreligion des Römischen Reiches.

Nach dem Zusammenbruch des Römischen Reiches im vierten und fünften Jahrhundert vollzog sich ein allumfassender Wandel in Europa. Das Ende des Weströmischen Reiches im Jahre 476 ist der geschichtliche Beginn des Mittelalters.

Das Christentum im Frühmittelalter

Von entscheidender Bedeutung waren die drei großen Germanenvölker. Die im Osten entlang der Flüsse Oder und Weichsel siedelnden Germanen, die im südlichen Skandinavien lebenden Nordstämme und die im Gebiet zwischen Nordsee und Elbe bis zum Rhein lebenden Westgermanen. Es kam im 3. Jahrhundert zur Spaltung und sie gliederten sich in zwei Volksbünde auf: in die Ostgoten und in die Westgoten. Auf ihrer Wanderung nach Osten und Süden kamen sie mit der römischen Kultur in Kontakt. Die Westgoten fielen als erste in Italien ein und eroberten im Jahre 410 Rom. Später drangen die Ostgoten im Jahre 489 in Italien ein, waren aber bereit, sich anderen Kulturen anzupassen. Die Goten waren frühe Christen und ihnen ist die erste Übersetzung der Bibel in eine germanische Sprache zu verdanken.

Das Mittelalter (ungefähr 500/ 600 n. Chr. bis etwa 1500) wird in drei Epochen untergliedert:

das Frühmittelalter ab 6. Jahrhundert bis Anfang 10. Jahrhundert,
das Hochmittelalter ab Anfang 10. Jahrhundert bis etwa 1250,
das Spätmittelalter von ungefähr 1250 bis ca. 1500.

Im Frühmittelalter wird Europa bis etwa 600 n. Chr. weitgehend christianisiert, vorwiegend durch die Tätigkeit von Missionaren. Die am meisten verbreitete Art des Christentums ist der römische Katholizismus. Seine Dogmatik hat eine so feste Form, dass sie für die Anhänger verbindlich ist und die christliche Tradition von einer Generation zur anderen weitergegeben wurde. Die Spannungen zwischen dem byzantinischen Reich und dem Papsttum in Rom nahmen in dieser Zeit zu, weil die Bischöfe von Rom es als ihre Aufgabe ansahen, alle Gemeinden zu einer Kirche zusammenzuschließen, während die Kaiser das Oberhaupt der orthodoxen Kirche waren.

Der Bischof von Rom trug im 4. Jahrhundert erstmals den Titel „Papst". Als **erstes Oberhaupt** der gläubigen Christen wurde der **Apostel Petrus** (+ 67 in Rom) angesehen. Daraus leiteten die Päpste ihren Anspruch ab, das kirchliche Oberhaupt der gesamten Christenheit zu sein. Der bedeutendste altchristliche **Philosoph Augustin** (354-430), der das Werk **„De civitate dei"** (Vom Gottesstaat) schuf und dessen Einfluss sich bis in die Zeit von Martin Luther (1483-1546) erstreckte, setzte die Grundlage für das mittelalterliche Ideal der Kirche, die wohl von einem Stellvertreter Christi geleitet wird, aber der weltlichen Macht übergeordnet ist.

Papst Gelasius I. (492-496) gab dem byzantinischen Kaiser klar zu verstehen, dass es zwei gibt, die die Welt regierten. Die Zweigewaltenlehre zeigte eindeutig den Anspruch auf den Vorrang der geistlichen Gewalt (die geheiligte Autorität der Bischöfe und des Bischofs von Rom) vor der weltlichen Macht an, mit der Begründung, dass die Bischöfe für das Heil der Menschen und somit auch für das Heil des Herrschers Sorge tragen.

Papst Gregor I. (590-604) reformierte das Kirchensystem und den Ritus. Die Kirche stand nun unter päpstlicher Führung und stellte sich unter den Schutz von Rom. Der Papst musste eine Vielzahl an politischen Aufgaben übernehmen, hinzu kam noch die Sorge um die wachsende Entfremdung zwischen Ost- und Westkirche. Er bemühte sich sehr, dem entgegenzuwirken. Er entschloss sich, Missionare nach England zu schicken, die nach päpstlichen Anweisungen eine Wertschätzung gegenüber der Religiosität der Angelsachsen zum Ausdruck bringen sollten. Durch die von Papst Gregor dem Großen geförderte Christianisierung der Angelsachsen wurde in der Folgezeit durch die Missionare der britischen Inseln der christliche Glaube in den noch heidnischen Gebieten Europas verbreitet. – *„Papst Gregor I. war in der Lage, durch die Mitteilungen aus der geistigen Welt über die weltlichen und kirchlichen Konflikte, bei denen kein Ende vorhersehbar war, eine positive Umwandlung zu vollbringen. Bei größeren Entscheidungen wandte er sich in der Meditation mit seinem Geist zu Gott und bat ihn um Hilfe und Führung."*

Trotz der vor 300 Jahren von Papst Gelasius I. eingeführten Gewaltenlehre verstand sich **Karl der Große** (768-814) als weltlicher und geistlicher Herr seines Reiches. Während im Osten das Byzantinische Reich die Tradition des Römischen Reiches fortsetzte, führte Karl der Große den Westen in eine christliche Vormachtstellung. Seit dem 8. Jahrhundert mussten sich christliche Königreiche gegen die arabischen Eroberungen zur Wehr setzen. **Karl der Große** widersetzte sich den Sachsen, den Langobarden und den muslimischen Arabern, die eine drohende Gefahr für die römische Kirche darstellten. – *„Karl der Große strebte neben seiner geistigen Entfaltung parallel auch die irdische Macht an. Er wollte Gott dienen und sah als Sinn seines Erdenlebens, mit Mut für die römische Kirche zu kämpfen. Nach außen hin war er ernsthaft und zeigte gewissenhaftes Pflichtbewusstsein für Kirche und Staat. Deshalb zog er sofort in den Kampf, als* ***Papst Hadrian I.*** *Karl den Großen an seine moralische Verpflichtung und an sein Verantwortungsgefühl gegenüber dem römischen Kirchenstaat erinnerte. Durch mehrere Kriege vergrößerte er sein Reich. Weil Krieg aufgrund zerstörerischer Gewalt destruktive Kräfte hervorruft, durch die Aktivierung des Negativen und Bösen, ist Kampf der noch nicht entwickelte Aspekt in der Seele, der noch zur geistigen Entfaltung gelangen muss."*

Im Jahre 800 fand die Inthronisierung von Karl dem Großen durch die Kirche in Rom statt. Die Krönung durch **Papst Leo III.** führte nachhaltig in den folgenden Jahrhunderten zu Spannungen zwischen Kirche und Staat.

Das Byzantinische Reich akzeptierte als Großmacht im Osten nicht die Krönung des weströmischen Kaisers durch den Papst. In Konstantinopel entstand ein zweites Christenzentrum, in dem die Christen einer anderen Liturgie folgten.

Im Jahr 1054 entwickelte das Christentum zwei Strömungen:
- in Westeuropa den Katholizismus,
- in Teilen von Osteuropa, in Russland und im Nahen Osten die orthodoxe Kirche.

Dass das Papsttum auf kaiserlichen Schutz angewiesen war, zeigte sich bereits Ende des 10. Jahrhunderts. Die Funktion als geistliche Führer des christlichen Europas gab den Päpsten beträchtliche politische Macht, die ihnen später schwere Konflikte einbrachte, da sie in die Komplikationen der rivalisierenden europäischen Herrscher hineingezogen wurden.

Einer der Höhepunkte war die Auseinandersetzung zwischen **Papst Gregor VII.** (1073-1085) und **König Heinrich dem IV.** Durch die neue Ordnung im Staat gab es zwischen dem Herrscherhaus und dem Papsttum einen Machtkampf um die Oberherrschaft. Als Heinrich IV. auf der Synode von Worms im Jahre 1076 den Papst für abgesetzt erklärte, da dieser die vollständige Verfügung über alle Belange der Kirche forderte, vor allem das Recht, Geistliche in ihre Ämter einzusetzen, belegte der Papst ihn kurzerhand mit dem Kirchenbann. Er wollte unter allen Umständen die Kirchenreform zu Ende führen. Er sah sich über dem weltlichen Herrscher Heinrich IV. stehen und der Konflikt war vorprogrammiert. Durch den Kirchenbann sah sich der König gezwungen, sich als Büßer nach Canossa zu begeben und um Vergebung beim Papst zu bitten. (Die nach Papst Gregor benannte Reform hat die Kirche dauerhaft verändert: Die neue Kirchenordnung verstand von nun an den Papst als Haupt der Kirche, dem eine uneingeschränkte Leitungsfunktion zukam). Die Funktion als geistlicher Führer des christlichen Europas gab den Päpsten auch politische Macht.

Im Jahre **1095** proklamierte **Papst Urban II.** (1088-1099), Nachfolger von Papst Gregor VII, den Heiligen Krieg. Dies war der Beginn der Kreuzzüge, dem noch sechs weitere folgten. Ziel des Krieges war es, Jerusalem wieder in die Hände der Christen zu bekommen.

Papst Innozenz III. (1198-1216) sah sich als Stellvertreter Petri und war von der Göttlichkeit seiner Berufung überzeugt. Um sein vorrangiges Ziel, die Reform der Kirche, zu fördern, führte der Papst – trotz Kritik seiner Bischöfe – ein neuartiges Gerichtsverfahren ein, „ *die Inquisition*“.

Du sollst deinen Nächsten Lieben

wie dich selbst.

3 Mose 19,18

Die theologisch-philosophische Wissenschaft im Mittelalter

Im Mittelalter erfuhr das Christentum eine gewisse Anbindung an die Antike. Zunächst sind während des Mittelalters viele der in der Antike erworbenen Erkenntnisse in Vergessenheit geraten. Durch Missionare gelangten antike Schriften aus den Klöstern des byzantinischen Reiches nach Westeuropa. Die Paläste und die Tempel sowie die frühen Epen von Homer hatten die Kultur des alten Griechenlands und des Römischen Reiches geprägt. Sie ist die Quelle, aus der später die Gelehrten im Mittelalter die Grundlagen ihrer Philosophie schöpften und die abendländische Literatur und Geisteshaltung beeinflussten. Um die Glaubenslehren im Mittelalter wissenschaftlich zu begründen, wurden die griechischen Gelehrten wiederentdeckt. Die Griechen hatten in jedem Phänomen den Inbegriff des ganzen Lebens gesehen, dem die göttliche Macht zugrunde liegt.

Die Mystiker schrieben ihre vertiefte Erfassung der christlichen Lehre in ihren Werken nieder, um das individuelle Bewusstsein in Gottes-Bewusstsein zu erweitern. Trotz starker innerer Unsicherheiten erhielt die im Mittelalter entwickelte Scholastik ihre weltweit wirksame Form. Die Scholastik war die in verschiedenen Richtungen ausgeprägte mittelalterliche theologisch-philosophische Wissenschaft.

Der Theologe und Philosoph **Thomas von Aquin** (1225-1274) versuchte, die religiösen, die geistigen und die philosophischen Lehren – drei verschiedene, nebeneinander wirkende Strömungen – in vielfältige Wechselbeziehung zueinander zu bringen. Er bezeichnete den Intellekt des Menschen – den rationalen Verstand – als Schöpfung Gottes und brachte auf diese Weise die Lehre des griechischen Philosophen Aristoteles (384-322 v. Chr.) mit den christlichen Vorstellungen in Einklang. (Die Gedanken des Platon-Schülers Aristoteles beeinflussen bis in die Neuzeit die gesamte Philosophie in Europa.) Scholastisches Denken verband sich mit innerer Gottesschau.

Des Menschen Sehnsucht geht dahin,

ein Ganzes und Vollkommenes zu erkennen.

Thomas von Aquin

Aller Anfang ist hingeordnet auf Vollendung.

Die Mystik war die eigentliche schöpferische Bewegung in dieser Zeit und die Zukunft zeigte sich verheißungsvoll. Das Selbstbewusstsein der Bürger erwachte, weil sie Arbeit und mystische Religiosität verbanden. Handwerker und Bürger organisierten sich in Zünften und Gilden, die den Handel florieren ließen. Ihre Arbeit war erfolgreich, sie machte die Bürger und die Städte reich. Durch ihren kirchlichen Glauben hatten sie eine geistige Lebenseinstellung und durch ihre ethische Lebensweise blühte der Handel. In diese Positivität drängten sich negative Kräfte. Es kam zum Umbruch, der zu starken sozialen, politischen und geistigen Spannungen führte. Infolge des zügellosen Überschäumens der Negativität wurden die Menschen, die andersgläubig waren, verfolgt und gesteinigt. Die Grundeinstellung und die falsche Betrachtungsweise derer, die das Volk führten, erregten und gefährdeten in diesem Wandlungsprozess die Menschen.

Die mittelalterliche Kultur war in einer einheitlichen religiösen Grundhaltung christlichen Glaubens und bezog alle Schichten und Berufsstände mit ein. Doch nun wurden das private und das öffentliche Leben durch das alles erfassende System der Inquisition zur grundlegenden Rechtsform, die eine Bedrohung für die Gesellschaft darstellte. In dieser Umbruchphase fiel es den Menschen schwer, das göttliche Licht zu sehen und anderen zu vertrauen, denn nicht nur das Rechtsleben, auch Wirtschaft und Kriegswesen wurden von der Negativität beherrscht. Die Inquisition, bis etwa 1000 n. Chr. nur ein geistiges Strafmittel, war ein Verfahren ohne Verteidigungsmöglichkeit. Ab dem 12. Jahrhundert war die Inquisition in Verbindung mit dem Staat für die Ausführung der Strafe maßgebend. In Südfrankreich und Spanien wurde sie sogar zu einer staatlichen Einrichtung. Die Mystiker wurden der Ketzerei beschuldigt. Die Menschen begannen zu zweifeln und fielen in heillose Angst. Aus diesen Ängsten heraus entstand Panik, das Gefühl der Resignation und der Hoffnungslosigkeit folgte.

Die Inquisition berief auch Meister Eckhart von Hochheim (1260–1327), der hohe kirchliche Stellen bekleidete, im Jahr 1326 nach Avignon zur Verantwortung. Meister Eckhart wollte die Sehnsucht der Menschen nach Gott stillen, indem er ihnen riet, in der innersten Seele Gott zu suchen, den Eigenwillen aufzugeben und sich von allen ichsüchtigen Begierden abzuwenden. Er versuchte wieder und wieder, das Erlebnis der Vereinigung mit Gott durch die geistige Innenschau zu vermitteln. Um das in der Meditation Erfahrene und Erfühlte den Menschen begreiflich zu machen, veranschaulichte er die Regungen seiner Seele durch immer neue Worte, um das Unaussprechliche verständlich zu machen. Meister Eckhart wollte den Menschen nahe bringen, dass jeder Mensch sich eins fühlen kann mit Gott, dass des Menschen Seele unsterblich ist und diese höhere Einheit in der gläubigen Innenschau des Seeleninneren zu erfahren ist. – *„Eckhart von Hochheim hat das Licht, das von Gott kam und auf ihn einstrahlte, aufgenommen und bewusst versucht, die Menschen auf dieses Licht aufmerksam zu machen. Er wollte ihnen helfen und sie aus der Dunkelheit, in der sie gefangen waren, in ihr ICH zu bringen, dorthin, wo sie das Licht Gottes finden können."*

Gott will uns locken aus uns selber,
dass wir in uns selber nicht bleiben mögen.

Meister Eckhart

Nachdem **König Philipp IV. von Frankreich** für seinen Freund, den Erzbischof von Bordeaux, die Wahl zum Papst durchgesetzt hatte, bestimmte dieser als **Papst Clemens V.** (1305-1314) die Stadt Avignon zur dauerhaften Papstresidenz.

Die Päpste standen 70 Jahre lang unter dem Einfluss des französischen Königs. Der im Kirchenvolk immer stärker werdende Wunsch nach einer Rückkehr der Päpste nach Rom konnte erst 1377 realisiert werden. In diesem Jahr kehrte **Papst Gregor IX.** aus Avignon nach Rom zurück. Nach seinem Tod erfolgte 1378 eine Doppelwahl von Papst **Urban VI.** in Rom und von **Papst Clemens VII.**, der weiterhin in Avignon residierte.

Beide erklärten die liturgischen Ausführungen des jeweils anderen für fragwürdig und kommentierten sie als nichtig. Sie exkommunizierten sich gegenseitig und beide lehnten eine Abdankung ab. Als beim **Konzil von Pisa** im Jahre 1409 der Versuch unternommen wurde, die beiden Päpste abzusetzen, wurde das Problem nur noch größer, denn nun gab es zu den zwei Päpsten noch **Benedikt XIII.** und alle drei erhoben Ansprüche auf das hohe Amt des Papstes.

Dieses abendländische Schisma wurde erst 1417 auf dem **Konstanzer Konzil** mit der Wahl **Martins V.** zum alleinigen Papst beendet. Er gilt als der letzte Papst des Mittelalters.

Die kulturelle Entwicklung Europas durch das Christentum

Der Übergang vom Mittelalter zur Neuzeit im 15. und 16. Jahrhundert ist die Zeit der Renaissance - die kulturelle Wiedergeburt der Antike. Die Anfänge dieser Epoche werden in Italien jedoch bereits im 14. Jahrhundert gesehen.

Als **Giovanni Aurispa** im Jahr 1423 Konstantinopel besuchte, hatte er bei seiner Rückkehr nach Italien über 200 Codizes mit Texten antiker Literatur im Reisegepäck. Dies war mit einer der Gründe, weshalb auch in Italien das Studium antiker Kunst und Architektur und die klassische Bildung der Antike wieder aufgegriffen wurden, denn Platon, Aristoteles, Cicero, Vitruv.... sind wiederentdeckt worden. In Griechenland und in den arabischen Ländern gab es bereits vor Jahrhunderten Akademien, während sich in Europa die geistigen Studien lange Zeit auf die Klöster und Domschulen beschränkten, wo das Bibelstudium im Mittelpunkt stand.

In Italien und nachfolgend in anderen europäischen Ländern kam die Energie des neuen Zeitgeistes zum Tragen und der Bildung wurde Vorrang gegeben, sodass die ersten in Bologna und Paris gegründeten Universitäten vermehrt Zulauf bekamen. Durch die Auseinandersetzung mit der Antike schlugen sich die Anregungen des Geistes auch in der Kunst nieder.

Florenz war ein Zentrum der italienischen Renaissance und setzte neue Maßstäbe in Kunst und Kultur. Die **Familie Medici,** eine der einflussreichsten der Stadt, hatte in S. Lorenzo ihren Sitz, wenige Meter vom religiösen Zentrum der Stadt entfernt. Dort ließ das Familienoberhaupt Cosimo den Palazzo errichten, die Kirche und das Kloster neu erbauen. Die Familie Medici förderte junge Künstler, unter anderem die Maler **Donatello, Botticelli, Leonardo da Vinci, Michelangelo und Raffael,** die im Auftrag der Kirchenfürsten bedeutende Kunstwerke schufen. Der Geist der Renaissance erfasste die Malerei, die Bildhauerei und die Architektur. Die Architektur der Renaissance schuf großartige Bauwerke in Italien. Kunstvoll errichtete Fassaden und Kuppeln wurden zum Kennzeichen der berühmten Renaissancebauten, zum Beispiel der Dom in Florenz und der Petersdom in Rom. Vom Hofe der Medici verbreitete sich die Kunst über ganz Europa.
Aus der Familie Medici gingen zwei Päpste hervor, **Clemens VII.** und **Leo X.**, die beide Kunstmäzene waren. Im italienischen Kirchenstaat begann Mitte des 15. Jahrhunderts das Renaissancepapsttum. Der Hof der Renaissancepäpste war ein Ort für Bildung und Kunst.

Cosimo de Medici (1389-1464), „Il Vecchio", holte den Bildhauer **Donatello** (1386-1466) an seinen Hof. Donatello, der in Rom die Überreste der Antike kennengelernt hatte, bildete seinen eigenen Stil, der dann die Renaissance in der Skulptur einleitete. Er war richtungsweisend im zarten Relief, im Porträt, in der Freistatue und in der Darstellung von Madonnen und Kindern. Seine wichtigen Werke waren:

„Das Gastmahl des Herodes" in Siena,
„Johannes der Täufer" in Venedig,
„Die Auferstehungskanzel" und
„David in Bronze" in Florenz.

Diese Statue fertigte er 1430 im Auftrag von Cosimo dem Älteren an, es war die erste nackte Rundstatue der Renaissancezeit. Donatello galt als größter Bildhauer des 15. Jahrhunderts, ein Künstler neuer Interpretationen.

Lorenzo de Medici (1449-1529), der Enkel von Cosimo dem Alten, wurde „Il Magnifico" genannt, weil er nicht nur ein scharfsinniger und kluger Politiker war, sondern auch ein genialer und leidenschaftlicher Literat, der die größten Persönlichkeiten um sich versammelte. An seinem Hofe lebten Literaten, Philosophen und Künstler. Er ermöglichte auch dem Maler, Bildhauer, Architekten und Dichter **Michelangelo** (1475-1564) ein Studium an der Medici-Akademie. Die Familie war Freund und Förderer von Michelangelo, der einer der bedeutendsten Künstler der italienischen Hochrenaissance war. Zu seinen herausragenden Werken gehören unter anderem:

Die vier Meter hohe „David Skulptur" in Florenz,

(sie galt als eine Offenbarung Gottes in einer menschlichen Gestalt, in der die göttliche Schönheit zum Ausdruck kommt.)

„Die Pietá Skulptur" im Petersdom,
„Die Fresken",
„Das Jüngste Gericht" in der Sixtinischen Kapelle in Rom.

Das Deckengewölbe der Sixtinischen Kapelle mit 800 Quadratmetern Freskenmalerei ist Michelangelos größtes Meisterwerk und eines der bedeutendsten Zyklen der Weltmalerei, das von 1508 bis1512 entstand. Sein Thema:

„Die Menschheitsgeschichte bis zur Ankunft Christi."

Im Jahre 1532, zwanzig Jahre später, bekam Michelangelo von **Papst Clemens VII**. und danach von dessen Nachfolger **Papst Paul III**. den Auftrag, die rückwärtige Wand der Sixtinischen Kapelle zu bemalen. Obwohl von Bibeltexten, vor allem vom Buch der Geheimen Offenbarung, und von Dantes Göttlicher Komödie inspiriert, zeigen die biblischen Darstellungen seine Vision:

„Das unentrinnbare Los aller Menschen,
deren Schicksal letztlich von dem einzigen, allerhöchsten Richter bestimmt wird“.
– *„Der wirkliche und wahre Schöpfer großer Meisterwerke ist Gott und nur demjenigen wird ein reiches geistiges Innenleben zuteil, der die Liebe zu Gott lebt.“*

Der Maler **Botticelli** (1445-1510), gefördert in der Malstube des Mönches **Filippo Lippi,** fiel der **Familie Medici** durch seinen aristokratischen Stil und durch seine feine, sensible Persönlichkeit auf. Besondere Förderung erhielt auch er von Lorenzo de Medici. Die Familie gewährte ihm politischen Schutz, was die Voraussetzung für die Schaffung bedeutender Meisterwerke war. Er wurde zusammen mit anderen Künstlern von **Papst Sixtus IV.** im Jahre 1481 nach Rom berufen, um für die neu errichtete Sixtinische Kapelle die Wandgemälde zu kreieren. Es entstanden Fresken mit biblischen Szenen, welche Ereignisse aus dem Leben von Moses und von Jesus Christus zeigen, sowie Porträts früherer Päpste aus dem 1. bis 4. Jahrhundert. Zu seinen bekanntesten Werken zählen unter anderem:

„Madonna del Magnificat“,
„Die Geburt der Venus“,
„Die 94 Federzeichnungen zur Göttlichen Komödie“ von Dante Alighieri.

Der Maler **Raffael** (1483-1520) war Schüler in der Werkstatt von **Perugino.** Sein malerisches Können war schon in jungen Jahren sehr ausgeprägt und seine ausgewogenen und harmonischen Bilder und holdseligen Madonnenbilder verkörpern am klarsten die Ideen der italienischen Hochrenaissance. Seine Kenntnisse in Architektur erhielt Raffael als Schüler von Bramante. **Papst Julius II.** hatte in Rom **Bramante, Raffael** und **Michelangelo** zusammengeführt. Von ihm und **Leonardo da Vinci** erhielt Raffael Anregungen, ihre Meisterwerke beeindruckten ihn, und beeinflussten seine künstlerische Entwicklung. Als Maler in Florenz und am päpstlichen Hof in Rom war er auch Bauleiter des Petersdoms und Aufseher über die römischen Antiken. Seine bekanntesten Werke sind unter anderem:

„Madonnenbilder“,
„Die Sixtinische Madonna“ (sein berühmtestes Altarbild),
„Die Londoner Kreuzigung“,

„Die Vatikanischen Stanzen“:	Stanza della Segnatura	(1508-1512),
	Stanza di Eliodoro	(1512-1514),
	Stanza dell`Incendio di Borgo	(1517-1524).

Die Vatikanischen Stanzen waren zu dieser Zeit die Gemächer von **Papst Julius II.** (1503-1513), **Neffe von Papst Sixtus IV.**, der die nach ihm benannte Sixtinische Kapelle errichten und die vatikanische Bibliothek ausbauen ließ.

Leonardo da Vinci (1452-1519) gilt als Universalgenie in der Hochrenaissancezeit. Er wird als die Verkörperung eines göttlichen Menschen wahrgenommen, als das höchste Ideal in Vollkommenheit. In seiner Jugend lebte er in Florenz und seine Interessen lagen schon früh bei der Musik, dem Zeichnen und dem Modellieren. Die Lehrjahre verbrachte er bei **Andrea del Verrocchio**, der Maler und Goldschmied war und einer der bedeutendsten Bildhauer im damaligen Florenz. In dieser Zeit entstanden die Bilder:

„Engel" - „Taufe Christi" - „Landschaft".

Seine wahre Größe und die wirklichen Werte seiner malerischen Fähigkeiten zeigten sich bei seinen Bildern in der, bis ins kleinste Detail getreuen Wiedergabe von Natur und Menschen. Bei einem seiner Werke,

dem „Abendmahl",

gelang es Leonardo mit Genialität, eine bis dahin unerreichte seelische Vertiefung in seinem Bild auftreten zu lassen. Das Spiel von Licht und Schatten faszinierte ihn sehr, vor allem die atmosphärische Gegebenheit der Lichtverhältnisse bei Sonnenaufgang und Sonnenuntergang. In seinen Gemälden verband er Körper und Raum durch eine Lichtführung, welche die Umrisse verschleierte. Seine grandiosen Werke waren unter anderem:

„Die Anbetung der Heiligen Drei Könige" in Florenz,
„Der Heilige Hieronymus" im Vatikan,
„Das letzte Abendmahl" in Mailand,
„Mona Lisa" im Louvre in Paris.

Nach der Zeit bei Verrocchio arbeitete er als freier Künstler in der berühmten Akademie in Florenz, die unter der Leitung von Lorenzo de Medici stand. Leonardo war als Naturforscher, Ingenieur, Architekt, Bildhauer und als Maler gleichsam schöpferisch wie auch als Dichter und Philosoph.

Wer zur Quelle gehen kann,

der gehe nicht zum Krug.

Leonardo da Vinci

Die Zeit der Reformationen in Europa

In der Literatur leiteten die Dichter **Dante Alighieri**(1265-1321),
Francesco Petrarca (1304-1374),
Giovanni Boccaccio (1313-1375)

das Zeitalter der Renaissance in Italien ein. Petrarca war einer der größten Dichter Italiens. Die Antike nahm er sich als Vorbild und zum Ausgangspunkt für den Inhalt seiner Geschichtsschreibungen. Er trug entscheidend zur Entwicklung des Humanismus bei.

Durch die Erfindung des Buchdrucks im Jahr 1445 breiteten sich die Gedanken der Humanisten in ganz Europa aus. Die zeitgenössische Literatur und die Bibel konnten so einer größeren Leserschaft zugänglich gemacht werden. Durch die Verbesserung des bis dahin üblichen Holztafeldrucks konnte **Johannes Gutenberg** im Jahr 1452 die Gutenberg-Bibel mehrfach schneller drucken. Zudem trugen wissenschaftliche Publikationen zur Verbreitung des theologischen Wissens bei, sodass die Gedanken der Humanisten dazu führten, dass zunehmend Rufe nach einer Kirchenreform laut wurden.

Auch der Theologe und Humanist **Erasmus von Rotterdam** (1466-1536) übte Kritik an der verweltlichten Kirche, da er als gläubiger Christ sah, dass die Rituale der Kirche nichts mehr mit den Lehren Christi zu tun hatten. Er forderte in Schriften eine Kirchenreform von innen heraus – er bereitete die Reformation vor. Als Humanist vertrat er die Freiheit des menschlichen Willens. Seine Vorstellungen vom guten Menschen standen im Gegensatz zur kirchlichen Vorstellung, die den Menschen als Sünder sah, der die Erlösung benötigte – durch Ablass.

Die Kirchenfürsten waren nämlich der Auffassung, dass das religiöse Leben von göttlicher Gnade bestimmt und dass der Ablass als göttliche Gnade zu sehen sei. Sie brachten die Menschen in den Glauben, dass man nur durch das Bereuen seiner Sünden Zutritt in den Himmel erhalte. Um Buße kundzutun, sollten die Menschen zum Sündenerlass diese Ablassbriefe kaufen und auf diese Weise Reue zeigen. Der Büßer wurde aufgerufen, die Last, die er ansonsten auf Lebenszeit mit sich herumträgt, stetig zu verringern. Ein Ablassbrief, ausgestellt im Namen des Papstes oder der von ihm beauftragten Bischöfe oder Kardinäle, versprach dem Käufer entweder einen Nachlass seiner Sünden oder einen vollkommenen Ablass. Auch für bereits Verstorbene wurden entsprechende Ablassbriefe gegen Geld verkauft.

Erasmus besuchte mehrfach seinen Freund, den englischen Humanisten **Thomas Morus** (1478-1535), dessen Werk **„Utopia"** der Ausdruck seiner humanistischen Gedanken und Sehnsucht nach einem humanen Miteinander innerhalb der menschlichen Gesellschaft war. Dieses Werk sollte die Reflexion des unruhigen Lebens in Europa sein. Morus, geistig hoch entwickelt und ein gläubiger Christ, schrieb religiöse Traktate und Trostschriften und auch er war davon überzeugt, dass eine Kirchenreform notwendig sei. – *„In der Meditation bekam die Seele von Thomas Morus die Wahrheit zu sehen, jedoch spiegelte der Alltag in England und Europa eine andere Realität wider. Seine Seele und sein Intellekt waren sich des ewigen Lebens des Geistes bewusst. Deshalb versuchte er durch seine Gedanken, die mit den Gedankenstrahlen der geistigen Welt verbunden waren, über sein Werk „Utopia" die Menschen nicht nur zu einem bewussten Sein zu bringen, sondern auch ihre Seelen in die Schwingung zu einem höheren Sein zu versetzen."*

Auch **Martin Luther** (1483-1546), ein junger Augustinermönch, las die Schriften der Humanisten. Nach seiner Priesterweihe im Jahr 1507 rieb er sich anfänglich weniger an den Praktiken der Kirche auf, sondern am Sakrament der Buße, deren Bedingung die aufrichtige Reue aus Liebe zu Gott war, nicht die Angst vor Gottes Bestrafung. – *„Der ihm innewohnende Geist und die Entwicklung seines verfeinerten Intellektes machten Martin Luther zu einem Eingeweihten. Jede Weltreligion entsprang einst der Lehre eines großen Meisters, dessen wahres Selbst an die Wahrheit und das Licht Gottes glaubte. Dieses Licht ist die Ursubstanz von allem Leben, es ist die reine Liebe, es ist die Gegenwart Gottes, die im Inneren eines jeden Menschen vorhanden ist. Das ICH BIN im Inneren ist das Licht, das wahre Leben, das gottgewollt zu führen ist. Im Kontext Luthers Überlegungen sind alle Menschen, was immer sie sind und wo sie stehen, die Kinder des einen Geistes Gottes."*

Als Luther im Jahr 1510 Rom besuchte, sah er, wie Ablassbriefe unter **Papst Julius II.** (1503-1513) verkauft wurden. Von dessen Nachfolger, **Papst Leo X.**, der ein großer Kunstmäzen war, wurde dieser Ablasshandel aus finanziellen Gründen noch gefördert. Für viele Humanisten war dies eine umstrittene Kirchenpraktik, die auch Luther ablehnte. Im Sommer 1517 las Luther eine Anweisung des Mainzer Erzbischofs Albrecht von Brandenburg an die im Land umherreisenden Ablassprediger. Daraufhin erarbeitete Luther für seine Kollegen siebenundneunzig Thesen, um einen Disput herauszufordern. Erst danach entwickelte er seine theologische Lehre gegen den Ablasshandel. Er nagelte seine fünfundneunzig Thesen am 31. Oktober 1517 an das Hauptportal der Wittenberger Schlosskirche. Sie fanden in der Öffentlichkeit ein großes Echo. Seine Lehre von der Erlösung des Menschen allein durch die Gnade Gottes war ein Aufruf zur Umkehr und löste schließlich die Reformation aus.

Dank Martin Luther wurde die Bibel ins Deutsche übersetzt.

– *„Die eigentliche Mission von Papst Leo X. war, die Menschen aufzurütteln, um ihre seelischen Nöte zu lindern. Er sollte die Liebe zu Gott und das Gute zum Ausdruck bringen, jedoch konnte er der Stimme des Gewissens nicht mehr lauschen, sodass er überhaupt nicht mehr wusste, was er eigentlich tun und glauben sollte. Anstatt sich nach dem biblischen Wort zu richten: „Was immer du tust – tue es mit ganzem Einsatz", was auch die Quintessenz ist des Gleichnisses der „Talente" (Matt. 25, 14-30), hat Leo X. sein Amt nicht zum Wohle der Menschen eingesetzt und für die gute Sache genutzt, sondern er hat seine Macht missbraucht, da er seine Loyalität gegenüber seinem höheren Selbst ab einem bestimmten Zeitpunkt nicht mehr überprüft hat. Nicht der Geist in seinem Inneren, sondern die irdischen Belange waren stärker und haben sich durchgesetzt."*

Eine Vielzahl von Faktoren verschiedener Begebenheiten aus der Zeit des Spätmittelalters war der Nährboden, aus dem die Reformation zu Beginn des 16. Jahrhunderts entstanden ist. Für die Geschichte des Christentums bedeutete die Reformation den Höhepunkt einer Entwicklung, der verstärkte Kritik an der römisch-katholischen Kirche vorausging. Sie war der Wendepunkt in der Geschichte des Abendlandes. Das Ergebnis der Reformation war keine Reform der katholischen Kirche, sondern die Spaltung des Christentums in zwei Religionen:

den Katholizismus und den Protestantismus.

Auch der Züricher Reformator **Huldrych Zwingli** (1484-1531) führte im Jahr 1524 die Reformation ein. Er war sich mit Luther und anderen Reformatoren in manchen Punkten einig, aber es gab auch deutliche Unterschiede. Zwingli war bezüglich der Liturgie radikaler, er akzeptierte in der Kirche nur das, was in der Bibel stand, die er zwischen 1524 bis 1529 ins Schweizerdeutsche übersetzte. Seine Theologie wurde von **Heinrich Bullinger,** Zwinglis Nachfolger in Zürich, und von **Johannes Calvin** weitergetragen und nach und nach in der gesamten Schweiz übernommen.

– *„Alle spirituellen Lehren entspringen nur einer Quelle der Wahrheit, da alle Aspekte spiritueller Wahrheit die Gesetze Gottes verkörpern."* – Johannes Calvin (1509-1564) kam ebenfalls mit Luthers reformatorischen Thesen in Berührung. Während Luther mit seinen Vorschlägen eng die innere Ordnung der Messe beibehielt, stellten die Schweizer Reformatoren völlig neue Liturgien auf. Anfang des 16. Jahrhunderts kam es zwischen Katholiken und Protestanten zu verschiedenen Kriegen. In der Schweiz endeten 1531 die Auseinandersetzungen mit dem zweiten **Landfrieden von Kappel**.

Die innerkirchliche Erneuerungsbewegung war 1545 unter **Papst Paul III.** erfolgreich. **Das Konzil in Trient** (1545-1563) wurde einberufen, um die durch die Reformation aufgeworfenen theologischen Fragen zu klären und die Glaubensgrundsätze neu festzulegen. Als das Konzil unter **Papst Paul IV.** 1559 wieder zusammentrat, war die lutherische Kirche in Deutschland durch den **Augsburger Religionsfrieden** von 1555 politisch anerkannt und somit eine Wiedervereinigung der Kirche nicht mehr möglich. Die Kirchenversammlung schuf dennoch wichtige Grundlagen für eine nachhaltige Erneuerung der Kirche. Nach den Konzilbeschlüssen traten neue Orden hervor, besonders die **Jesuiten**, die dem Papst direkt unterstellt waren.

Die von Calvin gegründete Genfer Akademie im Jahr 1559 wurde zur Hochschule des Calvinismus. Der Protestantismus breitete sich im Heiligen Römischen Reich, den baltischen Ländern und im Westen bis nach Frankreich aus. Um die protestantische Reformation einzudämmen und zurückzudrängen, gründete **Ignatius von Loyola** 1546 den Jesuitenorden zum Zweck der katholischen Gegenreformation.

Bis 1562 entstand noch eine zweite Reformbewegung calvinistischer Gemeinden in Frankreich, Deutschland, den Niederlanden und Schottland. In diesem Jahr brach der erste von insgesamt acht konfessionellen Kriegen zwischen Katholiken und calvinistischen Hugenotten aus. Erst als **Heinrich IV.** im Jahr 1593 zum Katholizismus konvertierte, läutete dies das Ende der Hugenottenkriege ein, was zu einer allgemeinen Entspannung führte.

Achte nur darauf, was Christus für dich und für alle getan hat, damit du auch lernst, was du für andere zu tun schuldig bist.

Martin Luther

Der Islam - Die vorislamische Zeit

Damals lebten die Araber in den von den Ahnen zusammengehaltenen Stämmen, die sich aus mehreren Großfamilien zusammensetzten. Durch die Stammeszugehörigkeit wurden die Traditionen der Urahnen an die Nachfahren weitervermittelt, was das Bewusstsein und das geistige Leben der Araber bestimmte. Die Oberhäupter der einzelnen Großfamilien bildeten zusammen den Stammesrat.

Primär wurde das Leben nach den Regeln der Stammestradition geführt, dann erst kam die Religion. Das religiöse Denken bestand aus der Verehrung zahlreicher männlicher und weiblicher Gottheiten, die bildlich durch Symbole aus Stein oder Holz verehrt wurden. Ein berühmtes Heiligtum ist seit damals die **Kaaba in Mekka,** die der **Prophet Abraham** mit Hilfe von Familienangehörigen gebaut hatte. Durch die Dichter wurde den Arabern vermittelt, dass der Engel Gabriel dem Propheten Abraham einen schwarzen Stein für den Bau seines viereckigen Tempels gegeben habe und dass „heilige Steine" in das Gebäude eingemauert wurden. Da die Araber die Dichter als übernatürliche Menschen ansahen, zollten sie ihrer Dichtung und ihren Geschichten großen Respekt und gaben ihnen dadurch Macht. Da die Menschen nicht an ein Leben nach dem Tod glaubten, konnten sie ihre Unsterblichkeit durch ein Leben mit außergewöhnlich tapferen Taten erlangen. Ein solches Leben mit den moralischen Tugenden von Ehre, Mut und Tapferkeit wurde von den Dichtern der Stämme in Verse gefasst und überliefert. Nur **den Dichtern**, die die Geschichten der Stämme aufschrieben, **den Wahrsagern**, welche die Zukunft voraussagten und **den Richtern**, die Konflikte innerhalb eines Stammes und zwischen den verschiedenen Stämmen schlichteten, brachten die vorislamischen Araber unterwürfig Hochachtung und Wertschätzung entgegen.

Die damalige religiöse Situation der benachbarten Reiche war unterschiedlich. Das sassanidische-persische Reich folgte dem Zoroastrismus, die Vorstellung vom Jenseits beeinflussten das Judentum und infolgedessen auch das Christentum. Die altpersische Religion kannte eine Vielzahl von Göttern und war mit der vedischen Religion Indiens verwandt. Persien hatte gleichzeitig auch eine große christliche Bevölkerungsgruppe. Arabien grenzte im Norden an das griechisch-byzantinische Reich, im Süden an Abessinien, wo es christliche Königtümer gab. Gleichzeitig lebte in allen umliegenden Reichen auch eine beachtenswerte Anzahl jüdischer Gläubiger, die nach der Zerstörung des jüdischen Tempels Ende des ersten Jahrhunderts von Palästina nach Arabien ausgewandert waren.

Mohammeds Leben

Mohammeds Familie gehörte zu den Hashims und diese wiederum zu dem Stamme der Quraish, einem Händlerstamm, der in Mekka und Umgebung einen erheblichen Einfluss hatte. Mekka gehörte zu den wenigen religiösen Stätten, die damals von den Menschen aus ganz Arabien besucht wurden, denn **die Kaaba**, die sich dort befand, wurde schon in der vorislamischen Zeit als Heiligtum angesehen. Die Stadt Mekka tat sich damals durch den Händlerstamm der Quraish als wirtschaftlicher Mittelpunkt hervor, die weitgehend vom Geschäft der Pilgernden profitierten. Als Hüter der heiligen Stätte gewannen sie noch mehr Ansehen, da ihnen die Kontrolle von entsprechenden Ritualen unterlag, die später zu zentralen Riten des Islams wurden.

In Mekka wurde **Mohammed** im Jahr 570 n. Chr. geboren. Da sein Vater kurz vor seiner Geburt gestorben war, gab ihm sein Großvater den Namen Mohammed. Da die Dichter Mohammeds Kindheit und sein Leben nicht sachlich, sondern nach ihren Gedanken als eine geschichtliche Legende aufgeschrieben haben, ist über sein Leben vor Beginn seiner Prophetenschaft sehr wenig bekannt. Die Dichter erfanden Geschichten, um zu demonstrieren, dass er für etwas Großes bestimmt sei. Tatsache ist jedoch, dass er nach dem Tod der Mutter und des Großvaters bei dem Bruder seines Vaters lebte, da dieser nun die Vormundschaft für ihn übernommen hatte. Sein Onkel Abû Tâlib war ebenfalls ein Händler und er nahm Mohammed mit auf seine Reisen durch Arabien. So erlernte er nicht nur den Beruf des Händlers, sondern er konnte auch durch den Kontakt zu den unterschiedlichsten Menschen ihre verschiedenartige Mentalität kennenlernen. Er sah den ethischen Stand jener Menschen, die dem Christentum und dem Judentum zugehörig waren, und erkannte den Stand der Araber, die in der Mehrzahl als Nomaden lebten.

Die vorislamischen Araber hatten keinen in allen Einzelheiten aufgeführten moralischen und ethischen Kodex, hingegen waren bei den jüdischen und christlichen Gläubigen Moral und Ethik fester Bestandteil in ihren Heiligen Schriften. Da zu dieser Zeit das Land keine Zentralregierung hatte, gab es auf der einen Seite die Stämme, auf der anderen Seite die Handels- und Agrarstädte, die versuchten, ein Gleichgewicht im Staat herzustellen. Die Handelsstädte hingen vom Ost-West-Handel zwischen dem Indischen Ozean und dem Mittelmeerraum ab sowie vom Nord-Süd-Handel zwischen Afrika und dem byzantinischen und dem sassanidischen-persischen Reich. Die Nomaden, die zu denselben Stämmen wie die Städter gehörten, einigten sich im Vorfeld, ihre Karawanen nicht zu überfallen, während viele Nomaden von der Plünderung der vorbeiziehenden Karawanen lebten. Dieses Verhalten wurde als notwendige Lebensform angesehen und auch gedeckt, da es als normal empfunden wurde. Durch seine frühen Reisen erkannte Mohammed, dass Menschen, die keiner Religion zugehörten, eine inakzeptable Lebensform praktizierten.

Als Mohammed erwachsen war, wurde die fünfzehn Jahre ältere, angesehene Witwe namens Khadija auf ihn aufmerksam. Durch die Heirat mit ihr war er zu einem wohlhabenden Handelsmann geworden. Mit großem Erfolg ging er auf Geschäftsreisen und hatte sich bald den Ruf eines ehrlichen und vertrauenswürdigen Händlers erarbeitet. Mohammed führte eine glückliche Ehe und seine Frau gebar ihm zwei Söhne, die früh verstarben, und vier Töchter, mit denen er ein glückliches Leben führte.

Durch den Einfluss christlicher Predigten vollzog sich in ihm eine tief greifende Wandlung. Vom lebensfrohen Kaufmann wurde er zum grüblerischen Denker, der sich intensiv mit der Religiosität auseinandersetzte. Er zog sich immer öfter in die Einsamkeit zurück, um neue Erkenntnisse zu erhalten. Als Vierzigjähriger hatte er in einer Höhle bei Mekka ein visionäres Erlebnis mit einem Engel, der ihm zweimal sagte: „Lies“, „Lies!“ Und beim dritten Mal sprach der Engel die ersten fünf Verse der 96. Sure des Korân (Koran bedeutet soviel wie Rezitation):

> „Rezitiere, im Namen deines Herrn, der schuf,
>
> Der den Menschen schuf aus einem Embryo,
>
> Rezitiere bei diesem Herrn, dem Hochgeehrten,
>
> Der mit dem Schreibrohr lehrte,
>
> Den Menschen lehrte, was er nicht wusste.“ (96: 1-5)

Er wurde von dem Engel aufgefordert, von der Existenz des einzigen und allmächtigen Gottes zu erzählen sowie von dem Jüngsten Gericht, damit die Menschen wissen, dass sie ein tugendhaftes, frommes und ehrliches Leben führen sollen. Im Laufe der Zeit erhielt er immer neue Offenbarungen entweder über den Engel oder direkt von Gott. Es war seine Frau, die ihn mit der Zeit überzeugte, dass auch er als Prophet Gottes erwählt war, um den noch nicht gläubigen Menschen eine göttliche Botschaft zu bringen.

Die Auswanderung Mohammeds von Mekka nach Medina

In den ersten zwölf Jahren konnte sich Mohammed noch nicht durchsetzen mit seiner Botschaft von dem einen Gott Allâh, der die Welt erschaffen hat und am Jüngsten Tag richten wird. Sein Anspruch, der gottgesandte Prophet der Araber zu sein, stieß in Mekka auf barsche Ablehnung. So fand er vorerst nur im engsten Familienkreis seine ersten acht Anhänger, später kamen noch Freunde hinzu. Als im Jahre 619 seine geliebte Frau und auch sein Onkel Abû Tâlib starben, die ihn beide zu Lebzeiten immer beschützt hatten und zu ihm standen, beschloss er, seinen Wirkungskreis zu verlegen und in die Stadt Yathrib, die später Medina genannt wurde, auszuwandern.

Dort waren schon einige Anhänger, außerdem hoffte er auf Unterstützung der Juden für seine monotheistischen Bestrebungen. Zudem bot man ihm die Stellung eines unparteiischen Richters an, der die Aufgabe hatte, in die Streitigkeiten der miteinander kämpfenden Stämme und Parteien der Stadt friedlich einzugreifen. Die Auswanderung (die hijra) Mohammeds von Mekka nach Medina (die Stadt des Propheten) war freiwillig und von großer Bedeutung, denn **Kalif Omâr** setzte später den Anfang der islamischen Zeitrechnung mit dem Jahr 622 n. Chr. fest. Es ist der Beginn des Islam als soziale Religion. In Medina entfaltete sich die neue Religion zusehends und gewann immer mehr Anhänger.

Die Einwohner Mekkas hingegen sahen die muslimische Gemeinschaft von Medina mittlerweile als wachsende Bedrohung an. Durch den großen Einfluss, den Mohammed zwischenzeitlich in Medina hatte, war er überzeugt und entschlossen, seine Macht immer mehr zu festigen und weiter auszudehnen. Er machte sich zum unumstrittenen religiösen Propheten und politischen Führer und schuf dadurch die Basis für eine starke Anhängerschaft – religiös wie auch politisch! Weitsichtig wie er war, legte er einen Plan zurecht, den er mit Hilfe seiner Anhänger erfolgreich ausführte, indem er Karawanen aus Mekka überfallen ließ. Der Sieg von Badr im Jahr 624 n. Chr. brachte ihm soviel Ruhm und Ehre ein, dass ihn nichts mehr erschüttern konnte. Drei Jahre später kam ein Friedensvertrag mit Mekka zustande, der ihm bestimmte Rechte in der Stadt einräumte. 630 nahm er die Kaaba ein und reinigte das Heiligtum von Götzenbildern, indem er alle Kultgegenstände entfernen ließ. Somit machte er die Kaaba zur zentralen Wallfahrtsstätte des Islam. Nach seiner letzten Abschiedswallfahrt nach Mekka erkrankte Mohammed und starb im Haus seiner dritten Ehefrau A´isha, der Tochter Abû Bâkrs.

Die Ausbreitung des Islam

Nach Mohammeds unerwartetem Tod im Jahre 632 n. Chr. wurde sein alter Freund und Schwiegervater **Abû Bâkr zum ersten Kalifen** und somit zu seinem Nachfolger gewählt. Fortan waren die Führer der islamischen Gemeinschaft die Kalifen – die Repräsentanten oder Stellvertreter der Lehre des Islam. Abû Bâkr gelang es, die weitere Expansion des Glaubens fortzuführen, weil er die Aufstände der arabischen rebellischen Stämme besiegte. Als er im Jahre 634 starb, folgte ihm **Kalif Omâr I**. (584-644) nach. Die Kalifen und ihre Heerführer sorgten für die Ausbreitung des Islam durch militärische Eroberungen. Die islamische Gemeinde verbreitete sich während der zehnjährigen Regierungszeit von **Omâr** und danach zwölf Jahre lang unter seinem Nachfolger **Osmân** über die Grenzen Arabiens hinaus.

Nach der Ermordung **Osmâns** entfalteten sich, durch die Entstehung sektenartiger Spaltungen, vier in ihrer Quintessenz unterschiedliche Denkschulen, die den Bereich islamisch-theologischer Positionen repräsentierten. **Die erste Gruppe** war die **Qadariya**, die gegen die Umayyaden opponierte. Sie glaubte, dass die Taten der Menschen ein Spiegel ihres Glaubens sind und somit jeder, der eine schwere Sünde begeht, ein Ungläubiger ist. **Die zweite Gruppe, Jabriya** genannt, dachte, ein Mensch, der eine schwere Sünde begeht, würde nicht zur Verantwortung gezogen werden, da Gott als die Quelle allen Handelns galt. **Die dritte Gruppe**, die **Murji´a** stand mit ihrer Auffassung zwischen Qadariya und Jabriya, denn sie glaubte auf der Grundlage eines Koranverses, dass das Schicksal eines schweren Sünders ausgesetzt würde bis zur Entscheidung Gottes. **Die vierte Gruppe** war die **Khawarij**, sie glaubten wie die Qadariya an die Reflexion der Seele. Sie unterstützten zunächst **Ali**, ließen ihn später fallen und distanzierten sich von seinen Anhängern, den Schiiten.

Nach Mohammeds Tod war eine Partei entstanden, die ausschließlich seine Nachkommen als rechtmäßige Nachfolger des Propheten sahen. Diese Partei ernannte nun **Ali**, den Schwiegersohn von Mohammed, **zum Kalifen**. Es gab zur selben Zeit eine Gegengruppierung, die der Ansicht war, dass **Osmâns Vetter Mu´awiya** die Nachfolge antreten sollte. Als Statthalter von Syrien ließ sich Mu´awiya, bestärkt durch seine Anhänger, in Damaskus ebenfalls zum Kalifen ernennen. Als es in der Anhängerschaft der beiden Kalifen Ali und Mu´awiya zur Spaltung kam, musste Ali eingreifen, der wiederholt von den Mitgliedern der Gemeinde gedrängt wurde, sie von der tyrannischen Herrschaft Mu´awiyas zu befreien.

– *„Ali wurde von den Menschen um Hilfe gebeten, um sie aus dem bedingten Leiden durch die Härte von Kalif Mu´awiya zu befreien und zu erlösen. Tatsächlich fehlte den Menschen die Fähigkeit, aus der Höheren Perspektive zu sehen, denn sonst wäre ihnen ihre karmische Vergangenheit enthüllt worden. Wer unter scheinbaren Ungerechtigkeiten zu leiden hat, erkennt nicht die Auswirkungen des geistigen Gesetzes – des Karmas. Da ein jedes Leben durch dieses geistige Gesetz geregelt wird, kann es keine Ungerechtigkeit geben.*
Diese weltliche Phase muss man auf seinen irdischen Lebensreisen auf gewissen Entwicklungsstufen durchschreiten. Allein in der Meditation kann man sich selbst und die Welt aus der Perspektive der Wahrheit sehen. Der Mensch kann nur frei werden, wenn er in die Stille seines eigenen Selbst eintaucht, denn dann fließt eine Kraft, die alle Ängste auflöst. Einzig und allein auf der geistigen Ebene kann man das Zusammenspiel aller Menschen, mit denen man es gerade zu tun hat, verstehen. Alle Menschen kommen von Gott und deshalb ist kein Mensch größer oder wichtiger als der andere. Karma ist das Gesetz Gottes, das uns so lange mit jenen Menschen reinkarnieren lässt, die wir verletzt haben, bis alles Unrecht abgetragen und die Schuld vergeben wurde. Alle Religionen beinhalten die gleiche Weisheit seit jeher, es ist die uralte Weisheit – die Lehre des Geistes, die von allen Weisen und Propheten vermittelt wurde.“

Nach dem Tod Alis im Jahre 661 durch einen Attentäter ergriff **Mu´awiya** die Macht und legte das Fundament der ersten islamischen Dynastie. Er schaffte die Wahl des Kalifen ab und begründete somit die Erbfolge der **Dynastie der Umayyaden,** nachdem er seinen Sohn **Yazid I.** öffentlich zu seinem Nachfolger erklärt hatte. Mu´awiya war der erste von dreizehn Umayyaden-Kalifen. Die Frage nach dem wahren Nachfolger war der Auslöser für **das erste Schisma** innerhalb des Islam und führte zur Aufspaltung in Sunniten und Schiiten. Die Anhänger von Ali, die Schiiten (shi´at Ali – Gruppe von Ali), hatten Mu´awiya nicht als rechtmäßigen Führer der islamischen Gemeinschaft anerkannt, weil er Menschen in seinem Umfeld hatte, deren Gedanken und Ideen aus der Vermischung von Glaubenssystemen hervorgegangen sind. – *„Als der erste Kreuzzug zu Beginn des 11. Jahrhunderts die Christen in den Orient führte, kam der negative Samen, der nach dem Tod Alis von den Anhängern Mu´awiyas gesetzt wurde, zum Tragen. Als 435 Jahre später die ersten Kreuzritter Konstantinopel erreichten, die Seldschuken besiegten, später die syrische Stadt Antiocha einnahmen, jenseits des Euphrats den ersten Kreuzfahrerstaat errichteten, bei der Eroberung Jerusalems die Stadt plünderten und viele Juden und Muslime sterben mussten, da kam die streitsüchtige und machtbesessene Gedankenwelt von Mu´awiya und seinen Anhängern als Reflexion auf die Menschen* *im Vorderen Orient zurück. In der Anfangsphase des Islam waren die Menschen in Anbetracht der äußeren Einflüsse nicht in der Lage, sich nach oben hin auszurichten und den göttlichen Geist wahrzunehmen und zu verstehen. Sie hatten noch überhaupt keine Kenntnisse über den Sinn und Zweck einer Inkarnation auf der Erde. Vor Mohammeds Offenbarungen hatten die Araber weder einen moralischen, noch einen ethischen Kodex, nach dem sie sich geistig hätten orientieren und leben können. Niemand kommt umhin, die Aussaat seiner negativen Gedanken zu ernten. Lasst Euch niemals von anderen durch negative Gedankenkräfte anstecken. Nur die Kräfte des Lichts kommen den Menschen zu Hilfe, deshalb muss auf allen Ebenen des Lebens* ***Disziplin im Denken, Reden und Handeln*** *gelernt werden.*

Als im Jahre 680 die Gemeinde von Kufa **Alis Sohn Hussein** überredete, sich gegen die Herrschaft der Umayyaden zu erheben, wurden er und weitere Familienangehörige in Kerbela durch die Truppen von **Yazid I**. getötet. – *„Für Ali und seinen Sohn Hussein bedeutete "anderen zu helfen", mit Allah und Mohammed verbunden zu sein. Ein Zuviel an Hilfe wirkte sich jedoch destruktiv aus und endete bei beiden mit dem Tod."*

Es kam zur ersten Abspaltung der Schiiten und trotz der Verbundenheit mit Mohammed kam es zur Initiation und zu Initiationsriten. Die Meinungsverschiedenheiten führten zur Bildung einer Reihe von Sekten und infolgedessen sind innerhalb des Islam einige Richtungen entstanden, deren Anschauungen von den allgemein islamischen gewisse Unterschiede aufweisen. Auf **Ali** sollte sein **ältester Sohn Hasan** als Kalif oder, wie die Shiiten sagen, als „Imâm" folgen. Nach dessen Tod im Jahre 670 wurde **Hussein, der jüngere Sohn von Ali** der 3. Imâm und danach wieder dessen Sohn und dessen Sohn... Der vierte **Imâm** war **Zain-ul-Abidin,** der älteste Sohn von Hussein. Nach der Tragödie von Kerbala musste er mit noch anderen Gefangenen über siebenhundertfünfzig Kilometer durch den heißen Sand der Wüste zu Yazid I. wandern. Durch die öffentliche Rede von Imâm Zain-ul-Abidin bekam Yazid I. den Druck der versammelten Menschen von Syrien zu spüren, sodass er die restlichen Gefangenen freilassen musste. – *„Nachdem bei den muslimischen Imâm-Anhängern der irdische Aspekt auf der Seele vorherrschte, baute sich aufgrund des erlittenen Martyriums ein Hass auf, sodass keine seelische Entwicklung mehr stattfinden konnte. Sie beteuerten wohl Mohammeds Nachfolger ihre Zugehörigkeit und Authentizität, jedoch nahmen diese beiden Attribute zwei Ausprägungen an. Bei der individuellen Authentizität strebt(e) der einzelne Gläubige nach Vollkommenheit, so wie Mohammed es lehrte; bei der kollektiven Authentizität versuchten jene hasserfüllten Muslime eine Gemeinschaft zu schaffen. Der Samen der islamischen Bewegung, der Fundamentalisten, war gelegt."*

Zaid, ein Urenkel von Hussein, war der fünfte Imâm, deshalb nennt man seine Anhänger die Zaiditen. Der sechste Imâm, **Ja´far as-Sadiq,** war ein großer Gelehrter, der auch bei den Sunniten durch sein religiöses Wissen hohes Ansehen genoss. Als um das Jahr 762 **Ismail** starb, den seine Anhänger als siebten Imâm verehrten, erhielten die Ismailiten ihren Namen.

Erst als **Abd al-Malik** von 685-705 an der Macht war, gab er dem Reich der Umayyaden feste politische Strukturen und eine Zeit neuer Eroberungen begann. Seine Absicht war, im geschichtlich religiösen Zentrum des Juden- und des Christentums durch den **Bau des Felsendoms auf dem Tempelberg** seine Macht zu zeigen, da er Jerusalem zum neuen politisch-kulturellen Mittelpunkt seiner Herrschaft machen wollte. – *„Der Buddhismus ist von allen Religionen diejenige, welche die Vergänglichkeit allen Seins sowie die Unbeständigkeit und Sinnlosigkeit von Macht im Tiefen erkennt. Da der Prophet Mohammed Religion und Staat als ein untrennbares Ganzes gesehen hatte, sahen nachfolgend die Araber, die an der Macht waren, die Ausbreitung des Islam mit der Ausbreitung der politischen Macht mohammedanischer Staaten aufs Engste miteinander verknüpft.* ***Mohammeds Wunsch jedoch war,*** *den Arabern zu helfen, dass sie durch die Aspekte der Religion, die ihm durch Offenbarungen mitgeteilt worden waren, ihr gesellschaftliches Fehlverhalten erkennen. Durch den Funken Gottes, den Gott jedem Menschen in seiner Seele mitgegeben hat, hat er gleichzeitig seine leise, innere Stimme in jedes Geschöpf gepflanzt.* ***Nur hier ist die Wahrheit zu finden.“***

Das irdische Leben ist nur vergänglicher Trug.

Koran

„Ihr sollt wissen, dass jeder, der auf der Erde inkarniert ist, irdisch und göttlich ist. Da der Mensch von Gott kommt, sind die Elemente der Göttlichkeit nicht nur in der Seele, sondern auch im physischen Körper vorhanden. Je mehr das geistige Bewusstwerden unter Euch Menschen wächst, umso mehr verzieht sich der nebulöse Schleier von der Erde und die Verbundenheit beider Welten, die über die Seele und den Körper sichtbar, spürbar und erfassbar ist, kann dann als geistige Wahrheit erkannt werden.

***Die Verbundenheit des Universums mit dem menschlichen Körper** zeigt sich darin, dass der Körper über die sieben Hauptchakras und die entsprechenden Drüsen mit den Planeten verbunden und somit den planetarischen Einflüssen ausgesetzt ist, die das tägliche Leben beeinflussen. Sobald Ihr von der irdischen in die geistige Welt hinübergeht, nehmt Ihr einen großen Anteil der irdischen Eigenschaften in der Seele mit. Mit diesem noch zu verarbeitenden Karma bleibt **die Seele mit der Erde weiterhin verbunden**, was eine erneute Reinkarnation zur Folge hat. Die reine göttliche Essenz fließt durch den Körper, während der Geist im Herzen des Menschen, da wo der Sitz des göttlichen Funken ist, alles Leben durchdringt.*

Wollt Ihr wirklich Gutes für Euch tun, so geht im Gebet zu Gott (Allah) – jeder für sich allein – in die Stille, um die Wahrheit zu erfassen. Dabei ist die Zusammenarbeit von Euch auf der Erde mit den Brüdern in der geistigen Welt sehr wichtig. Nur die Ur-Weisheit bringt Euch Menschen die Erleuchtung, die Wahrheit, die geistige Freiheit und den Frieden. Wenn Ihr den Weg der Selbsterkenntnis geht, dann werdet Ihr die Göttlichkeit in jedem Menschen sehen, denn jeder von Euch ist ein Kind Gottes“

Wohl dem Menschen, in dessen Geist kein Trug ist.

Psalmen 32,2

Jerusalem und der Tempelberg

Die Frühgeschichte der Israeliten geht hauptsächlich auf die überlieferten Erzählungen der drei Patriarchen Abraham, Isaak und Jakob zurück. In der israelitischen Geschichte spielte die Verehrung des **einen Gottes Jahwe** eine große Rolle. Die Reinerhaltung des Jahwekultes und die weisen Aussprüche der Propheten waren für die Israeliten lebenswichtig. Um in einer reinen geistigen Atmosphäre den Israeliten die göttliche Wahrheit der prophetischen Worte übermitteln zu können, ließ **König Salomo den ersten Tempel in Jerusalem** erbauen. Die Stelle des ersten Tempels bildet den heiligsten Ort im Judentum.

Die Assyrer (aus dem heutigen Irak) zerstörten im Jahre **721 v. Chr.** das nördliche Königreich der Juden. Die Babylonier, die Nachfahren der Assyrer, zerstörten unter **Nebukadnezar II. 586 v. Chr.** den jüdischen Tempel von König Salomo in Jerusalem, nach dessen Tod sich die zehn Stämme des Nordens von den zwei Stämmen des Südens teilten und die Nordstämme sich auflösten.
– *„Als Nebukadnezar II. Jerusalem eroberte, war seine Vorstellung von der Welt, dass das irdische Leben nur eine kurze Durchgangsphase ist. Er sah den heiligen Ort der Israeliten nicht als heiligen Ort an – er hatte eine andere Glaubensrichtung. Die Israeliten wurden durch die Zerstörung ihres Tempels in ihren Wurzeln erschüttert. Der Schrecken dieser Sinnlosigkeit wurde zum Trauma für die Israeliten. Diese Eroberung setzte den Keim, aus dem später die Bekämpfung der Juden wuchs. Von diesem Zeitpunkt ab verhielten sich die Israeliten zurückhaltend und kritisch gegenüber den Nachbarländern."*

Die Oberschicht wurde von den Babyloniern nach Mesopotamien verschleppt.
– *„Jedes Samenkorn keimt! Was der Mensch denkt und wie er sich etwas vorstellt, so kommt es. Eine liebevolle, positive Einstellung zum Leben und zu den Mitmenschen bringt Veränderung und Harmonie ins Leben. Jesus war Meister des geistigen Gesetzes, des kreativen Geistes. Er vermittelte, dass jede göttliche Lektion zu erlernen ist und bestimmte Situationen, die mitunter sehr schmerzhaft sind, wollen sie uns lehren."*

Als die **Perser** einige Jahrzehnte später die Babylonier besiegten, wollte eine kleine Gruppe der gläubigen Juden unter allen Umständen nach Jerusalem zurückkehren. (Babylonien nannte man die Landschaft am Unterlauf der Flüsse Euphrat und Tigris, Babylon war die Hauptstadt, die von zahlreichen Herrschern aus den unterschiedlichsten Völkern immer wieder erobert und regiert wurde). Die Zurückgekehrten hatten den Wunsch, beim Bau des zweiten Tempels 538 v. Chr. unter der Leitung von **Serubbabel,** einem Nachfahren König Davids, mitzuhelfen, jedoch wurde ihre Hilfe abgelehnt, da sie durch fremde religiöse Einflüsse nicht mehr als rein israelitisch angesehen wurden.

Im Jahre 445 v. Chr. gaben der Stadthalter **Nehemia** und sein Schreiber **Esra** ein neues Gesetz heraus, das vorschrieb, alle Mischehen mit ausländischen Frauen aufzulösen, ansonsten drohte, des Landes verwiesen zu werden. Das spirituelle Leben in Israel erfuhr eine grundlegende Neuordnung. Esra war mit den Gesetzen Gottes vertraut und somit verantwortlich für die religiösen Belange der Israeliten. *„Die Samaritaner erlitten Einschränkungen, die sie sich in einem vorhergehenden Leben erworben hatten. Sie sind mit ihrem eigenen Karma konfrontiert worden.“*

Manasseh, der Sohn eines Hohepriesters von Jerusalem, war mit der Tochter des persischen Stadthalters von Samaria verheiratet und wurde aufgrund des neuen Gesetzes aus Jerusalem ausgewiesen. Er schloss sich den **Samaritanern** an, die in dem Gebiet des früheren nördlichen Königreiches Israels lebten und nach dem Namen der dortigen Stadt Samaria benannt wurden. Sie wurden als ethnische Mischbevölkerung angesehen, die durch fremde religiöse Einflüsse verdorben waren. – *„Im Buch Jesaja steht geschrieben: „Meine Gedanken sind nicht eure Gedanken und eure Wege sind nicht meine Wege – Spruch des Herrn“. Wut, Rage, Verzweiflung sind Probleme der Seele und finden ihren Ausdruck in einem negativen Gedankenkarussell und in der Furcht. Erst wenn die Menschenseele eine gewisse Stufe geistiger Entwicklung erreicht hat, übernimmt man Eigenverantwortung. Zwischen den Israeliten und Samaritanern brachen Feindseligkeiten aus, die Lage spitzte sich zu. Die beiden Gruppen bekämpften sich und es kam zum erbitterten Konflikt.“*

Die Samaritaner bekamen im Jahre 333 v. Chr. die Erlaubnis, ihren **eigenen Tempel auf dem Berg Garizim in Palästina** zu bauen. Die Israeliten sahen Jerusalem und die Samaritaner den Berg Garizim als den einzigen Ort an, wo Opfer dargebracht werden konnten, da es nur **ein** legitimes Heiligtum gibt. Zwischen dem samaritanischen und dem jüdischen Pentateuch gab es Unterschiede.

– *„Die Seele wird erbaut mit guten Gefühlen durch reine Gedanken oder bei negativen Gefühlen, vor allem wenn man sich als Außenseiter fühlt, durch dunkle, disharmonische Gedanken. Bei dauerhaft gelebten negativen Emotionen wird man von der wahren göttlichen Quelle abgeschnitten. Wenn eine solche Seele vom Er-*

denleben ins Jenseits wechselt, ist dieser Konflikt nicht zu Ende. Auf der Erde brauchen die Gedanken eine geraume Zeit, bis sie sich realisieren und manifestieren, in der Astralwelt jedoch werden die Gedanken viel schneller verwirklicht.“

Ebenfalls im Jahre 333 v. Chr. wurde die persische Armee von **Alexander dem Großen,** der die griechische Kultur über die ganze Welt verbreiten wollte, erstmals bei Issos besiegt. Zwei Jahre später stieß er über Euphrat und Tigris nach Persien vor, schlug erneut die Perser und nahm die persischen Residenzen Babylon, Susa und Persepolis ein. Alexander eroberte den gesamten Vorderen Orient und Asien bis nach Indien. Sein Ziel war die kulturelle Vereinigung von Orient und Okzident.

Palästina war bis 332 v. Chr. Provinz des persischen Reiches, wurde dann dem Reich Alexander des Großen untergeordnet und fiel im Jahre 320 unter die Hoheit der ägyptischen Ptolemäer, die den Juden jedoch völlige Kultusfreiheit ließen. Im Jahre 326 schlug Alexander der Große **den indischen König Poros** und besetzte indische Gebiete. Ein Jahr später, 325 v. Chr., marschierte er den Indus entlang zum Delta, dort teilte er sein Heer. – *„Der Unterschied zwischen der alten vedischen Tradition und dem späteren Hinduismus besteht darin, dass die errichteten Tempel als Zentren des Gottesdienstes dienten und somit die Religion an feste Orte band. Die Induskultur entwickelte sich von ungefähr 2500 v. Chr. und war um 1500 v. Chr. wieder verschwunden. Die beiden grundlegenden Einflussquellen waren die Kulturen des Industals und die indoeuropäische Kultur. Im Laufe der Zeit vermischten sich die Glaubensvorstellungen und Praktiken der eingewanderten und dort angesiedelten Völker. Zur Entwicklung des indischen Nationalbewusstseins gehörte das Gefühl der Zusammengehörigkeit. Eine kleine Gruppe, bestehend aus dreiunddreißig Menschen, die hinter König Poros standen, setzte sich zum Ziel, die griechische Herrschaft zurückzudrängen. Diese Gruppe beanspruchte für sich, gläubig zu sein. Jedoch verkörperten sie anstatt des Loslassens die Kontrolle, statt positiver Taten die Vernichtung, statt der Immanenz – nach dem Sinn und den Geboten Gottes zu leben, lebten sie die Transzendenz – die Sinnlosigkeit. Mit einem verborgenen rituellen Buch erlangten sie die Handhabe, Macht über andere zu bekommen. Solche Riten bringen nicht nur den Menschen, die sie praktizieren, sondern auch den Personen, auf die diese Riten angewandt werden, für sehr viele nachfolgende Inkarnationen ein unsagbar großes physisches und psychisches Leid.“*

Während Alexanders Flotte den Seeweg durch den Persischen Golf erkundete, zog er durch die Wüste zurück in den Iran. Alexander der Große starb daraufhin auf unerklärliche Weise bereits zwei Jahre später, am 13.6.323 als gesunder Mann im jungen Alter von 33 Jahren in Babylon. – *„Alexander beschäftigte sich weniger mit den geistigen Gesetzen, den Gesetzmäßigkeiten Gottes, sondern mit irdischen Eroberungen. Er war, da viele Menschen durch sein Heer sterben mussten, nicht mehr vom Licht Gottes durchflutet. Er lebte spirituellen Hochmut, wollte Kontrolle aus eigener Kraft, nicht aus der Kraft Gottes durch den Geist des Friedens und der Liebe."*

Antiochos III., auch der Große genannt, war einer der bedeutendsten hellenistischen Herrscher, der zwischen 202-194 die Süd- und Westküste Kleinasiens und Thrakien besetzte und die Herrschaft über Phönizien und Palästina errang. Im Jahre 198 v. Chr. wollte er über Judäa herrschen und aus Jerusalem eine griechische Stadt machen. Er gewährte den Juden ihre Kultusfreiheit und bestätigte ihre Sakralverfassung. Als er sich dann noch die Herrschaft über die kleinasiatischen Griechenstädte erzwang, kam es in den Jahren zwischen 192-189 zum Krieg mit Rom. – *„Antiochos III. hatte sich in den Strudel mentaler und emotionaler Konflikte seiner Vorgänger ziehen lassen. Der irdische Flächenbrand war bereits gelegt, aber auch er erkannte diese sinnlose Vernichtung nicht und war nicht bereit, sich anders zu entscheiden, weil seine irdischen Freunde und Berater genauso dachten. Sie alle lebten in einem nebulösen Zustand, sahen keine Wahrheit mehr und das Leben mit all dem Leid, das sie anrichteten, nahmen sie nur noch verschwommen war. Alle Menschen reinkarnieren auf der Erde in einen Körper, einzig und allein um die Geburt durch den Geist zu erleben. Beginnt der irdische, kritische Verstand, werden durch Habsucht und Gier die negativen Gedanken aktiviert und die Entwicklungsmöglichkeiten somit blockiert. Die Wahrheit wird durch falsches Denken und Reden verschleiert. Die tiefe innere Wahrheit kann nicht mit dem Intellekt, dem irdischen Verstand, aufgenommen werden."*

Danach musste sich Antiochos III. in den Jahren 189-188 v. Chr. aus Kleinasien bis zum Taurus wieder zurückziehen. Auch sein Sohn und Nachfolger **Antiochos IV.**, der in der Zeit von 175-163 v. Chr. regierte, besetzte Jerusalem. Er mischte sich jedoch in die Streitigkeiten jüdischer Priesterfamilien ein und wollte seinen Seleukidenkult durchsetzen. Er **plünderte** sogar **den Tempelschatz** der Israeliten und **weihte Zeus,** dem höchsten der griechischen Götter, **den Tempel.** – *„Die Auswirkungen negativen Denkens aus Panik und Angst seitens der Israeliten führte dann definitiv zum Konflikt mit Antiochos IV."*
Nach der Rückeroberung Jerusalems durch aufständische Kämpfer für die Tradition wurde der Tempel gereinigt und **wieder dem Gott Israel geweiht.** – *„Trotz der Einnahme der Gebiete, bei der es immer um Kampf und um Verlust ging, sahen die*

meisten Herrscher, so Antiochos III. und auch sein Sohn Antiochos IV. nicht, dass sie den irdischen Versuchungen von Sieg und Macht, diesem ständigen Ablauf von Zerstörung, hätten widerstehen müssen. Sinnlose Macht beansprucht nur derjenige, der die göttliche Wahrheit nicht erkennt, denn sonst würde die Entwicklung der Menschheit gefördert werden. Jede Religion wurde von einem großen Eingeweihten begründet. Sie predigten alle dasselbe, nämlich dass Gott den Menschen über das positive Denken positive Macht verleiht."

Da das Riesenreich Alexanders des Großen unter seinen Generälen aufgeteilt wurde, war der Erfolg nur denjenigen gewiss, die ein Land als Machtbasis ausbauten, weil sie sich als Träger der hellenistischen Kultur kosmopolitisch darstellen konnten. Fast alle Diadochen griffen in den Kampf um die europäischen Gebiete ein, die zum Reich von Alexander dem Großen gehörten. Die Diadochenreiche, die am längsten überlebten, waren diejenigen der Seleukiden in Syrien und der Ptolemäer in Ägypten, die letztendlich, wie alle anderen schon vorher, auch besiegt wurden, und zwar durch die Römer. – *„Die Schöpfung ist ein fortlaufender Prozess! Das ist ein Beweis dafür, dass Gott am Wirken ist! Die diesbezüglich göttlichen Gesetze entstammen der Ur-Weisheit und geben die nötigen Beweise für die Ungläubigen in der Welt. Wenn Wille und Intelligenz zur Tätigkeit anregen und dem Menschen die geistige Sphäre bewusst ist, kann er eine Arbeit machen, die dem Göttlichen entstammt, mit der Sicherheit, dass jegliche Arbeit, die unter einem göttlichen Licht läuft, Erfolg und Glück beschert."*

Nach dem Niedergang des hellenistischen Reiches entstanden ab dem zweiten Jahrhundert v. Chr. zwei neue Mächte: in Asien die Parther und im Mittelmeerraum die Römer. Die Römer vereinten erstmals weite Teile Europas. Als oberste Gottheit des römischen Pantheon war Jupiter so wichtig, dass er vor jedem politischen Unternehmen konsultiert wurde. Nachdem die Römer unter **Titus** Jerusalem und den **zweiten jüdischen Tempel** im Jahre 70 n. Chr. **zerstört** hatten, blieb nur noch die Westmauer erhalten. Es entstand zunächst **ein römischer Jupitertempel.** Da die Juden und die Christen an den einen Gott glaubten und ihn verehrten, nahmen sie am römischen Kaiserkult nicht teil, den die Römer jedoch als Loyalitätsbeweis von allen Völkern des Weltreiches forderten. – *„Das Karma, das zwischen Menschen und Ländern entstanden ist, setzt sich in den nachfolgenden Leben fort, weil das Göttliche Gesetz eine beständige Wechselwirkung vorsieht."*

Im jüdischen Aufstand gegen die römische Unterdrückung ließ der römische **Kaiser Konstantin,** der zum Christentum konvertierte, den Jupitertempel abreißen und eine **christliche Basilika** erbauen. Im Jahre 324 konnte er seine Alleinherrschaft durchsetzen. – *„Konstantin der Große verstand sich als Diener Gottes. Er erkannte das große Potenzial der jüngsten Religion, des Christentums. Er handelte humaner als alle anderen Herrscher. Durch das Christentum beeinflusst, gab er neue, positive Gesetze heraus, schaffte Strafen, wie die Gladiatorenkämpfe ab und reduzierte die Sklaverei."*

Die Christen erfuhren immer mehr Zulauf, ihnen wurde Gleichberechtigung und freie Religionsausübung zugestanden. – *„Was **Konstantin I.** seinem Sohn, **Konstantin II.** vorgelebt hatte, lebte dieser positiv weiter und setzte die Politik seines Vaters erfolgreich fort, indem er die politisch-religiöse Einheit förderte."*
Julian Apostata, der Vetter und Nachfolger von Konstantin II., verlor schon früh seinen Glauben, weil er einen alten Sonnenkult wieder einführte. – *„Seine Auffassung war bald nicht mehr in Übereinstimmung mit den Gläubigen im Staat, denn das Licht seiner Seele wurde erstickt. Seine Erhabenheit begann zu erlöschen, als er den Versuch unternahm, die mysteriösen Geheimnisse des okkulten Wissens zu ergründen."*
Als er 363 starb, endete mit ihm und durch ihn die Herrschaft des Hauses Konstantin. Bereits im Jahre 395 kam es zur endgültigen Teilung des Reiches in Ost- und Westrom.

Apostatas Nachfolger **Kaiser Valentinian** und dessen Bruder **Theodosius** als Mitkaiser stärkten wohl durch ihre Positivität das Römische Reich noch einmal, indem Valentinian eine innere Konsolidierung vornahm und Theodosius das Christentum zur Staatsreligion erklärte. **Honorius,** Theodosius Sohn, ließ sich von seinem Feldherrn, dem Vandalen Stilicho bevormunden, und auch die Enkel wurden von ihren germanischen Heerführern abhängig. Der Verfall des Weströmischen Reiches war nicht mehr aufzuhalten, 476 war der Untergang. Von nun an gab es nur noch den römischen Kaiser von Byzanz und sein Ostreich.

Unter **Justinian I.** wurde ab 527 Byzanz zur führenden Macht Europas. Das byzantinische Reich erlebte unter ihm eine literarische und künstlerische Blütezeit mit eigenständiger Kultur, da er einen Teil des Staatsgeldes in prachtvolle Bauten, unter anderem die **Hagia Sophia** in Konstantinopel, und in den Ausbau der Städte investierte. Ein ebenso starker **Nachfolger war Herakleios,** der 610 den Kaiserthron eroberte. Er war der große Gestalter des byzantinischen Reiches. **Als Chosrau II.**, ein Herrscher aus dem Reich der Sassaniden, Syrien und Ägypten besetzte und im Jahre **614 Jerusalem einnahm,** raubte er sogar noch das Kreuz Christi.

Die Herrscher aus dem Reich der Sassaniden führten einen Dauerkonflikt mit den Byzantinern. Die Byzantiner drangen, als die Perser aus Kleinasien vertrieben wurden, in das persische Gebiet vor und **eroberten 627 Jerusalem zurück.** Als **Herakleios** 627 in Ninive im Kampf **gegen Chosrau II**. den entscheidenden Sieg errang, wurde dieser abgesetzt und ermordet. Sein Nachfolger musste, da Persien militärisch sehr geschwächt war, mit Herakleios 629 einen Friedensvertrag abschließen und das Kreuz Christi an Jerusalem zurückgeben. **Herakleios gab dem Reich der Israeliten neue Strukturen**. Er zerschlug die Macht der Großgrundbesitzer, indem er das Reich in Militärverwaltungsbezirke einteilte. Durch seine Reformbewegung gab er den Juden auch ihre Identität zurück. – *„Herakleios versklavte die Israeliten nicht. Er erlaubte ihnen ihre Religion, denn er sah nicht auf Andersgläubige herab. Auch der Glaube ist vom karmischen Gesetz bestimmt, erwachte Seelen leben nach den drei göttlichen Grundsätzen:*

- *Verurteilt niemanden wegen seines Glaubens!*

- *Seid frei von Beurteilungen und den begrenzenden Vorstellungen, was richtig oder falsch ist! Religiöse Konflikte sind das Resultat tief verwurzelter, falscher Ansichten und damit einhergehend der Unfähigkeit, andere Lebensanschauungen zu akzeptieren.*
  Jeder Glaube ist richtig!

- *Keiner darf Macht über das Schicksal eines anderen Menschen ausüben! Machtausübung ist nicht immer fassbar, aber wer eine solche Macht ausübt, verstrickt sich selbst mit den Menschen, die nach geraumer Zeit in Sorgen, Ängsten und mit gesundheitlichen Problemen leben, denn ihr Leben wird nicht mehr vom göttlichen Gesetz bestimmt. Das eigene Leben auch nicht mehr!*
  Toleranz, Verständnis und Friedfertigkeit
  sind drei wichtige Eigenschaften, die alle Propheten vorgelebt und gelehrt haben.“

Als man im Jahre 634 Omâr zum Kalifen ernannte, wurde er zum Beherrscher der Gläubigen und organisierte den Staat. Als Syrien und Palästina mit Damaskus und Jerusalem durch die Feldherren von Kalif Omâr 635-637 erobert wurden, setzte er innenpolitisch in seinem Reich eine Kopfsteuer für Nichtmuslime fest. Im Jahre 638 zog er in das eroberte Jerusalem ein. Von 639-644 unterwarf er das Perserreich der Sassaniden, Ägypten und den Irak. – *„Hier stoßen wir nun auf die spirituelle Bedeutung der Worte des Propheten Mohammed, die von seinem Anhänger Omâr* *falsch erfasst wurden. Es handelt sich um die Sure 29, Vers 17: "Ihr dient nur Götzen statt Allâh, und ihr ersinnt eine Lüge. Jene, denen ihr statt Allâh dient, vermögen euch nicht zu versorgen. Sucht darum bei Allâh die Versorgung und dient Ihm und seid Ihm dankbar. Zu Ihm werdet ihr zurückgebracht werden". Ungeachtet der Verfolgung, weil einige Gegner Mohammed als schwere Bedrohung ansahen, begann er trotzdem zu predigen. Auch Omâr war zuerst ein Gegner von Mohammed und dem muslimischen Glauben. Als Omâr von seiner Schwester zum Islam bekehrt wurde, konnte er den Worten Mohammeds nicht seine volle Aufmerksamkeit schenken, da er anfänglich noch einer seiner Widersacher war und eine vorgefasste Meinung hatte, die bekanntlich ein Hindernis für wahres Zuhören ist. Als Mohammed predigte, man wird getragen von dem Allerhöchsten – Allâh –, entsprang diese Lehre aus den Lehren Christus."*

Nach Abû Bâkr, der mit seiner Autorität die muslimische Gemeinde zusammengehalten hatte, wurde Omâr der eigentliche Schöpfer des islamischen Weltreiches. Der Islam besaß eine Sammlung von Schriften, denn Mohammeds Predigten wurden auf verschiedenen Materialien, die gerade zur Verfügung standen, festgehalten und zum Teil auch aus dem Gedächtnis seiner Anhänger aufgeschrieben. Aus den überlieferten Reden ergaben sich die Grundsätze des Handelns. Omâr fiel 644 einem Anschlag zum Opfer. Erst danach entstand der Koran. – *„Trotz der Einheitlichkeit der Muslime kam es auch hier zu Meinungsverschiedenheiten. Im Jahr 658 hatte eine bestimmte Gruppe den Wunsch, sich zum Wohle der Menschheit zu betätigen. Die Führer dieser Gruppe versuchten, positiven Einfluss auf Kultur und Gesellschaft im arabischen Raum zu nehmen. Sie wollten Jerusalem den Juden zurückgeben. Diese Muslime beschäftigen sich mit der Verbesserung der Lebensbedingungen der Juden. Sie fühlten mit den Juden, weil sie das Gleiche auch erlebt hatten, als man ihnen ihre religiöse Identität weggenommen hatte und sie zum Islam übergetreten waren."*

In der Regierungszeit von **Abd al-Malik** entstand in den Jahren von 688 bis 691 **der Felsendom in Jerusalem,** erbaut am Ort des ursprünglichen Allerheiligsten. Er ist für die Muslime der *edle, heilige Platz,* weil sich genau unter der Kuppel der Fels des Berges Moriah befindet, wo Abraham von Gott davor bewahrt wurde, seinen Sohn zu opfern. Es ist für sie der drittheiligste Ort der Welt nach Mekka und Medina. Als Demonstration des Triumphes des Islam über das christliche Byzanz wurde das ganze öffentliche Leben – Währung, Sprache und Kunst – weitgehend islamisiert. – *„Abd al-Malik sah auf die Juden und die Christen herab. Nur wer den Christusgeist innehat, in dem ist der göttliche Funke des Lichts. Das heißt nicht, dass man dem Christentum zugehörig sein muss, sondern dass im Herzen das Ur-Licht Gottes, das Christuslicht, leuchtet."*

Der Sohn von Abd al-Malik, **Walid I.**, der von 705-715 regierte, baute **die Marienkirche**, die der oströmische **Kaiser Justinian** auf dem Tempelberg in Jerusalem hatte errichten lassen, **zur al-Aqsa-Moschee** um. – *„Es ist für jede Seele von großer Wichtigkeit, Eigenverantwortung zu übernehmen und nach Höherem zu streben. Jeder wurde erschaffen aus dem Licht Gottes. Dieses Licht ist in allen Menschen auf der Seele vorhanden. Am Anfang war das Wort und das Wort war bei Gott und das Wort war Gott! Und Gott ist das Licht! Jeder muss die Wahrheit und das Licht Gottes finden. Die Lehre der Eigenverantwortung wurde nicht weitergegeben, zu der die bedeutungsvollen Worte Jesu die Inspiration waren: „Liebe Deinen Nächsten wie Dich selbst. Liebe den Herrn, Deinen Gott." Das Bild, das die Herrscher von des Schöpfers Willen hatten, beinhaltete nicht die Wahrheit, sondern war der Inbegriff von Autorität und Macht. Ermutigt durch die jeweiligen Anhänger waren sie der Ansicht, sie seien der Repräsentant und Stellvertreter Allâhs und seines Propheten Mohammed. Obwohl vollkommen klar war, dass es nach Mohammed keinen Propheten mehr geben wird, wurde beschlossen, dass der älteste Sohn im Verlauf der Herrscherdynastie den Kalifentitel beanspruchte. Somit war nur der Verstand stimuliert, nicht die Gefühle. Die Expansionen brachten für die betroffenen Menschen enorme Unruhen und Veränderungen, denn die Kalifen setzten ihr Leben in Schranken und engten sie ein. Die Ur-Weisheit war auch hier durch Dogmen zugedeckt und verschüttet im Verborgenen. Die Menschen waren verunsichert, sodass sie überhaupt nicht mehr wussten, was sie eigentlich glauben sollten. Auch Walid I. zeigte kein soziales Verhalten, weil er in eine Umgebung hineingeboren wurde, in der er von der Normalbevölkerung abgesondert war. Sein Vater Abd al-Malik hatte ihm Härte vorgelebt und ihm nicht das Verständnis der Seele offenbart."*

Das irdische Leben ist nur ein Vorrat von Täuschungen.

Koran

Weitere Expansionen

Der Islam zeigte sich in den ersten hundert Jahren nach Mohammed kämpferisch sehr aktiv und gleichzeitig missionarisch, weil Mohammed als Prophet auch ein Politiker war, der seine Macht stetig weiter ausdehnen wollte, was ihm als erfolgreichem Kämpfer auch gelungen war. Deshalb war eine politische Mehrheitsentscheidung nie ein Thema in der Geschichte des Islam.

Unter **Walid I.** folgten weitere Eroberungen. In Córdoba wurde ein neues Kalifat gegründet, als die Araber und Berber unter dem **Feldherrn Tariq** im Jahre 711 über Gibraltar nach Spanien vorstießen und in kürzester Zeit die iberische Halbinsel bis auf Asturien unterwarfen. Nach der ersten Expansion mussten sich die meisten Gegenden zum Islam bekennen. Sie nahmen die sunnitische Lesart der Religion an, sodass die sunnitische Theologie und Gesetzeslehre als die islamische Tradition angesehen wurden. – *„Alle Menschen besitzen mediale Fähigkeiten und je nach Veranlagung können sie ein Kanal sein für die geistigen Führer, die aus der geistigen Welt helfen, da nur sie nicht mehr inkarnieren müssen. Das menschliche Streben sollte mit der unsichtbaren Welt Gottes – Allahs – in Einklang stehen, denn nur wirklich Eingeweihte besitzen alle positiven göttlichen Eigenschaften und Qualitäten, die ein vollkommenes Gott-Bewusstsein auszeichnet."*

Von 694 - 711 stießen Truppen von Südpersien aus bis ins heutige Pakistan vor und unterwarfen Afghanistan, Buchara und Samarkand, das Industal bis Multan. Große Teile Indiens wurden erobert, nachdem im Jahre 712 die Landschaft Sind zum Islam übergetreten war. Auch Transoxanien und Taschkent in Zentralasien fielen im Jahre 724 dem Islam zu. Die Umayyaden begannen ihre zweite Ausdehnungswelle nach Westen und nach Osten. Ein Beispiel der Islamisierung unter **Walid I.** ist die große Moschee in Damaskus, weil sie byzantinische Architektur und arabische Schriftornamente und Keramikkunst aufzeigt. Von Anfang an war das Herrschaftssystem der Umayyaden von 661 bis 750 eine Autokratie – eine machtbesessene Selbstherrschaft.

Nachdem das Kalifat der **Abbasiden** die Umayyaden im Jahre 750 gewaltsam besiegt und beseitigt hatte, wurde **al-Mansur** (754-775) zum eigentlichen Begründer des Abbasidenreiches. Eine Erneuerung des Reiches fand diesmal nicht auf arabischer, sondern auf islamischer Basis statt. Im Jahre 762 wurde als Sitz des Kalifats die Residenzstadt Bagdad gegründet, die in den folgenden Jahrhunderten zum Weltzentrum des Islam aufgebaut wurde – die islamische Kultur, Wissenschaft,

Kunst und Handel bekamen Weltgeltung. Das islamische Reich in Bagdad blühte auf. Mit diesem Wechsel wurde statt einer rein arabischen Herrschaft das Reich aller Muslime etabliert. Um mit den Problemen innenpolitisch fertig zu werden, bediente man sich türkischer Sklaven, die sich später freiwillig in den Dienst des Kalifen meldeten.

Als nun **al-Mansurs Sohn al-Mahdi** an die Macht kam, setzte dieser die dynastische Herrschaft des Kalifenreiches fort, förderte Kultur und Wissenschaft und setzte die Sunna als Staatsreligion endgültig durch. Der Islam war unter den Abbasiden (750-1258) nicht mehr nur eine arabische Religion, sondern eine alle Völker einschließende universale Religion, wobei jedoch die Kalifen selbst als „Stellvertreter Gottes" und als „Fürsten der Gläubigen" – demnach als Herrscher über das Volk hinausgehoben wurden. Al-Mahdi führte die Posten der Wesire ein, welche die Staatsgeschäfte übernahmen. Daraus entwickelte sich ein Beamtentum, das zunehmend die religiösen Aspekte aus den Augen verlor.

Al-Mahdis Nachfolger, sein Sohn Harun ar-Raschid, regierte von 786-809, liebte den Reichtum und seine Macht. Durch die Übernahme persischer Gepflogenheiten wurde der Graben zwischen dem herrschenden Kalifen und der Bevölkerung immer größer. – *Harun ar-Raschid wurde in eine reiche und machtvolle Familie hineingeboren, die für die Entwicklung seiner Seele und die Entfaltung seines Geistes geeignet war, weil sie die ideale Voraussetzung für spätere karmische Prüfungen darstellte. Die Umweltbedingungen im Leben eines jeden Menschen zeigen die Lernaufgaben der Seele auf, um das erste Gesetz Gottes (Allâhs) zu lernen, sich dem Willen Gottes unterzuordnen. Gedanken und Taten sind der Samen, der Leben und Zukunft gestaltet. Die Lebensumstände bieten sich an, um stets das Beste in Gottes (Allâhs) Wohlwollen zu geben.* ***Das göttliche Gesetz ist die Liebe*** *und das Nicht-Einhalten dieses Gesetzes ist die Sünde. Das Leid, das in diesem Fall über die Menschen gekommen ist, hat ein negatives Karma für die Seele Haruns ergeben, da er das* ***zweite Gesetz Gottes, liebe deinen Nächsten wie dich selbst,*** *nicht eingehalten hat.*

Sein Reich teilte er noch zu Lebzeiten unter seinen **Söhnen al-Amin** und **al-Mamun auf**. Unter den Söhnen Haruns gab es Machtkämpfe, die **al-Mamun** im Jahre 813 für sich entschied. Er regierte von 813-833 und gründete im Jahre 830 in Bagdad das Haus der Wissenschaft und schuf somit ein geistiges Zentrum mit großer Bibliothek. Infolge des Papierdrucks entstanden immer mehr Bibliotheken im Land. Das Erbe der griechischen Antike wurde in Bagdad und auch in anderen Zentren der islamischen Wissenschaft aufgenommen und von den Philosophen weiterentwickelt.

Al-Mamun ließ griechische Werke aus den verschiedensten Bereichen übersetzen. Vor allem durch die Übersetzungen der Philosophen erlebte die islamische Theologie einen großen Aufschwung. Die Bücher islamischer Gelehrter stellen für Jahrhunderte die Grundlage der Wissenschaft dar.

Al-Mamun und seine Nachfolger stützten sich verstärkt auf türkische Söldnertruppen, die den sunnitischen Islam annahmen. Unter **Kalif al-Mutasim** hatten die Türken hohe Staatsämter inne und übten immer mehr Macht und Druck auf die Kalifen aus, vor allem auf die schwächeren. Trotzdem gingen die islamischen Eroberungen immer weiter. Im Jahre 836 verlegte al-Mutasim seine Residenz von Bagdad nach Samarra. Teilregionen europäischer Länder wurden erobert, so auch Spanien, Südfrankreich, Süditalien und italienische Inseln. In den Jahren 850-952 wurde das Mittelmeer von den Arabern beherrscht.

Der Nachfolger von **al-Mutasim** war sein Sohn, der strenggläubige **Kalif al-Mutawakkil,** der in seiner Regierungszeit von 847-861 mit der Zurückdrängung der Mutasiliten begann. (Kalif al-Mamun hatte in seiner Regierungszeit die rationalistische Glaubenslehre der Mutasiliten zur Staatsdoktrin erhoben.) Zur selben Zeit drängte er auch die Philosophen zurück. - *„Kalif al-Mutawakkil war ein Mann,* ***der die Menschen gezwungen hatte****, die Tatsache hinzunehmen, dass Universitäten Schulen sind, die derartige Einschränkungen für den Glauben bringen. Trotz falscher Ansichten war er in seinen Handlungen motiviert. Er wollte den Menschen veranschaulichen, dass Lernen wohl großes Wissen bringt, für die spirituellen Gesetze des Islam aber die Verstandeskräfte die mystischen Aspekte der Religion zerstören. Er behauptete, dass die Gelehrten "blind" werden können für die geistigen Wahrheiten. Inneres Wissen sind Lebenserfahrungen, sie wirken von innen nach außen. Äußere Ereignisse im Leben führen angesichts der verschiedenen Nöte zur geistigen Entfaltung. Al-Mutawakkil sagte weiter, alles, was erfahren wird im Leben, befriedigt eure Sinne.“*

Al-Mutawakkil versuchte, den großen Einfluss der Türken in Heer und Verwaltung einzuschränken, was ihm jedoch nicht gelang. Nach seinem Tod begannen Machtkämpfe in Samarra und der einsetzende Zerfall des Reiches war nicht mehr aufzuhalten.

Man muss der Philosophie dienen,
um die wahre Freiheit zu erlangen.

Epikur

Die religiöse Entwicklung des Islam

Die Menschen in den eroberten Gebieten wiesen oft eine viel höhere kulturell-religiöse Entwicklung auf, sodass sich die islamischen Bekehrer unweigerlich mit den verschiedenen höher entwickelten Religionen und Kulturen auseinandersetzen mussten. So fanden wesentliche Elemente der zoroastrischen, indischen und christlichen Religion sowie Teile der hellenistischen Zivilisation im Denken und im Leben der Muslime Eingang und kamen zum Tragen.

Da die Theologie, die Philosophie und die Rechtswissenschaften der Menschen, die durch militärische Eroberung bekehrt wurden, zum Teil weitaus höher entwickelt waren, erkannten die Muslime recht bald, dass der Islam auf die Dauer den Ansprüchen der Bekehrten nicht genügen würde. Während

- **das Avesta**, eine um ungefähr 1800 v. Chr. entstandene monotheistische Schriftreligion war, die damals schon **auf sehr umfangreichen Kanons Heiliger Schriften basierte,** und vor der Gründung des persischen Weltreiches mit den altpersischen Traditionen des Zoroastrismus bereits Bestand hatte,

- **der Veda** zu dieser Zeit eine **unglaubliche Sammlung von Texten** von ungefähr zweitausend Jahren vorlegen konnte

- **und die Bibel die Heiligen Schriften des Alten Testaments** (die Hebräische Bibel) **und des Neuen Testaments** umfasste,

- hatte **der Islam** zu jener Zeit lediglich die von Mohammed empfangenen Offenbarungen vorzuweisen.

Die Offenbarungen, die Mohammed mit seinem Sinn für Geschichte erhalten hatte, setzten überzeugend neue Akzente auf die sozialen Gesetze, da sich seine Religion als Fortsetzung der heiligen Tradition der hebräischen Propheten zeigte. Da er vom Judentum und Christentum ausreichende Kenntnisse besaß, als er den Islam auszubilden begann, **räumte er nur Jesus** innerhalb der bisherigen Propheten **eine Ausnahmestellung ein.** Ansonsten sah er die prophetischen Religionen als jeweils eine nach außen hin orientierte Religion, die sich durch Missionsarbeit ausgebreitet hatte.

Die Muslime glauben an fünf grundlegende Aspekte, die von zentraler Bedeutung im Islam sind. Sie glauben:

An Tauhid – an die Einheit Gottes und auch an das Bekenntnis dieser Einheit durch die Menschen.

An das Prophetentum – um mit den Menschen zu kommunizieren, hat Gott Propheten den Auftrag gegeben, die Menschen mit dem Willen Gottes vertraut zu machen, sie werden als anbiya bezeichnet. Darüber hinaus gibt es die andere Kategorie der Propheten, die rusul-Gruppe (rasul = Gesandter), die eine Offenbarungsschrift erhalten haben, die sie an die Menschen weitergeben sollen.
– *„Gott ist Licht und jeder Mensch trägt den Lichtfunken Gottes in sich, um sich den eigenen Lichttempel zu erbauen. Alles Leben ist Schwingung und je nach Höhe des Lichts nimmt es im äußeren Leben Formen an, die Frieden, Harmonie und Glück bringen. Nach schiitischen Glaubensüberzeugungen scheinen die Personen, die in der Moschee Gebete leiten, oft wichtiger als die alleinige Vereinigung mit Gott, der Quelle allen Seins. Gott selbst ist das Licht und nur er bringt das ewige Leben. Das Wichtigste ist die Entwicklung des Christus-Geistes im Herzen. Alle Menschen sind Kinder Gottes. Sinn und Zweck des Erdenlebens ist es, sich das Christuslicht – das Göttliche Ur-Licht – zu erarbeiten. Es ist Gottes Plan, dass jeder diese Arbeit zu tun hat.“*

An die Offenbarung – um Schriften der Menschheit zu offenbaren, hat nach muslimischer Überzeugung Gott vier Propheten gesandt. Die vier Schriften dieser Propheten werden von ihnen anerkannt: die Thora als Offenbarung an Moses, die Psalmen von David, das Neue Testament Jesus und der Koran Mohammeds.

An die Engel – an übernatürliche Wesen. Die Muslime sprechen lieber von unterschiedlichen Aspekten der Macht Gottes: Die Engel des Lichts, die Gott einsetzt und die den Menschen helfen, wenn sie um Hilfe gebeten werden. Und die dunklen Wesenheiten, die uns das Leid bringen, bis wir lernen, das niedere Selbst loszulassen.

An Gericht und Jenseits – im Islam ist die Grundlage für die gesamte Ethik das Gericht, der Lohn oder die Strafe. Nach muslimischem Glauben wird, wenn die Welt an ihr Ende gelangt ist, jeder Mensch vor dem höchsten Gericht stehen und im Jenseits aufgrund seiner Taten belohnt oder bestraft werden.

Die Einflüsse von Judentum und Christentum zeigten sich in der Theologie des Islam. Das im Koran stehende Wort **„Djihad“**, wörtlich übersetzt **„Anstrengung“**, bedeutet, **„die moralische Anstrengung für Gott, gegen die eigene Unvollkommenheit“ – Islam** bedeutet **„Hingabe an Gott, Ergebung in Gottes Willen“.**

Nach dem Tode Mohammeds am 8. Juni 632, nach der zweijährigen Regierungszeit seines engsten Freundes Abû Bâkr und nach der zehnjährigen Regierungszeit von Omâr, ließ Osmân während seiner zwölfjährigen Regierungszeit den geschriebenen Text des Korans in seiner heutigen Form zusammenstellen. – *„Allein mit dem Intellekt können die tiefen inneren Wahrheiten nicht aufgenommen werden. Die Entwicklung schien damals einen Punkt erreicht zu haben, an dem offensichtlich nicht gesehen wurde, dass Gewalt, um sich im Erdenleben Macht zu verschaffen, ein negativer Samen ist. Es ist leicht, in die eigene Denkfalle zu geraten, wenn man eine intolerante Haltung anderen Menschen gegenüber hat. Feindselige Gedanken sind negative Gedanken, die negative Schwingungen erzeugen. Wer mit dem materiellen Leben beschäftigt ist und glaubt, man müsse für die Religion kämpfen, ist vom richtigen Weg abgelenkt und hat keine Zeit, sich auf die Schwingung der kosmischen Liebe einzustimmen."*

Die spirituelle Bedeutung der Feiertage

Jede der fünf Weltreligionen feiert ihre eigenen Feste, die im Einklang mit dem Göttlichen Willen sind.

Ein nahezu gesamthinduistisches Fest findet zwischen dem 15. Oktober und 14. November statt. **Die Hindus feiern das Fest Dipavali.** In manchen Gegenden gilt dieses Lichterfest als Neujahrsfeier. Mit Lärm und Lichtern soll das Unglück vertrieben werden und durch positive Gedanken für Lakshmi, der Glücksgöttin, öffnen die Menschen eine Tür, um das Glück wieder hereinzulassen. Das Fest soll erneute Chancen symbolisieren, denn das Gesetz von Karma ruft unweigerlich auch das Gesetz des Dharmas (religiöse Praxis - religiöse wie soziale Verhaltenspflichten) hervor. **Das Fest dient der geistigen Welt, den Menschen die Botschaft der Hoffnung durch positive und liebevolle Gedanken zu vermitteln.** – *„Nur durch wohlwollende Gedanken kann sich der Lebenszyklus spiralförmig aufwärts bewegen, denn wer Gutes denkt, wird zum Mitarbeiter Gottes und schafft sich eine bessere Zukunft.“*

Im Tibetischen Buddhismus ist eines der größten und wichtigsten Feste **das tibetische Neujahrsfest.** Es beginnt nach dem tibetischen Kalender am ersten Tag im ersten Monat des Jahres. Man wünscht sich gegenseitig alles Gute. Die Schwingungen der positiven Gedanken der Menschen sind in Harmonie mit der Welt. – *„Was sich als Naturgewalt auf der Erde abspielt, zeigt sich beim Menschen über die Seele durch positive oder negative Gedanken.“* Da alle Menschen Teilaspekte des Geistes Gottes sind, sind auch beim **Neujahrstag** bei den Muslimen Glückwünsche, die gegenseitig ausgesprochen werden, spirituell symbolisch zu sehen, da durch positive Gedanken und Worte eine enge Verknüpfung mit der geistigen Sonne stattfindet, die den Menschen Licht bringt.

– *„Es ist ein alter Brauch, dass man sich an Neujahr Glück und Gesundheit wünscht. Nach Ablauf der vier Jahreszeiten sollten es die Menschen der äußeren Erscheinung der Natur, die sich zurückgezogen hat, gleichtun. Das Licht der sichtbaren Sonne ist für die Natur zuständig, das Licht der kosmischen Sonne ist die besondere Hilfe für die Menschen, um der Wärme und dem Licht Gottes näher zu kommen. Wenn sich die Natur im Ruhestand befindet, ist die Sonnenwende der Zeitpunkt, an dem die irdische Sonne nach dem Winter die Wiedergeburt der Natur einläutet. Die Sonne bringt durch ihre Wärme das Wachstum zurück. Seit jeher ist dies in allen Völkern der Anlass gewesen zum Feiern und Wünsche auszusprechen und der Grund, dass die Leute beteten* *und sich dadurch mit dem kosmischen Licht verbanden, was zur Erweiterung ihres Bewusstseins beitrug."*

Was den spirituellen Bereich betrifft, zeigt die hinduistische Neujahrsfeier zu den anderen Weltreligionen deutliche Parallelen. Die Mischna lehrt das **jüdische Volk,** dass alle Menschen an **Rosch ha-Schana** – dem jüdischen Neujahrsfest – zur Buße aufgerufen sind, da sie vor Gott treten müssen und dem Gericht unterworfen werden. Es ist der Beginn der zehn Tage Buße, die zu Ende gehen mit **Yom Kippur,** dem Versöhnungstag, dem feierlichsten Tag des jüdischen Jahres.

Auch **beim Christentum** zeigt sich der hinduistische Einfluss, denn hier wünscht man sich am **Neujahrstag,** dem 1. Januar nach dem gregorianischen Kalender, gegenseitig Gesundheit, Glück und Erfolg, zudem nimmt man sich positive Veränderungen für das neue Jahr vor. – *„Durch diese positiven Wünsche dringt göttliches Licht ins Bewusstsein der Menschen mit der Hoffnung der geistigen Welt, dass die Spiritualität erwacht durch das Erkennen der göttlichen Macht von positiven Gedanken. Wer liebevolle, gute Gedanken hat, lebt im Einklang mit den göttlichen Gesetzen."*

Das Osterfest der Christen erinnert an die Kreuzigung Christi und wird symbolisch als Erd-Einweihung gesehen. Es ist ein sich Unterordnen in das Licht des Geistes und ein Beiseitestellen des Eigenwillens, so wie Christus es vorgelebt hat. Dies ist der spirituelle Sinn des Osterfestes. Das Osterfest ist ein Frühlingsfest zur Begrüßung der Sonne, denn jeder Frühling bringt nach einem Winter erneut Sonnenlicht und Wärme auf die Erde. So wie die Sonnenstrahlen Glück und das Gefühl der Freude hervorrufen und die Natur wieder zum Leben erwecken, so sehnt sich der Geist des Menschen nach dem Licht Gottes, dem Christuslicht, um Licht und Liebe auf der Erde zu fördern und sich zur Vollkommenheit zu entwickeln. Das Leiden Christi hat die Bedeutung, dass mit der geistigen Einstimmung auf Jesus Christus und auf seine Liebe das Einströmen des göttlichen Lichtes Erleichterung und situationsbedingte Erlösung bringt, da seine Energie auf der Seele vergangene Fehler auslöscht.

Die Erkenntnisse, dass die religiösen Feste im Frühling einen Prozess des geistigen Lichts darstellen, kommen erst mit der Erweiterung des menschlichen Bewusstseins.

Wenn Ostern vorbei ist, kommt das **Wesak-Fest** (Vesakh) **der Buddhisten.** Für die Theravada-Buddhisten ist dieses Fest zur Feier der Geburt, der Erleuchtung und des Todes von Buddha gewidmet. Es erinnert an die wichtigsten Stationen in Buddhas Leben – es ist ein großes Fest der Gemeinschaft und der Gottesverehrung. Durch die Meditationen ist es ein Treffpunkt zwischen Himmel und Erde für alle Meditierenden dieser Welt, geprägt durch die Einheit allen Lebens, dem Eins-sein mit Gott und seiner ganzen Schöpfung. Vier Wochen später an Vollmond im Juni beginnt die dreimonatige Buddhistische Fastenzeit. Nicht nur die Mönche, die sich aus dem gesellschaftlichen Leben zurückziehen, auch die vielen Buddhisten sind bemüht, während dieser zwölf Wochen intensiver zu meditieren und nach strengeren buddhistischen Prinzipien zu leben.

Die großen islamischen religiösen Feste sind auf keinen bestimmten Monat festgelegt. Die islamischen Feiertage bewegen sich rückwärts durch das Jahr, weil sie sich nach dem islamischen Mondkalender orientieren, welcher dem Mondjahr folgt, das elf Tage kürzer ist als das Sonnenjahr. Um in Übereinstimmung mit dem göttlichen Gesetz zu sein, geben die Muslime im Gebet ihr Bestes. Manche Feste sind für den Islam von großer Bedeutung. Während der einmonatigen Fastenzeit **Ramadan** verzichten die Muslime in der Zeit vor Sonnenaufgang bis nach Sonnenuntergang auf Essen, Trinken, Rauchen und auf sexuelle Beziehungen. Statt Essenszeiten wird zusätzlich mehr Zeit im Gebet verbracht. Der Höhepunkt des Ramadan und das zweitgrößte Fest ist **Id al-fitr,** das Fest des Fastenbrechens. Mit diesem kleinen Fest wird das Ende der Fastenzeit gefeiert.

Einmal im Leben sollte jeder Muslim eine Pilgerfahrt nach Mekka zur Kaaba unternehmen, eine der rituellen Pflichten im Islam. Die Pilger laufen zuerst siebenmal um die Kaaba herum, daraufhin gehen sie zwischen den beiden Hügeln Safa und Marwa hin und her, was an die Begebenheit erinnern soll, als Abraham Hagar und seinen Sohn Ismael in der Wüste zurückgelassen hatte. Danach wird in zwei Städten nahe Mekka noch an andere Ereignisse im Leben Abrahams gedacht. Am Ende der Pilgerfahrt (hajj) steht der Höhepunkt an, denn es findet der heiligste islamische Feiertag **Id al-Adha,** das Opferfest statt, auch das *große Fest* genannt. Mit dem Opferfest erinnern sich die Muslime an den grenzenlosen Gehorsam Abrahams gegenüber Gott und die Bereitschaft, seinen Sohn zu opfern. – *„Die gläubigen Muslime versammeln sich an diesen bestimmten Orten um sich an das Leben von Abraham zu erinnern. Im Kreise Gleichgesinnter spüren sie Einheit und inneren Frieden. Diese Einheit ist im Bewusstsein verankert, denn sie vereinen sich miteinander im Eins-sein mit Allah und Abraham. Richtiges Denken bringt Harmonie und* *göttliches Licht durchdringt das Leben.“*

Das jüdische Volk soll jährlich nach dem Buch Deuteronomium drei Wallfahrtsfeste feiern. **Pessach** – das Frühlingsfest zum Gedenken an die Befreiung der Juden aus der Knechtschaft der Ägypter. Sieben Wochen später **Schawuot** – das Fest zur Feier des Geschenks der Thora. Dieser Tag dient der Erinnerung an Moses, der auf dem Berg Sinai von Gott die Gesetze Gottes für die Menschen erhielt. Es ist das Geburtsfest der jüdischen Religion. **Sukkot** – das Laubhüttenfest findet im Herbst statt, das Fest zur Erinnerung an die Zeit, als die Juden durch die Wüste gewandert sind. Am letzten Tag gibt es noch zusätzlich einen Grund zu großer Freude, denn er bedeutet das Ende des jährlichen Zyklus der Lesungen aus der Thora, der neue Zyklus beginnt.

Die Aufgabe des Judentums bestand darin, auf die Einheit und Einzigkeit Gottes aufmerksam zu machen und den Monotheismus zu demonstrieren. Der Niederschlag findet sich beim Christentum in der bedingungslosen Liebe Jesu Christi zu Gott, seinem Vater wieder. Jesus hat die Schwingung dieser Welt für uns Menschen erhöht. Beim Islam findet sie sich im **Tauhid** wieder, dem Konzept göttlicher Einheit, das im Zentrum des islamischen Glaubens steht. Da jede Seele von Gott abstammt, ist das Ziel einer jeden Seele die Vereinigung mit dem universellen Geist. Den Urquell allen Lebens zu erfassen heißt, den Weg der Wahrheit, der in der reinen Liebe liegt, zu gehen, um in die Kraft des innewohnenden Christuslichts zu kommen. – *„Wahrheit muss nicht allein Worten entspringen, sondern kann auch durch die eigene geistige Empfänglichkeit im Innersten des eigenen Selbst in einer reinen geistigen Atmosphäre empfangen werden. Es ist die Atmosphäre der Liebe, die in Form kosmischer Strahlung hereinkommt.“*

Genauso wie man die Spitze eines Hauses mittels einer Leiter oder eines Bambusstabes oder einer Treppe oder eines Seiles erreichen kann, so verschieden sind die Mittel und Wege, mit denen man sich Gott nähern kann, und jede Religion in der Welt zeigt einen dieser Wege.

Sri Ramakrishna

Das Leben ist mit dem göttlichen Pulsschlag und mit allem Leben verbunden

Die Lebensenergie hat zwei Aspekte – Yin und Yang. Die Machtverhältnisse dieser beiden Urpotenzen bringen alle Erscheinungen im Kosmos hervor. Der ganze Kosmos unterliegt dem Prinzip von Licht und Schatten, dem ständigen Wechsel von Zerstörung und Aufbau. Auch die fünf Elemente verdanken ihr Dasein den beiden Urgewalten Yin und Yang. Sie gehen miteinander hervor und kontrollieren sich gegenseitig.

Die östlichen Traditionen gehen seit jeher von fünf Elementen aus, die alle in Beziehung zueinander stehen. Bereits die alten Kosmologien, die die Lehre der Urprinzipien und der Urstände der Weltordnung beinhalten, weisen auf die fünf Elemente hin und wie durch deren Zusammenwirken die Materie entstand. Die Chinesen haben versucht, die Beziehungen der Elemente zu erfassen. Die eine Theorie betraf die Aufeinanderfolge der gegenseitigen Erzeugung der fünf Elemente. Die andere Theorie betraf die Aufeinanderfolge der gegenseitigen Zerstörung der fünf Elemente.

Yin und Yang stellen ein kosmisches Gesetz dar

Yin und Yang sind Begriffe aus der alten chinesischen Kultur. Das Yin und Yang-Symbol zeigt eindrucksvoll, dass der schwarze Punkt im Weißen und der weiße Punkt im Schwarzen wie ein Samen im jeweils anderen Teil enthalten sind.

Das Zeichen Yin und Yang ist ein Symbol für

- Bewegung und Dynamik
- Veränderung und Anpassung
- Positivität und Negativität

Nach Auffassung der Chinesen ist der Kosmos ein lebendiger Organismus, der sich in ständiger Bewegung und fortwährendem Wandel befindet. – *„Will der Mensch über den Urquell allen Lebens berichten, ist er nicht fähig, das Unbeschreibliche in Worte zu fassen. Um die Wahrheit über die lebendige Wirklichkeit des universellen Seins zu erfassen, sollte zuerst die Wesenheit vom „Kosmischen Christuslicht“ von den Menschen erkannt und verstanden werden.“*

Alle weltlichen und kosmischen Phänomene sind durch das Zusammenspiel von Yin und Yang zustande gekommen. Die sich ergänzenden Gegenstücke stellen immer ein Gleichgewicht dar. Die Kraft des Zusammenwirkens von Kosmos und Erde hat seine Auswirkung im Menschen und zeigt den Zusammenhang von Himmel und Erde über den Körper und die Psyche an. Deshalb stimmen wiederum die verschiedenen irdischen Einflüsse mit den atmosphärischen Erscheinungen überein.

Yin ist die nach innen gerichtete Energie und fließt von unten nach oben. Yang ist die nach außen gerichtete Energie und fließt von oben nach unten. Yin und Yang gehen nebeneinander her und sind miteinander verbunden. Die weiße Yang-Energie und die schwarze Yin-Energie repräsentieren eine Dualität und gleichzeitig die innersten Bestandteile der kosmischen Gesetze. Die gegenseitige Erzeugung und die gegenseitige Zerstörung lösen sich in periodischem Wechsel ab. Die negative und die positive Kraft sind die beiden Seiten des im ständigen Wandel begriffenen All-Seins.

Die Verbindung zwischen Kosmos, Erde und Mensch

Die östlichen Gelehrten haben versucht, das gegenseitige Verhältnis von Himmel, Mensch und Erde sowie die atmosphärischen Einflüsse auf Mensch und Erde zu ergründen. Die Erde, die fassbar ist, unterliegt dem Yin-Aspekt, sie ist der Körper und in beständiger Ruhe. Der Himmel, der nicht fassbar ist, weil er Geist ist, gehört zu dem männlichen Yang-Aspekt und ist in ständiger Bewegung. Die Koexistenz dieser beiden Prinzipien zeigt sich im laufenden Wechselspiel der Emotionen, die durch das schöpferische, lichte Yang-Prinzip positiv oder durch das passive, schattige Yin-Prinzip negativ gelebt werden. Der Mensch ist das Herz von Himmel und Erde, er ist eins mit dem Kosmos und der Erde und bringt die Kraft von Yin oder Yang zum Ausdruck. Da jede Seele durch Gott mit dem Kosmos verbunden ist, wendet man sich, je nach geistigem Bewusstseins, entweder dem Guten oder dem Bösen hin.

Überwinde das Böse mit Gutem!

Römerbrief 12,21

Ein gesunder Körper spiegelt die Seele und den Geist wider

Der wichtigste seelische Aspekt für das menschliche Gleichgewicht ist

die Vergebung.

Immer haben einen positiven oder negativen Einfluss auf Körper und Seele auch

die Gedanken.

Es ist klar, dass unser negatives Verhalten solange als Bumerang auf uns zurückkommt, bis wir gelernt haben, **achtsam zu sein**
im Denken über uns selbst und über andere,
bei den Worten, die wir aussprechen
und im Handeln.

„Negatives Denken" und „Nicht-Vergeben-Können" verursachen eine negative Energie, die sich im Laufe der Jahre destruktiv auf Körper, Geist und Seele auswirkt. Bereits nach wenigen Monaten können das „niemals vergessen und verzeihen können" und die daraufhin gelebten negativen Gefühle der Keim für spätere Krankheiten im Körper sein. – *„Es kann durchaus sein, dass Du mit Deinem äußeren Verstand, aufgrund Deiner verletzten Seele, diese Tatsache nicht wahrhaben willst. Sobald Du bewusst die Inkarnationsbeschreibungen von Dir und der Person, von der Du verletzt wurdest, durchgelesen hast, wirst Du in den Tiefen Deines inneren Selbst die Antwort wissen, dass nur eine positive Verarbeitung der seelischen Verletzungen Dich Gottes Licht näher bringt. Sobald Du von ganzem Herzen verziehen hast, öffnest Du Dir eine Tür zu den inneren Quellen von Freude, Harmonie und Glück."*

Es gibt nur einen Zeitpunkt, wo es unerlässlich ist zu erwachen.

Und der ist jetzt.

Buddhistische Weisheit

In der traditionellen chinesischen Medizin wurde seit jeher eine Krankheit von der körperlichen und von der seelischen Seite betrachtet. Außerdem beschäftigte man sich mit dem genauen Lauf der Körperenergie, woraus sich die Akupunktur, Qi Gong und Tai Chi entwickelten. Für die Chinesen zeigt sich das körperliche Wohlbefinden in der Körperenergie, die im Meridiansystem erspürt wird. Die Meridiane sind nach den jeweiligen Organen benannt und mit deren Körperfunktion verbunden. Sie sind feine Kanäle, die unmittelbar unter der Haut liegen. Die zwölf Hauptmeridiane verlaufen paarweise spiegelbildlich über den Körper, den Kopf und die Gliedmaßen. Die Meridiane des Zentral- und Gouverneursgefäßes verlaufen in der Mittellinie vorne und hinten am Körper entlang. In den Meridianbahnen fließt die Lebensenergie Chi.

Die fünf Elemente

Die Hauptmeridiane werden in sieben Yin- und sieben Yang-Meridiane eingeteilt.

Dem Yin werden die Meridiane von	Milz/Pankreas, Lunge, Niere, Leber, Herz, Kreislauf und dem Zentralgefäß zugeschrieben.
Dem Yang werden die Meridiane von	Magen, Dickdarm, Blase, Gallenblase, Dünndarm, Dreifach-Erwärmer und dem Gouverneursgefäß zugeschrieben.

Alle Yin-Meridiane verlaufen nach oben, alle Yang-Meridiane verlaufen nach unten, mit Ausnahme des Gouverneursgefäßes, das sich von unten, in der Mittellinie des Rückens nach oben über den Kopf zieht. Die zwölf Organe mit ihren zwölf Hauptmeridianen sind in sechs Paaren vorhanden, mit je einem Yang- und einem Yin-Meridian. Diese Meridianpaare werden den chinesischen fünf Elementen zugeordnet.

Dem Element **Holz:**	Gallenblase (Yang),	Leber (Yin),
dem Element **Feuer:**	Dreifach Erwärmer (Yang),	Kreislauf (Yin),
	Dünndarm (Yang),	Herz (Yin),
dem Element **Erde:**	Magen (Yang),	Milz / Pankreas (Yin),
dem Element **Metall:**	Dickdarm (Yang),	Lunge (Yin),
dem Element **Wasser:**	Blase (Yang),	Niere (Yin).

Die fünf Elemente, die nicht als materielle Substanz, sondern als Kraft zu sehende fünf Wandelzustände im Menschen vorhanden sind, ergänzen sich durch Yin und Yang. Alle fünf Elemente sind miteinander verbunden und zeigen im gesetzmäßigen Wechsel durch ihr Zusammenwirken ihre Zusammengehörigkeit auf. Die alle in Beziehung zueinander stehenden fünf Wandelzustände betreffen das Universum, die Erde, die Natur, alle Menschen und auch alle anderen Lebewesen. Da Yin und

Yang das ewige kosmische Wechselspiel verursachen, sind auch wir Menschen, alle Lebewesen und die Natur auf der Erde durch die fünf Elemente in dieses kosmische Geschehen involviert. Es ist die einander ergänzende, komplementäre Einheit, die im gesetzmäßigen Turnus das Zusammenwirken anzeigt.

Der Mensch unterliegt einem ständigen Wandel (Wachen / Schlafen, Bewegung / Ruhe...). In ihm sind neben Yin und Yang auch die fünf Wandelzustände (Elemente) zu finden. Diese fünf Elemente sind: Holz, Feuer, Erde, Metall und Wasser, die als Kräfte im Menschen vorhanden sind. Die fünf Elemente sind die Grundbestandteile allen Seins und stellen das kosmische Gesetz des unaufhörlichen Entstehens und Vergehens dar.

- Das Element **Holz** entstand im Universum in der Anfangsphase. Holz steht sinnbildlich für Wachstum. Es ist die **Geburtsphase.**
- Das Element **Feuer** entstand durch das Element Holz. Das Feuer steht für die **Wachstumsphase.**
- Das Element **Erde** entstand durch die Wirkung des Feuers und symbolisiert die Zeit des Lebens. Es ist die **Phase des Erwachsenseins.**
- Das Element **Metall** entstand durch eine anorganische Materie. Die Zeit der Zerlegung des Bodens steht symbolisch für die **Zersetzungsphase.**
- Das Element **Wasser** entstand aus dem Zusammenwirken der anorganischen Materie. Wasser steht allegorisch für die **Todesphase.**

Eine Theorie besagt, dass sich die Elemente gegenseitig erzeugen:

Holz erzeugt Feuer,
Feuer gibt Asche und erzeugt Erde,
Erde erzeugt Metall,
Metall erzeugt Wasser,
Wasser erzeugt Holz.

Eine andere Theorie ist, dass sich die Elemente gegenseitig zerstören:

Das Holz pflügt die Erde,
die Erde saugt das Wasser auf,
das Wasser löscht das Feuer,
das Feuer schmilzt das Metall,
das Metall schneidet das Holz.

Das astronomische, astrologische und alchemistische Wissen der frühen Hochkulturen

Das höchste Niveau der frühen Hochkulturen, ungefähr 3 Jahrtausende v. Chr., erreichten die babylonischen Astronomen. Sie stellten aktuelle Ereignisse wie Krieg, Friedenszeit, gute Ernte oder Naturkatastrophen wie Überschwemmung oder Erdbeben in Verbindung mit Planetenkonstellationen.

Zur gleichen Zeit legten auch die chinesischen Gelehrten den Grundstein für die Astronomie. Die Erfassung von außergewöhnlichen Erscheinungen und Phänomenen am Himmel und die Aufzeichnung von Planetenbewegungen brachten erstaunlich genaue Werte für eine Zeiteinteilung in astronomische Perioden. Sie studierten die Planeten am Himmel, die Ereignisse auf der Erde, die Tiere, die sich an verschiedenen Orten ihrer Umgebung und den gegebenen Umständen anpassten. Es wurden Tages- und Jahresablauf, Menschen- und Naturleben, die Bilder am Himmel und die Vorgänge auf der Erde miteinander in Beziehung gestellt.

Religiöse Festtage wurden nicht nur in der ägyptischen Hochkultur, sondern auch bei den Hochkulturen Mittel- und Südamerikas auf kosmische Einflüsse abgestimmt. Auch Naturereignisse wurden vorausgesehen: Den Ägyptern zum Beispiel wurde durch das Aufgehen des Fixsterns Sirius die jährliche Nilüberschwemmung angezeigt. Ihr astronomisches Wissen hatten sie auf Tontafeln dokumentiert.

Die fünf Elemente waren die Grundlage für die Alchemie. In den ersten Hochkulturen in China und Ägypten wurde bereits alchemistisches Wissen genutzt. Die Menschen lernten, Feuer zu machen, Nahrung zu kochen und diese durch Salzen oder Räuchern haltbar zu machen. Durch einfache chemische Methoden wurden Keramiken gebrannt, Leder gegerbt und Stoffe gefärbt. Alchemisten im alexandrinischen Ägypten sahen durch den Kontakt mit chinesischen Gelehrten die fünf Elemente auch als die fünf Aspekte der Welt an, die das gesamte Leben mit dem geistigen Leben untrennbar verbanden. Auch die Theorie der orientalischen Gelehrten bezieht sich seit der ägyptischen Hochkultur auf die fünf Elemente.

Auf der ewigen Suche nach dem „Stein der Weisen" begannen die Alchemisten im 14. und 15. Jahrhundert, ihre Experimente gezielt zu nutzen. Paracelsus, ein Schweizer Arzt, der von 1493 bis 1541 lebte, forderte die damaligen Alchemisten auf, nicht weiterhin herumzuexperimentieren, um unedle Metalle in Gold zu verwandeln, sondern durch chemische Verbindungen Medizin herzustellen.

Die heutigen Chemiker sind die Nachfolger der früheren Alchemisten. Zahlreiche Wissenschaftler in ganz Europa widmeten sich dem Studium chemischer Verbindungen und Reaktionen. Ihre Erkenntnisse über die Zusammensetzung, Struktur und Veränderungen von Stoffen bedeutete für Europa, dass sich die bisherige traditionelle Medizin in eine neue Richtung entwickelte. Es stand nur noch der praktische Nutzen der Experimente im Vordergrund. Die Ergebnisse der Experimente wurden ab dieser Zeit nur noch zweckmäßig genutzt. Für Meditation und Kontemplation war aufgrund von erlerntem Wissen, zu vielen Gedanken und sachlichen Argumentationen und Diskussionen keine Zeit mehr. Man hat einfach vergessen, dass nicht die Willensanstrengungen die positiven Lösungen und Ergebnisse bringen, sondern nur durch das Stillwerden und Einfühlen in den Tempel des eigenen innersten Selbst der Seele die Wahrheit zu finden ist.

Für die nächsten Jahrhunderte beschäftigte sich die westliche, allopathische Medizin vorwiegend nur mit den körperlichen Symptomen. Durch diese einseitige Betrachtungsweise des physischen Körpers wurden und werden immer noch die seelischen Ursachen übersehen. Durch das Verdrängen unseres alten Wissens, dass jede Krankheit das Ergebnis eines Ungleichgewichtes zwischen Seele und Körper ist, haben wir die Eigenverantwortung abgegeben und die Möglichkeit nicht mehr genutzt, einen geistigen Seelenprozess zu machen.

– *„Es tut nichts zur Sache, welche Art von Dienen Ihr Euch auswählt, das heißt, auf welche Art und Weise Ihr anderen Menschen zu helfen versucht und den göttlichen Willen zum Ausdruck bringt, solange es von Herzen kommt. Wann immer Ihr Gottes Liebe für das Gute einsetzt, sind das positive, schöpferische Taten und Ausdruck des göttlichen Dienens. Wer eine Form wählt mit dem Hintergedanken, viel Geld zu verdienen, auch wenn andere dadurch Schaden erleiden, sollte sich darüber im Klaren sein, dass jede negative Tat negatives Karma verursacht, das nicht nur im nächsten Leben ausgeglichen werden muss, sondern auch schon in diesem Leben auf einen zurückfällt. Manchmal hat man seine Schuld bereits nach Stunden, Tagen oder ein paar Wochen abzutragen.* ***Durchdringt den Schleier des Materialismus, der durch Selbstsucht entstanden ist!“***

In der westlichen Kultur gingen die Alchemisten von vier Elementen aus:

Luft, Erde, Feuer und Wasser.

Das Ziel der damaligen Alchemisten war, sich mit Studien zu befassen, welche die Struktur, Energetik und Reaktivität von chemischen Verbindungen betraf, da Sie der Auffassung waren, dass alle Stoffe aus den vier Elementen bestehen. Die Vielfältigkeit der Natur und der Lebewesen wurde auf die unterschiedliche Mischung dieser vier Elemente zurückgeführt. Es war eine rein theoretische Erfassung der Natur durch den menschlichen Verstand.

Nur in einem gesunden Körper

entwickelt sich ein gesunder Geist.

Juvenal

Die Bedeutung göttlicher Gesetze

Besondere Planetenstellungen läuten immer ein neues Zeitalter ein. Es ist ein Mysterium des Universums, dass alles, was auf der Erde geschieht, schon lange universell festgelegt ist. Gottes Plan ist, dass wir Menschen diese göttlichen Gesetze akzeptieren.

Nicht nur bestimmte Sternenkonstellationen, sondern auch Sternbilder zeigen uns die Macht der universellen Gesetze und wie sie unser Leben beeinflussen. Sobald wir erkennen, dass alles nach dem Willen Gottes geschieht, sind wir im Einklang mit dem Universum. Durch das Erkennen und Einhalten der geistigen Gesetze bewirken wir eine Erhebung der Schwingungen. Leben ist Geist. Ein Leben im Geist lässt uns einen gewissen Grad Leichtigkeit des Seins leben. Nur durch die Entwicklung des Geistes erfährt die Seele Stärkung und durch das erarbeitete Seelenlicht können täglich die drei positiven Eigenschaften

Charakterstärke, Flexibilität und Toleranz

gelebt werden. Auf der inneren Ebene wird durch die Verbindung zu Gott Geborgenheit gefühlt, Gelassenheit und Frieden gelebt. Auf der Ebene des äußeren Lebens befriedigt der göttliche Fluss die weltlichen Bedürfnisse. Wer im Geist lebt, hat den direkten Kontakt und die wahre Verbindung zum Guten. Der Mensch, der auf Gott vertraut, hat bereits geistige Gesetze ergründet und begreift, wie wertvoll geistiges Wachstum ist. Wer sich keine Sorgen mehr macht, kann entspannt leben. Sobald in der Meditation der direkte Kontakt mit der Quelle des Christuslichtes besteht, zeigt diese Verbindung eine sofortige Wirkung, die von den Menschen im Umfeld bemerkt wird. Bei einem Menschen, der sich nur auf den Verstand verlässt, kommt irgendwann der Zeitpunkt der Vernebelung. Um die Wahrheit sehen zu können, muss man den Intellekt mit dem höheren Verstand verbinden. Nicht dem menschlichen Verstand werden die Geheimnisse des Universums offenbart, sondern der Schlüssel zu den kosmischen Mysterien liegt im Herzen des Menschen.

Ein Beispiel ist der griechische Philosoph **Pythagoras von Samos,** eine mythische Gestalt in der Zeit um 570 v. Chr. Über seinen höheren Verstand nahm er die göttlichen Gesetze wahr. Er erkannte die Kugelgestalt der Gestirne, sah in Gott den Architekten des Universums und gab sein Wissen in Lehren über die Reinkarnation – die Seelenwanderung – weiter. Durch die höhere Sicht konnte er die Geometrie, ein Teilgebiet der Mathematik, besser erfassen und diese wiederum in die Teilgebiete Trigonometrie und Stereometrie unterteilen. Durch seine Erkenntnisse über die

Eurhythmie, die Zahlenspekulationen und die Geometrie sah er die Analogie zwischen dem Universum und dem Leben auf der Erde. Er erkannte die Grenzenlosigkeit des Universums und die Begrenztheit der Menschen. Pythagoras war von Gott und der Vollkommenheit des Universums fasziniert. Er wusste von der Präsenz des Christuslichts in jedem Menschen und dass dieses Licht nur über die göttliche Führung in Menschlichkeit und Liebe zum Ausdruck kommt. Er war durch sein intuitives Wissen davon überzeugt, dass die tiefen inneren Wahrheiten nicht mit dem Intellekt, sondern einzig und allein mit dem höheren Verstand zu erfassen sind. Er schaute hoffnungsvoll in die Zukunft und vertraute Gott und seiner göttlichen Führung.

Auch **Moses,** ein israelitischer Gesetzgeber und Führer, lebte in Übereinstimmung mit den geistigen Gesetzen. Gott beauftragte ihn, die Israeliten aus der Knechtschaft und Sklaverei des ägyptischen Pharaos zu befreien. Nach der Überquerung des Meeres wanderte Moses mit dem Volk Israel durch die Wüste bis hin zum Berg Sinai. Hier übermittelte ihm Gott alle grundlegenden Gesetze für die Menschen. Moses nahm die göttlichen Anweisungen entgegen und gab sie dem Volk weiter. Die Gesetzestafeln der zehn Gebote sind die Grundlage zwischen Gott und den Menschen.

Besonders erwähnenswert sind auch die **Maya,** die schon im „Alten Reich" eine Hochkultur erschaffen hatten. In den ummauerten Mayastätten wurden steinerne Paläste, Castillos und Tempel, Pyramiden und Monumentalskulpturen sowie reich dekorierte Bauwerke errichtet. Die beeindruckenden Gebäude hatten eine Steinarchitektur, in der die Winkel im Kreuzstab auf den Grad genau berechnet wurden. Die im Steinbruch hergestellte Steinarchitektur setzte eine große Logistik voraus. Die Maya besaßen eine Bilderschrift und besondere Zahlzeichen, außerdem verfügten sie über ein großes astrologisches Wissen und über hohe astronomische und mathematische Kenntnisse.

Durch die erworbenen Kenntnisse erkannten die Maya die wunderbare Schöpfung Gottes. Die göttliche Wahrheit wurde für sie sichtbar, weil sie durch den karmischen Nebel der Erde sahen. Sie lebten im Schutz des unsichtbaren Geistes. In völligem Einklang mit den geistigen Gesetzen zeigten ihnen die Myriaden funkelnder Sterne, aufgrund der Qualität ihres Bewusstseins, das Wissen göttlich strukturierter Macht auf, die dem Volk auf der Erde die Einheit und die Gleichheit mit allem Leben im Kosmos widerspiegelte.

Die Maya lebten ein spirituelles Leben. Sie konnten Einflüsse der Planeten auf das irdische Leben aufzeigen, sodass für die Menschen auf der Erde die Einwirkung des

Universums sichtbar wurde. Durch ihre geistigen Erkenntnisse schoben sie den Schleier beiseite, sodass dem Volk durch den Bau bestimmter Pyramiden die Verbundenheit zwischen Himmel und Erde demonstriert und die Parallelen der Gesamtheit allen Seins im Kosmos aufgezeigt werden konnte. Bestimmte Bauten waren das Resultat astronomischer Berechnungen in Verbindung mit geistigen Erforschungen. Denn die Maya brachten die harmonischen Schwingungen auf der Erde in Relation mit bestimmten Planeten der gleichen Schwingungen. Es war ein Beweis der spürbaren Kraft der Strahlkraft des kosmischen Christuslichts.

Bis zum heutigen Tag ereignet sich jedes Jahr in der Zeit der Tag- und Nachtgleiche ein einzigartiges Licht- und Schattenphänomen an der Pyramide des Kukulkán in Chichen Itzá. Die Szenerie, die sich an diesen Tagen des Äquinoktiums abspielt, schwingt mit dem Licht und ist in harmonischer Übereinstimmung mit dem Pulsschlag des Universums. Die Pyramide weist an allen vier Seiten jeweils 91 Stufen auf. Mit der oberen Plattform der Pyramide ergeben sich zusammen 365 Stufen, genauso viele wie ein Jahr Tage hat. An den Tagen des Frühlings- und Herbstbeginns, also am 21. März und am 22. September, werden durch den Sonneneinfall von Südwesten sieben Lichtdreiecke an der Balustrade der nordöstlichen Seite der Pyramide sichtbar. Über die Kanten der Plattform erscheint die Silhouette einer Schlange, welche die Treppenstufen der Pyramide herabkriecht.

Am 22. März kriecht die Schlange über die Treppen von unten nach oben wieder zurück. Es hat den Anschein, als ob sie im Inneren der Pyramide verschwände. Ein halbes Jahr später, zum Herbstanfang am 22. September, kommt sie erneut zum Vorschein.

An denselben Tagen ist im Tempel der sieben Puppen von Dzibilchaltún ein ebenso erstaunliches Lichtspektakel zu sehen. Durch die Fenster links und rechts des Eingangs scheinen bei Sonnenaufgang Flammen in dem Puppentempel zu lodern, die den Tempel wie eine Maske erleuchten. Eine weitere Besonderheit zeigt sich bei der Hauptpyramide des Kukulkán in Chichén Itzá. Diese wurde so gebaut, dass man im rechten Winkel zur Nordseite der Pyramide einen Effekt durch Händeklatschen erzeugen kann, wenn man auf einer Verbindungslinie zwischen dem Aufgang des Kriegertempels und dem Eingang des Ballspielplatzes steht. Ornithologen behaupten, dass es sich bei dem entstehenden Geräusch eindeutig um den Schrei eines Adlers handelt.

Durch die seelische Entwicklung der Maya konnte das göttliche Licht auf der äußeren Ebene sichtbar und verständlich gemacht werden. Außerdem konnten sie Gott durch ihre geistige Entwicklung und geistige Lebenseinstellung den Mitmenschen und ihrer Umgebung vorleben, da sie sich dem göttlichen Verstand unterordneten. Durch die Verbindung mit dem höheren Selbst fanden sie die höheren Wahrheiten. Zudem erkannten sie den Sinn des menschlichen Lebens. Der Weg der Wahrheit bedeutete, Gott zu finden. Sie richteten ihr Bewusstsein zum Licht, denn sie wussten um die Kraft der kosmischen Strahlen. Sie waren mit der kosmischen Liebe im Einklang. Da die Maya von der Vollkommenheit und Exaktheit von Gottes Plan überzeugt waren, arbeiteten sie in Harmonie mit dem geistigen Gesetz. Die Maya öffneten sich den Emanationen (Ausschüttungen von oben aus dem unveränderlichen vollkommenen göttlichen Einen) und erfuhren Bewusstseinserweiterungen durch den wahren Geist. Über den Geist hatten sie die Klarheit und waren sich der Realität Gottes bewusst, dadurch waren sie weiser und fortschrittlicher als andere Völker zu dieser Zeit. Ihre vollkommene Verbindung zu Gott war gegeben durch ihre Identifikation mit dem reinen Geist. – *„Versucht die Wahrheit mit dem Herzen zu fühlen. Seht nicht nur mit den physischen Augen, sondern mit den geistigen Augen, wie damals die Maya. Sie hatten die Wahrheit in den Sphären des Himmels gefunden, weil sie den Schleier des Materialismus und des eigenen Egos beiseite geschoben hatten.“*

In den achtziger Jahren des 20. Jahrhunderts fanden Archäologen bei Ausgrabungen in Cobá eine Stele, die von den Maya als Schrifttafel verwendet worden war. Auf diesem Monolithen haben sie Daten und Zeichnungen hinterlassen. Man fand auf dem gewachsenen Steinblock außerdem eine Darstellung, die für das Datum 22. Dezember 2012 das Ende des Mayakalenders voraussagt.

Ein beachtenswertes Phänomen, da die exakte Zeitrechnung der Maya bis heute noch Gültigkeit hat.

Auch Nostradamus (1503 – 1566), ein französischer Arzt und Astrologe, war mit den Mysterien des Universums sehr vertraut. Bereits mit sechsundzwanzig Jahren avancierte er zum Arzt und pflegte aufopferungsvoll seine Patienten, die an der Pest erkrankt waren. Mit Kräuteressenzen, die er eigens für die Kranken entwickelte, hatte er große Erfolge zu verzeichnen. Er begründete seinen Erfolg damit, dass er bei den Behandlungen stets seiner inneren Stimme gefolgt sei. Irgendwann war er sich sicher, dass seine innere Stimme, der höhere Verstand, zum Wohl der kranken Menschen hilfreich und nutzbringend war, denn sie wusste mehr als die Lehrbücher der Medizin. Er befasste sich mit der Alchemie und sagte die wichtigsten Ereignisse eines jeden Jahrhunderts voraus. Er sah diese zukünftigen Ereignisse nicht nur vor seinem geistigen Auge wie einen Film ablaufen, sondern hörte sie auch. Nie ließ er einen Zweifel daran, dass er nur durch Gott seine Intuition und seine Eingebungen hatte und dass Gott in ihm die Visionen auslöste.

Alle hier angeführten Beispiele waren erwachte Seelen und deshalb für die Mysterien des Universums offen. Sie wussten genau, dass alles dem Urgesetz unterliegt:

Sie alle hatten ihr Herz geöffnet, weil sie durch ihre allumfassende Bewusstheit das Einsseins mit Gott lebten. Sie wussten um **dieses göttliche Gesetz der Entsprechungen,** das heißt, dass eine enge Beziehung zwischen dem Menschen auf der Erde als Mikrokosmos und Gott als Makrokosmos besteht. Dieser Lebensplan, der auch mit **dem göttlichen Gesetz der erneuten Chancen einhergeht,** das wiederum eng verbunden ist mit **dem göttlichen Gesetz von Karma und Reinkarnation,** ist fest in verschiedenen Teilen eines jeden Körpers manifestiert. Das Wissen um Gottes Plan und das Leben nach göttlichen Gesetzen zeigen den Zustand der Seele, der auch der Stand des Bewusstseins ist.

Die sieben verschiedenen Kulturepochen und die Entwicklung der Menschheit

Die Zahl Sieben gilt als göttliche Zahl und hat mannigfaltige symbolische Aussagekraft. Die Sieben hat mit Wissen zu tun, dem Weisheit zugrunde liegt.

Die Realität Gottes zeigt sich auf des Menschen Seele und über die sieben heiligen Zentren. Jedes der sieben heiligen Zentren liegt in der Aura im Ätherleib. Der Ätherkörper ist ein Duplikat des physischen Körpers. Hier liegen die sieben heiligen Zentren verborgen hinter dem endokrinen Drüsensystem und jede Drüse steht in Verbindung mit einem der fünf Planeten beziehungsweise mit Himmelskörpern: Uranus, Mars, Jupiter, Venus und Merkur, außerdem die Sonne, die im Zentrum der Planetenbahnen steht, sowie der Mond, der sich um die Erde bewegt.

Die Planeten geben dem Menschen den Spielraum und das Grundgerüst für ihr fundamentales Lebensprinzip. Manche Menschen scheinen unter einem Glücksplaneten geboren zu sein, andere wiederum haben in ihren wiederholten Reinkarnationen auf der Erde mit erschwerten Lebensbedingungen zu kämpfen.

Die Lebensumstände eines Menschen werden durch bestimmte Sternenkonstellationen beeinflusst, die im physischen und psychischen Bereich bei jedem zum Ausdruck kommen. Die Zusammenstellung der Planeten auf den Zyklus des Menschen kann viele Emotionen an die Oberfläche bringen und instinkthafte Reaktionen auslösen. Deshalb spricht der Mensch auf planetarische Einflüsse und auf die Tierkreislichter an. (Ein Tierkreislicht ist ein schwacher Lichtschimmer am Himmel, abends am Untergangspunkt der Sonne oder morgens am Aufgangspunkt.)

Die Sieben ist eine Grundzahl von Strukturen, unser tägliches Leben zählt sieben Tage in der Woche. Die Erde wurde von Gott in sechs Tagen erschaffen. Am siebten Tage ruhte Gott, deshalb ist der siebte Tag für die Menschen ein gesegneter, ein heiliger Tag (Gen.1).

In jeder Religion hat die Zahl Sieben eine besondere Bedeutung. Sie sollte ambivalent verstanden werden. Im Judentum ist der Sabbat der siebte und heilige Tag und jedes siebte Jahr ist ein Sabbatjahr. Außerdem ist die Sieben die Grundzahl des jüdischen Festkalenders. Ein weiteres Beispiel für die religiöse Bedeutung der Sieben ist die „Menora“, der siebenarmige Leuchter.

Im Alten Orient wie auch im Alten und Neuen Testament ist die Zahl Sieben eine Abrundung des Ganzen, sie symbolisiert die Vollkommenheit. Die sieben Gaben des Geistes Gottes sind im Alten Testament aufgeführt. Diese sind der Geist

der Weisheit, der Einsicht,
des Rates, der Stärke,
der Erkenntnis, der Furcht des Herrn
und der Frömmigkeit.

Das Christentum kennt die sieben Hauptsünden:

Hoffahrt, Neid, Zorn, Geiz,
Unkeuschheit, Trägheit und Unmäßigkeit,

denen die vier Haupttugenden der Antike:

Klugheit, Tapferkeit, Maß und Gerechtigkeit

und die drei göttlichen Tugenden im Mittelalter gegenüberstehen:

Glaube, Hoffnung und Liebe.

Die Antike hatte ihre sieben Weltwunder:

die ägyptischen Pyramiden,
die hängenden Gärten in Babylon,
der Tempel der Artemis in Ephesus,
das Kultbild des Zeus von Olympia,
das Mausoleum zu Halikarnassos,
der Koloss von Rhodos,
der Leuchtturm bei Alexandria.

Das Mittelalter hatte seine sieben freien Künste und Wissenschaften:

Arithmetik, Astronomie, Dialektik,
Geometrie, Grammatik, Musik und Rhetorik.

Nach Atlantis gibt es sieben verschiedene Kulturepochen. Ungefähr alle zweitausend bis zweitausendeinhundert Jahre beginnt ein neues Zeitalter, welches mit sieben Tierkreiszeichen in Verbindung steht. Wir befinden uns nun in der Slawischen Kulturepoche, dem Wassermann-Zeitalter.

Die sieben Kulturepochen:

1.	Indische Kulturepoche	-	Krebs
2.	Persische Kulturepoche	-	Zwilling
3.	Ägyptische Kulturepoche	-	Stier
4.	Römisch-Griechische Kulturepoche	-	Widder
5.	Germanisch-Angelsächsische Kulturepoche	-	Fisch
6.	**Slawische Kulturepoche**	-	**Wassermann**
7	Amerikanische Kulturepoche	-	Steinbock

Die **Indische Kulturepoche** stand unter dem astrologischen **Zeichen des Krebses.** Es war die Zeit der Gefühle und der Erkenntnis, dass der Mensch sich von den Leiden der Wiedergeburt nur durch die Aufhebung von Karma erlösen kann. Die Menschen sollten damals erkennen, warum man leidet und wie man sich aus dem Leid wieder befreien kann.

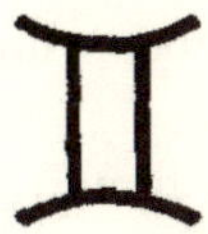

In der **Persischen Kulturepoche** war die offizielle Religion der Zoroastrismus. Aus astrologischer Sicht stand diese Zeit unter dem **Zeichen des Zwillings** und der Mensch war aufgerufen, sich zu entscheiden, mit welcher Seite der beiden miteinander im kosmischen Kampf liegenden Mächte er sich verbindet.
Es ging um die beiden großen Urgewalten des Weltalls. Es stand die negative Macht der positiven Macht gegenüber, die das Licht, der gute Geist war, der in sich die „Guten Eigenschaften" vereinigte: Recht, Herrschaft, Ehrfurcht, Wohlergehen und Unsterblichkeit. Die Menschen waren in dieser Epoche zur ethischen Entscheidung herausgefordert, hatten aber den freien Willen, welcher Seite sie folgen wollten. Durch dieses dualistische Wertesystem wusste der Mensch, dass er bei einem letzten Gericht nach seinen Taten beurteilt wird. Wichtig war, mit den Augen des Geistes zu sehen, gleichzeitig mit dem Verstand zu erkennen. Die größte Tugend war Gottesfurcht, die schwerste Untugend war der Unglaube.

♉

In der **Ägyptischen Kulturepoche,** aus astrologischer Sicht dem **Zeichen des Stiers** zugeordnet, ließen die großen Pharaonen herrliche Paläste und monumentale Bauwerke zur Demonstration ihrer Macht und zur Bewahrung der göttlichen Wirklichkeit erbauen. Das Panorama des menschlichen Lebens war die vergängliche Welt der Illusionen, das Totenreich jedoch war die Wirklichkeit. Die ägyptische Religion widmete das Leben den Schöpfungslehren. Das besondere Verhältnis und die spezielle Einstellung zu Tod und Jenseits fanden ihren Ausdruck in der Vorstellung, wer durch die Pforte des Todes trat, begab sich auf die Reise zu der Gegenwart Gottes. Die Menschen waren davon überzeugt, zu einer problemlosen, endgültigen Form des Seins zu gelangen, zu einem Leben im Grabe.

Der erste Pharao Menes vereinigte ungefähr 3300 Jahre vor Christus Ober- und Unterägypten und legte somit den Grundstein für das Entstehen der Hochkultur. Memphis war das religiöse und politische Zentrum während des Alten und Mittleren Reiches. Theben erblühte, als es im Mittleren Reich zur Hauptstadt ernannt und der Lokalgott Amun zum Reichsgott erhoben wurde.

Der Stier gehört astrologisch gesehen zum Erdzeichen und betrifft die Materie. Deshalb brachte die ägyptische Kulturepoche eine monumentale Steinarchitektur hervor. Die einstige Großartigkeit der Steinbauten kann man heute noch in Luxor, dem damaligen Theben, bewundern. Beim Eingang zum Karnaktempel mit der gigantischen Säulenhalle, der Sphingenallee, an den Pharaonengräbern im Tal der Könige oder an den Pyramiden von Gizeh sind die Ausmaße der Bauwerke zum größten Teil noch zu sehen. Die Geometrie und die ungeheure Masse und Größe dieser phänomenalen Bauten geben bis zum heutigen Tag den Wissenschaftlern immer noch Rätsel auf. Die Menschen waren damals für okkulte Wahrheiten offen. Sie wussten um die Kraft der Gedanken und hatten geistige Erkenntnisse erreicht.

♈

Nachdem der Stier als Symbol der Gottheit in verschiedenen Gegenden des Ostens verehrt worden war, folgte die römisch-griechische Periode.

Die ägyptische Religion und die römisch-griechische Religion wurden miteinander vermischt. In der nachfolgenden **Römisch-Griechischen Kulturepoche** prägten Brandopfer die Religion jener Zeit. In dieser Epoche, die **dem Widder** zugeordnet war und aus astrologischer Sicht dem Feuerzeichen unterlag, plädierte man für den einen, wahren Gott. Die neue geistige Einstellung sollte, wenn der Mensch gewillt war, die seelische Entwicklung fördern.

Das Ziel der Menschen in der darauf folgenden **Germanisch-Angelsächsischen Kulturepoche** waren die geistige Suche nach Gott und das Gottesbewusstsein. Die charakteristischen Merkmale für die geistige Entwicklung der Menschen im **Fische-Zeitalter** waren entweder tiefgründig und mystisch oder oberflächlich und emotional. Durch die unterschiedlichen Ansichten der Christen entstanden zwei Hauptgruppen. Die einen waren für die äußere, die anderen für die innere Interpretation der christlichen Lehre. Diese Uneinigkeit führte letztendlich zur Aufspaltung in die östliche und die römische Kirche. Daraufhin versuchten die Kirchenfürsten, das Christentum, das im Laufe seiner Verbreitung über Europa und Kleinasien verschiedene Ausprägungen erfahren hatte, wieder zu vereinheitlichen. Im Jahre 325 n. Chr. wurde im Konzil von Nicäa das Dogma von der Göttlichkeit Jesu verkündet. Das war der Anfang von falschen Interpretationen der Lehren Jesus und die Christen wandten sich von der Ur-Weisheit ab, die sich auf den „Kosmischen Christus" bezieht.

Jesus war auf die Erde gekommen, die Menschen wachzurütteln und ihnen das Licht der Liebe zu bringen, das jederzeit zur Verfügung stehende kosmische Christuslicht. Er inspirierte sie, ein Kanal für das kosmische Christuslicht zu werden. Mit der Geburt Jesus Christus im Fische-Zeitalter begann die Zeitrechnung neu, denn ein neuer Geist der Liebe und des Friedens kam auf die Welt. Diese Epoche war astrologisch dem Wasserzeichen zugeordnet. Viele der von Christus vollbrachten Wunder standen in Zusammenhang mit Wasser und mit Fischen. Jesus erklärte, dass wahre Religion nicht an ein Dogma gebunden ist, sondern dass die Bedeutung spiritueller Aspekte nicht immer richtig verstanden und somit falsch weitergegeben wurde und im Laufe der Zeit einzelne Prediger aus Machtstreben mit Machtbesessenheit die wahren Religionslehren beeinflusst hatten und somit die göttliche reine Wahrheit verzerrt worden war. Er berührte bei den Menschen eine Bewusstseinsebene, die sie den Weg ins Licht wieder finden ließ. Er vermittelte den Gläubigen, dass sie durch den Kontakt zu

Gott ein geistiges Leben führen und den höchsten Ort allen Seins in sich selbst erschaffen können. Jesus lehrte die Menschen, das göttliche Gesetz der Reinkarnation wieder anzuerkennen. Als Sohn Gottes war er mit den Mysterien des Universums gänzlich vertraut.

Wir befinden uns jetzt im **Wassermann-Zeitalter, der Slawischen Kulturepoche.** Wie zu Beginn eines jeden neuen Zeitalters erfahren die Menschen auch heute neue Erkenntnisse. Das Bewusstsein der Menschen nimmt jetzt in der Übergangsphase bis zum Jahr 2012 bereits zu und sie fangen an, aus einer anderen Perspektive zu sehen. Die veralteten Ansichten und Gedankenmuster werden den höheren Wahrheiten weichen. Die Aktivierung der geistigen Kräfte ist der Anreiz zu einer geistigen Entfaltung. Intuition und Intellekt werden wieder miteinander in Einklang kommen und die Tiefe der Seele wird berührt werden. Auf der Suche nach dem inneren Licht werden die Menschen mit Hilfe des wiedererlangten Wissens erneut in das Bewusstsein der Macht der Gedanken kommen. Das neue Bewusstsein wird innere Quellen von Freude und Harmonie auf der Seele öffnen. Viele werden erkennen, dass tiefe Freude nur von Gott kommt.

Der Wassermann wird astrologisch dem Luftzeichen zugeordnet und ist das Zeitalter des Geistes und des Verstandes. Das Symbol des Tierkreiszeichens Wassermann ist ein weißer Adler, der in einem speziellen Lichtstrahl steht, nämlich im Strahl des Heiligen Johannes, der seit Beginn des Wassermannzeitalters mit zunehmender Intensität auf die Menschheit kosmisch ausströmt.

Nichts ist geeigneter, uns den rechten Weg zu weisen, als die Kenntnis der Vergangenheit.

Polybios

Das neue Jahrtausend

In der Übergangszeit vom Fische- zum Wassermann-Zeitalter, also während der Zeit der Jahrtausendwende, zerfallen die alten Strukturen genauso, wie es bereits in früheren Übergangsphasen beim Wechsel in neue Epochen geschehen ist. In dieser Zeit, in der die alte Ordnung zusammenbricht, wird die geistige Entwicklung gefordert. Der Lernprozess für die Menschheit ist es, zu erkennen, dass nach einer unruhigen Zeit des Umbruchs neue Gesetze entstehen. Dieser Prozess ist notwendig, um die neue Entwicklung einzuleiten, die für die Zukunft den Menschen Positives bringen wird.

Das Wassermann-Zeitalter begann, als der Transitlauf des Planeten Pluto exakt am 6. August des Jahres 2001 in Opposition zum Planeten Saturn stand. Pluto-Saturn-Spannungen zählen in der Astrologie zu den schwierigsten Aspekten. Der Planet Pluto ist ein karmischer Planet. Ihm wird das Prinzip des „Stirb und Werde" zugeschrieben. Astrologisch ist bekannt, dass bei karmischen Planeten schon bei einer Differenz von zwei Grad eine Wirkung stattfindet. Die Wirkung trat am 11. September 2001 ein, als zwei entführte Flugzeuge bewusst in die Twin Towers des World Trade Centers in New York gesteuert wurden. Die beiden Türme, die weltweit als Wahrzeichen der Finanzwelt galten, stürzten ein und rund um den Erdball waren die Menschen fassungslos, bestürzt und schockiert.

Pluto transitierte zu dieser Zeit das Tierkreiszeichen Schütze, das für die Weltanschauung, die Sinnfrage und die Religionen steht. Die alten Strukturen werden nun durch den Saturn aufgelöst und durch den Planeten Pluto in die Transformation gezwungen. Das bedeutet, dass eine Neuorientierung im Hinblick auf den Sinn des Lebens angezeigt ist.

Durch den rasanten technischen Fortschritt seit dem Ende des Zweiten Weltkrieges bestimmten die Menschen der westlichen Welt überwiegend den intellektuellen Materialismus zu ihrem Lebensinhalt. Das „Stirb-und-Werde"-Prinzip des Planeten Pluto betrifft konkret die Materie, die durch den Saturn symbolisiert wird. Es wird nun eine neue geistige Entwicklung zur Neuformulierung der Urweisheiten folgen. Die gesamte Menschheit ist davon betroffen.

Auf alle Fälle zeichnen sich schon nach wenigen Monaten die ersten positiven Ereignisse ab. Bereits acht Monate nach dem Unglück vom 11. September 2001 ist zwischen den USA und Russland ein neuer Vertrag über nukleare Abrüstung unterzeichnet worden. Damit ist ein langes Kapitel des „Kalten Krieges“, der nahezu ein halbes Jahrhundert andauerte, abgeschlossen. Die nukleare Konfrontation beider Staaten ist beendet, was für den Weltfrieden von großer Bedeutung ist. Das wiederum stellt die Grundlage für das neue Verhältnis Russlands zur NATO dar. Die neunzehn NATO-Staaten, die hierfür verantwortlich waren, vereinbarten Ende Mai 2002 einen neuen NATO-Russland-Rat.

Im Konflikt Indien-Pakistan ist China zu einem der wichtigsten diplomatischen Partner der USA geworden. Die Chinesen sind seit dem 11. September 2001 wieder enger zusammengerückt. Dieser Tag hat manche politischen, kulturellen und sozialen Störungen in China gemildert und international einen Handlungsspielraum für China ermöglicht. Diese Situation lässt wieder mehr positives Selbstbewusstsein zu und führt zu einer grundsätzlichen Entspannung. Vieles wird dadurch einfacher für Chinas Führung und erleichtert Reformen, die mehr Selbstbestimmung der Bevölkerung zulassen. China wird in eine neue Rolle als internationaler Partner hineinwachsen und sollte sich vorbereiten, Vertrauen in die Strukturen der Demokratie zuzulassen.

In verschiedenen Regionen der Welt wie zum Beispiel im Nahen Osten, im Irak, in Afghanistan oder zwischen Indien und Pakistan sollten die Staaten ihre Konflikte in Liebe und im besten Einvernehmen miteinander lösen.

Jedes Land braucht einen Staatsmann, der Charakter und Intelligenz aufweist und dem die Fürsorge für die Nation am wichtigsten ist. Gerade **die Politiker** und **die Führer eines Staates** und alle, die eine bestimmte Stufe an Macht gewonnen haben, sollten im neuen Jahrtausend das Bewusstsein erlangen, dass eine Reduzierung der materialistischen Insignien notwendig ist, damit die Eigenbesinnung auf soziale Verantwortung und wirtschaftliche Nachhaltigkeit zum Tragen kommt. Jeder sollte sich das Prinzip von Yin und Yang – die positiven und auch die negativen Kräfte, die in einem jeden Menschen vorhanden sind – stets ins Gedächtnis rufen. Dies ist eine Notwendigkeit für die Erhaltung des Gleichgewichtes. Das Gleichgewicht ist ein göttliches Gesetz, es ist das kosmische Gesetz von Yin und Yang! Auf welche Seite man sich mit seinem Denken begibt, zeigt sich im Gleichgewicht des Landes, denn nur gute und positive Gedanken bringen den Frieden und das Gleichgewicht für die Welt.

Der Sinn einer menschlichen Inkarnation ist, das niedere Selbst und das höhere Selbst miteinander in Einklang zu bringen. Nur ein Teil des wahren Selbst, des eigenen ICH, zeigt sich im physischen Leben. Das höhere Selbst, das mit Gott und allem Sein und allen Seelen verbunden ist, zeigt sich in der Reife der Seele und kommt in der Persönlichkeit zum Ausdruck. Jeder Mensch sollte vorsichtig sein, emotional negative Worte und Gedanken auszusenden. Derjenige, der sich der Macht der Gedanken bewusst ist, weiß von der Auswirkung der Gedankenkräfte.

Das Ziel der geistigen Entwicklung

Der Sinn des Lebens ist, mit dem Leben in Einklang zu sein, um die Schönheit Gottes in sich selbst, in der Natur und in allem, was lebt, zu erkennen und bewusst zu sehen. Derjenige, der sich geistig weiterentwickelt hat, freut sich am Leben und findet, dass die Welt herrlich ist.

Beachten Sie immer die göttlichen universellen Gesetze. Erkennen Sie die Verantwortung, die Sie Ihrer Seele gegenüber haben. Jede Inkarnation auf der Erde bietet Ihnen die Möglichkeit zu handeln, um einen geistigen Seelenprozess zu machen. Es gibt nur diesen einen Weg!

Das Wesentliche im Leben ist die eigene Wahrnehmung und die Suche nach der Wahrheit. Die Wahrheit zu finden bedeutet, sich selbst zu finden. Die Suche nach der Wahrheit führt ins eigene innere Selbst, denn nur dort auf der Seele liegt die Wahrheit im Verborgenen. Es kann Ihnen nichts geschehen, vertrauen Sie Gott und seinen Helfern in der geistigen Welt. Derjenige, der sich auf den Weg macht, an sich arbeitet und geduldig ausharrt, der den Zweifeln, die letztendlich Prüfungen des niedrigen Selbst sind, widersteht, der ist erwacht und kann seinen Geist entfalten. Verlieren Sie niemals den Glauben und das Vertrauen an die geistige Welt und in die göttliche Führung. Sie werden unweigerlich ans Ziel kommen.

Alle Probleme, die sich Ihnen in Ihrem Leben als Hindernisse in den Weg stellen, sind genau die Prüfungen, die Sie mit Ihrer innewohnenden Kraft alleine bewältigen können. Sind Sie bereit, ehrlich zu sich selbst zu sein? Dann machen Sie sich

auf den Weg zum Ziel, denn der Weg ist das Ziel,

das Sie nur über einen geistigen Seelenprozess erreichen können. Leben Sie die geistigen Wahrheiten in Ihrem Alltag. Durch die bewusste Verbindung mit Gott und mit der geistigen Welt erreichen Sie Ihr Ziel, das Sie sich selbst gesetzt haben. Wenn Sie einen geistigen Seelenprozess machen, werden sich ganz neue Wege für eine positive Zukunft eröffnen.

Bewusstsein bringt Inspiration und Klarheit

Klarheit ist Geist – Geist ist Licht – Licht ist Frieden

Geist ist das Ein- und Ausatmen von Liebe und Weisheit

Geist ist Stärke – Geist überwindet Raum und Zeit

Raum und Zeit ist allumfassendes Sein

Allumfassendes Sein ist Liebe

Liebe ist Leben – Leben ist Liebe

Leben in Liebe ist der Schlüssel zur Transformation

Liebe bringt die Ganzheit des Lebens.

Wenden Sie sich dem Licht zu, um im Licht leben zu können. Sie sind auf dieser Erde inkarniert, um das geistige Licht in sich selbst zu erkennen. Durch die Entwicklung des inneren Lichtes können Liebe, Frieden und Freude gelebt werden. Glücklich zu sein und mit sich selbst in Frieden zu leben, heißt, das göttliche Licht in der Seele zum Leuchten zu bringen. Sobald Sie das erste Mal in der Meditation Gott in der eigenen Seele begegnen, spüren Sie die Liebe und das Einssein mit allen Menschen. Das Licht können Sie nur auf der inneren Ebene, in der Seele finden. Hier ist die unendliche Liebe Gottes zu spüren. Die göttliche Liebe ist die größte Macht. Wenn Sie sich Gott und den göttlichen Gesetzen unterordnen, werden sich langsam alle Probleme auflösen. Gott sorgt für vollkommene Gerechtigkeit.

Geistiges Wachstum ist der Weg, um die Wahrheit zu finden. Der aus vielen Inkarnationen durch Leid und Schmerz gesammelte Druck, der auf der Seele zu spüren ist, gehört zu Gottes Plan und dient der geistigen Erziehung und Höherentwicklung der Seele. Sobald die Verbindung zu der Quelle göttlicher Liebe und des ewigen Lebens allen Seins besteht, wird die geistige Wahrheit mit dem Herzen erfasst. Dann werden Ihre Gedanken, Worte und Handlungen Liebe und göttliches Licht ausdrücken. – *„Ihr könnt euer Bewusstsein, euer ganzes Sein durch positives Tun und Handeln auf eine höhere Lebenssphäre ausdehnen. Glaubt, dass alle großen Weltreligionen die gleichen Wahrheiten Gottes vermitteln. Gott ist ganz und gar Liebe und mit der Zeit könnt ihr diese Liebe festhalten, die das Leben so lebenswert macht. Ihr sollt wissen, dass jedem Menschen auf dieser Welt ein Schutzengel aus den himmlischen Sphären zur Seite gestellt ist, der euch unter seiner Obhut führt und beschützt, sofern ihr es zulasst. Das Christuslicht löst die Dunkelheit, denn es gewährleistet die höchste Lebensform des Lebens."*

– ***Licht und Liebe für Euch,* Maha Chohan.** –

Schlusswort

Liebe Leserin, lieber Leser,

bevor Sie nun dieses Buch aus der Hand legen, möchte ich Ihnen noch sagen, dass alle Zeit und Mühen, die ich sieben Jahre in die Entstehung dieses Werkes investiert habe, für mich nicht vergebens waren, wenn es mir gelungen ist, dass Sie – durch die Erkenntnisse der göttlichen Gesetze und den Einblick in die Tiefen des eigenen inneren Wesens – neue Einsichten gewinnen konnten.

Sobald Sie bereit sind, sich auf die eigene Wahrheitssuche zu begeben, beschreiten Sie den geistigen Entwicklungspfad. Es wird für jeden, der den Weg geht, lohnenswert sein, weil das Leben interessanter und positiver wird, da die göttliche Führung viel bewusster wahrgenommen werden kann. Mit diesem Buch können Sie sich geistig weiterentwickeln, denn altes Bewusstsein wird reaktiviert durch das erneute Bewusstwerden, sodass Sie auf alle Fälle einen Lichtprozess für sich und Ihre Seele machen können. Sie erhalten Klarheit in Ihrem Leben und in Ihrem tiefen Inneren werden Sie Zufriedenheit spüren und Glück empfinden. Freuen Sie sich über das göttliche Licht, das Sie empfangen und nehmen Sie zukünftig das Leben aus einer höheren Perspektive wahr. Durch die eigene Veränderung haben Sie die Chance zur Weiterentwicklung und Erneuerung. Den Weg habe ich Ihnen mit diesem Buch aufgezeigt.

Meine besten Wünsche begleiten Sie auf diesem Weg zu Ihrem Seelenfrieden.

Herzlichst,

Ihre

Beate Simmerock

DANKE SAGEN möchte ich zum Schluss

meiner Lektorin, Frau Helga Aberle, für die harmonische und wunderbare Zusammenarbeit,

Herrn Roland Baumgardt für seine großartige Unterstützung, da er mir mit Rat und Tat hilfreich zur Seite stand, alle organisatorischen Hürden zu nehmen,

Herrn Dr. Klaus Eisele, der mir mit seinem reichen Erfahrungsschatz als Publizist sehr geholfen hat,

der Künstlerin Tina Gekeler, die „die Pyramide der Maya“ in Aquarell gemalt hat.

Literaturverzeichnis

Dr. Klaus Berndl, Markus Hattstein, Arthur Knebel, Hermann-Josef Udelhoven - *Die Geschichte der Welt,* Peter Delius Verlag, Berlin 2005

Kate Santon, Liz McKay - *Der große Atlas der Weltgeschichte,* Parragon Book Ltd.

Bradley K. Hawkins, Brian Wilson, Cybelle Shattuck, Jamal J. Elias, Dan Cohn-Sherbok - *Die fünf Weltreligionen,* Verlag Hohe GmbH, Erftstadt 2007

Helmuth von Glasenapp - *Die fünf Weltreligionen,* Bertelsmann Club GmbH, Gütersloh

Hans Küng - *Spurensuche, Die Weltreligionen auf dem Weg 2,* Piper Verlag, München, Zürich 1999

Barbara Ann Brennan - *Licht-Arbeit,* Goldmann Verlag, München 1987

Basilius Doppelfeld OSB - *Symbole IV, Mensch und Zahl,* Vier-Türme-Verlag, Münsterschwarzach 1994

Hans-Horst Skupy - *Das große Handbuch der Zitate,* Edition Bassermann, Bertelsmann-Verlag, Gütersloh 1993

Aura-Soma - *ist eingetragenes Warenzeichen der Firma* AURA-SOMA PRODUCTS LIMITED

Literaturverzeichnis